《技能人才薪酬分配指引》
解读与实务操作

人力资源和社会保障部劳动关系司　组织编写

中国劳动社会保障出版社

图书在版编目（CIP）数据

《技能人才薪酬分配指引》解读与实务操作/人力资源和社会保障部劳动关系司组织编写． -- 北京：中国劳动社会保障出版社，2022
 ISBN 978-7-5167-5625-6

Ⅰ.①技… Ⅱ.①人… Ⅲ.①技术人才-工资管理-中国-学习参考资料 Ⅳ.①F249.24

中国版本图书馆 CIP 数据核字（2022）第 178550 号

中国劳动社会保障出版社出版发行

（北京市惠新东街 1 号　邮政编码：100029）

*

保定市中画美凯印刷有限公司印刷装订　　新华书店经销

787 毫米×1092 毫米　16 开本　16.75 印张　239 千字
2022 年 11 月第 1 版　2022 年 11 月第 1 次印刷
定价：48.00 元

营销中心电话：400-606-6496
出版社网址：http://www.class.com.cn

版权专有　　侵权必究

如有印装差错，请与本社联系调换：(010) 81211666
我社将与版权执法机关配合，大力打击盗印、销售和使用盗版图书活动，敬请广大读者协助举报，经查实将给予举报者奖励。
举报电话：(010) 64954652

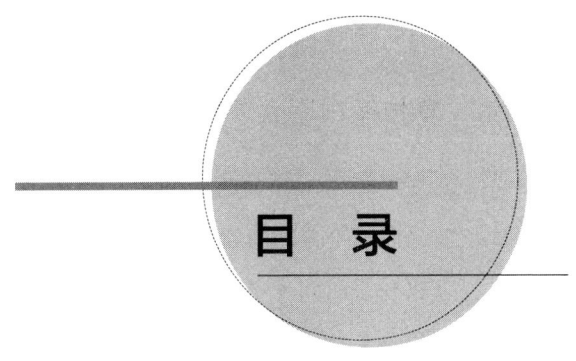

目 录

技能人才薪酬分配指引 ·· 001
人力资源社会保障部劳动关系司负责同志就《技能人才薪酬分配指引》
　答记者问 ··· 037

《指引》解读篇

第一章　技能人才发展通道 ··· 045
　一、技能人才发展通道的概念 ··· 045
　二、技能人才发展通道的设计 ··· 046
　三、职业发展通道有效运转的六要素 ································· 048

第二章　技能人才薪酬分配 ··· 052
　一、技能人才工资结构 ·· 052
　二、岗位评估 ·· 054
　三、岗位工资单元 ·· 059
　四、绩效工资单元 ·· 064
　五、专项津贴单元 ·· 067
　六、技能人才与其他人才工资分配关系设计 ························ 068

第三章　高技能领军人才薪酬激励 ······················· 070

一、高技能领军人才的范围界定及待遇政策 ················ 070
二、做好薪酬分配这篇"文章" ························ 071
三、合理合法运用中长期激励 ······················· 074
四、用足各类物质和非物质激励手段 ·················· 079

实务操作篇

装备制造和维修业 ································ 083

案例 1　X 集团及所属 Y 企业　全方位实施"高精尖缺"人才激励 ······ 083

案例 2　A 企业　构建"五元"结构、两级分配的薪酬激励体系 ······ 088

案例 3　B 企业　构建符合行业特点的岗位等级和薪酬体系 ········ 091

能源生产和供应业 ································ 095

案例 4　C 企业　构建立体式人才培养使用激励体系 ············ 095

案例 5　D 企业　健全激励政策体系　筑牢高技能领军人才队伍基础 ···· 100

案例 6　E 企业　落实"三项机制"　强化"三项保障" ·········· 103

交通运输业 ···································· 107

案例 7　F 企业　构建与企业发展协同的技术工人薪酬分配制度 ····· 107

案例 8　G 企业　注重能力与贡献　建立体现岗位特色的分配制度 ··· 110

电子制造业 ···································· 114

案例 9　H 企业　全方位人才培养评价机制与激励体系有效衔接 ····· 114

案例 10　I 企业　畅通横纵两条通道　实施技能人才多元激励 ······· 117

其他制造业 ··· 121

案例 11　J 企业　构建基于岗位能力业绩和职业胜任力的薪酬体系 ··· 121

案例 12　K 企业　健全技能价值导向薪酬体系　促进员工提升技能水平 ··· 125

附录 1　薪酬参考数据 ··· 129

全国分职业中类企业从业人员工资价位（2019 年） ··· 129
全国分岗位等级企业从业人员工资价位（2019 年） ··· 131
全国分职业中类企业从业人员工资价位（2020 年） ··· 132
全国分岗位等级企业从业人员工资价位（2020 年） ··· 134
全国分职业中类企业从业人员工资价位（2021 年） ··· 134
全国分岗位等级企业从业人员工资价位（2021 年） ··· 136
内蒙古自治区分岗位等级从业人员工资价位（2019 年） ··· 138
内蒙古自治区分岗位等级从业人员工资价位（2020 年） ··· 138
辽宁省分行业分职业技能等级工资报酬水平（2019 年） ··· 139
辽宁省分行业及岗位等级企业从业人员工资价位（2020 年） ··· 139
吉林省分岗位等级的工资报酬水平（2019 年） ··· 141
吉林省分岗位等级的工资报酬水平（2020 年） ··· 142
江苏省部分行业技能人才工资价位（2019 年） ··· 143
江苏省不同岗位等级从业人员工资价位（2019 年） ··· 143
江苏省部分行业技能人才工资价位（2020 年） ··· 144
江苏省不同岗位等级从业人员工资价位（2020 年） ··· 144
安徽省分职业中类企业从业人员工资价位（2019 年） ··· 145
安徽省分岗位等级企业从业人员工资价位（2019 年） ··· 147
安徽省分职业中类企业从业人员工资价位（2020 年） ··· 147
安徽省分岗位等级企业从业人员工资价位（2020 年） ··· 149
福建省分岗位等级从业人员工资价位（2019 年） ··· 150

福建省分岗位等级企业从业人员工资价位（2020年） ……………… 150
江西省分职业类别（中类）的工资价位（2019年） ……………… 150
江西省分岗位等级的工资价位（2019年） ………………………… 153
江西省分职业类别（中类）工资价位（2020年） ………………… 153
江西省分岗位等级工资价位（2020年） …………………………… 156
山东省技能岗位工资价位（2019年） ……………………………… 156
山东省技能类职业人力资源市场工资价位（2020年） …………… 158
山东省分岗位等级人力资源市场工资价位（2020年） …………… 160
湖北省分职业中类企业从业人员工资价位（2019年） …………… 161
湖北省分岗位等级企业从业人员工资价位（2019年） …………… 163
湖北省分职业中类企业从业人员工资价位（2020年） …………… 164
湖北省分岗位等级企业从业人员工资价位（2020年） …………… 166
湖南省分岗位等级企业从业人员工资价位（2020年） …………… 167
广东省分技能等级工资价位（2019年） …………………………… 167
广西壮族自治区分岗位等级企业从业人员工资价位（2019年） … 167
广西壮族自治区分岗位等级企业从业人员工资价位（2020年） … 168
重庆市分职业类别从业人员工资价位（2019年） ………………… 168
重庆市分岗位等级企业从业人员工资价位（2019年） …………… 170
重庆市分职业中类企业从业人员工资价位（2020年） …………… 171
重庆市分岗位等级企业从业人员工资价位（2020年） …………… 174
陕西省技能岗位工资价位（2019年） ……………………………… 174
陕西省不同岗位等级企业从业人员工资价位（2019年） ………… 176
陕西省分岗位等级企业从业人员工资价位（2020年） …………… 176

附录2 相关文件汇编 ……………………………………………………… 177

人力资源社会保障部关于贯彻落实《关于提高技术工人待遇的意见》
　　精神的通知
　　（2018年4月20日　人社部发〔2018〕24号） ……………… 177

人力资源社会保障部　财政部关于全面推行企业新型学徒制的意见
　　（2018年10月12日　人社部发〔2018〕66号）………………… 180
人力资源社会保障部关于在工程技术领域实现高技能人才与工程技术
　　人才职业发展贯通的意见（试行）
　　（2018年11月25日　人社部发〔2018〕74号）………………… 185
人力资源社会保障部关于改革完善技能人才评价制度的意见
　　（2019年8月19日　人社部发〔2019〕90号）…………………… 189
人力资源社会保障部办公厅关于支持企业大力开展技能人才评价工作的
　　通知
　　（2020年11月7日　人社厅发〔2020〕104号）………………… 194
人力资源社会保障部关于进一步加强高技能人才与专业技术人才职业
　　发展贯通的实施意见
　　（2020年12月28日　人社部发〔2020〕96号）………………… 197
人力资源社会保障部关于贯彻落实习近平总书记对职业教育工作重要
　　指示精神的通知
　　（2021年4月30日　人社部函〔2021〕49号）…………………… 201
人力资源社会保障部关于印发"技能中国行动"实施方案的通知
　　（2021年6月30日　人社部发〔2021〕48号）…………………… 204
人力资源社会保障部关于健全完善新时代技能人才职业技能等级制度的
　　意见（试行）
　　（2022年3月18日　人社部发〔2022〕14号）…………………… 214
中共湖北省委办公厅　湖北省人民政府办公厅印发《关于进一步加强
　　高技能人才工作的实施意见》的通知
　　（2007年8月17日　鄂办发〔2007〕23号）……………………… 222
湖南省人力资源和社会保障厅关于实施技术工人工资待遇激励计划的
　　指导意见
　　（2018年10月30日　湘人社发〔2018〕72号）………………… 231
内蒙古自治区党委办公厅　自治区人民政府办公厅印发《关于提高

技术工人待遇的实施意见》的通知

　　（2019年2月20日　内党办发〔2019〕6号）……………… 234

中共山东省委办公厅　山东省人民政府办公厅关于进一步提高全省
技术工人待遇的通知

　　（2019年6月14日　鲁办发〔2019〕9号）…………………… 242

内蒙古自治区人力资源和社会保障厅关于印发《内蒙古自治区贯彻
落实技能人才薪酬分配指引工作方案》的通知

　　（2021年4月30日　内人社办发〔2021〕79号）……………… 246

北京市人力资源和社会保障局　北京市总工会　北京企业联合会/
北京市企业家协会　北京市工商业联合会关于做好技能人才薪酬
激励相关工作的意见（试行）

　　（2021年12月23日　京人社劳发〔2021〕46号）……………… 250

浙江省人力资源和社会保障厅关于印发《浙江省技能人才薪酬分配
指引》的通知

　　（2022年8月29日　浙人社发〔2022〕67号）………………… 254

技能人才薪酬分配指引

第一章 总 则

第一条 为健全技能人才培养、使用、评价、激励制度，推动企业建立多职级的技能人才职业发展通道，建立以体现技能价值为导向的技能人才薪酬分配制度，大力提高技能人才职业荣誉感和经济待遇，不断发展壮大技能人才队伍，为中国制造和中国创造提供重要人才支撑，结合企业薪酬分配理论实践和技能人才特点，特制定本指引。

第二条 本指引旨在为企业提供技能人才薪酬分配可供参考的方式方法。企业可结合实际，借鉴本指引，不断建立健全适应本企业发展需要的技能人才薪酬分配体系。

第三条 本指引所称技能人才，是指在生产或服务一线从事技能操作的人员。

第四条 技能人才薪酬分配应遵循以下原则：

（一）坚持按劳分配和按要素贡献参与分配。体现多劳者多得、技高者多得的价值分配导向，合理评价技能要素贡献。

（二）坚持职业发展设计与薪酬分配相配套。充分考虑企业的组织架构、职位体系、定岗定编、岗位评价、薪酬分配、绩效管理等相互联系、相互制约的实际，使技能人才薪酬分配与职业发展通道相衔接。

（三）坚持统筹处理好工资分配关系。参考岗位测评结果、市场标杆岗位的薪酬价位，综合考虑企业内部操作技能、专业技术和经营管理等类别实际，统筹确定技能操作岗位和企业内部其他类别岗位之间薪酬分配关系。

第二章 技能人才职业发展通道设计

第五条 本指引所称技能人才职业发展通道，是在企业岗位体系的基础上，形成横向按工作性质、内容等划分不同技能序列，纵向按技能人才专业知识、技术技能、资历经验、工作业绩等因素划分层级的有机系统，既体现技能人才个人能力，又反映岗位差别。

第六条 技能人才职业发展通道一般应与企业的经营管理类、专业技术类职业发展通道并行设置，层级互相对照。企业可根据发展需要，贯通工程技术领域操作技能与工程技术序列融合发展的路径，并逐步拓宽贯通领域，扩大贯通规模。对制造业的技能人才，可以设置基本生产技能操作、辅助生产技能操作等细分类别，纵向设置多个职级（详见附表1）。其他行业企业可结合实际参照设置。

纵向成长通道一般应基于不同类别岗位的重要程度、复杂程度等因素，并考虑不同类别岗位人员的职业发展规律作出差别化安排。纵向成长通道具体层级设置数量可根据企业发展战略、主体业务、员工队伍状况等实际进行调整。

企业内部不同类别之间对应关系，技能操作类的正常成长通道最高可与部门正职/分厂厂长/分支机构正职等中层正职相当，高精尖的高技能领军人才可与企业高层管理岗相当。对企业技能操作中的基本生产技能操作工种、辅助生产技能操作工种和熟练服务工种等，一般应设置差别化成长通道。同时，在满足任职资格条件基础上，不同职业发展通道可以相互贯通。

第七条 为实现职业发展通道有效运转，需定责权，即对具体职位在工作职责、管理权限等方面作出统一规范和界定。定责权，主要是解决好职业发展通道和企业内部管理岗位之间的关系问题，总的原则是以事定责、按责配权，实现权责利的统一。职责权限的划分根据相关业务流程，通过编制岗位说明书等方式进行明确，并结合实际动态调整。

处于高职级的技能人才对本领域业务工作负有组织制订（修订）标准、指导落实、监控、审查、结果判定等职责和权限；同时，需承担本业务领域难度较大、创新性的工作任务，并负有编制培训教材、培训授课、平时指导等培训指导职责。

第八条 职业发展通道有效运转需定数量，即根据企业战略和相应的人力资源规划，参考企业所在业务领域专业细分结果，结合企业对各职位的需求以及人员结构情况，制定各职级的职数标准和比例结构。

设置职位数量的规则，一般采取两头放开、中间择优的方式安排。高层职级一般按资格条件管理，不设具体职位数量，成熟一个聘任一个，宁缺毋滥；基层职级一般不设职数，符合条件即可正常晋升；中间层级可按照细分专业数量设置职数，也可以按照一定比例进行安排。

第九条 职业发展通道有效运转需定资格，即根据履行职位职责的要求，对职位任职人员所应具备的学历、资历、能力、经验、业绩等多维度任职条件作出统一规范和界定。职位任职资格标准可将经人社部门公布的技能人才评价机构评价的职业技能等级作为重要参考，并明确相互间对应关系。

结合人才成长规律，职业发展通道一般可按三个阶段设置，形成全职业周期的成长发展通道。新进技能人才在第一个十年中，每2至3年晋升一个职级，在基层岗位职位上正常成长；第二个十年中，在中间层级岗位职位上择优晋升发展；第三个十年中，在高层级岗位职位上逐步成长为专家权威。同时，对具有特殊技能和突出贡献的高技能人才应有破格晋升的制度安排。

随着新生代劳动者成长预期的变化，以及不同类型企业的技能操作难度有差异，对技能人才的成长年限安排以及相应的任职资格标准可有所不同。

第十条 职业发展通道有效运转需定考评，即明确各类人员进入所在职级通道的考评办法，根据考评结果组织聘任，实现能上能下。

第十一条 职业发展通道有效运转需定待遇，即对进入职业发展通道的技能人才，可对新职级职位按照岗位进行管理，职位职级变化时执行岗变薪变规则。各职级人员聘任到位后，按相应岗位工资标准执行，根据绩效考核结果发放绩效工资。

第十二条 职业发展通道有效运转需动态管理,即对职位职数标准、任职人员配置以及职位体系框架的动态管理。

其中,职位职级聘任应有任期规定,高职级职位的任期可比低职级长。任期期满重新进行评聘。在职位职数规定范围内,对任期评聘成绩优秀并达到上一职级任职资格的可予以晋升,考评合格的可保留原职级,考评不合格的可降低职级。

第三章 技能人才薪酬分配制度设计

第一节 工资结构设计

第十三条 按照为岗位付酬、为能力付酬、为绩效付酬的付酬因素,技能人才工资结构可由体现岗位价值的岗位工资单元、体现能力差别的能力工资单元和体现绩效贡献的绩效工资单元等组成。

第十四条 为稳定职工队伍,保障职工基本生活,企业可结合实际增加设置体现保障基本生活的基础工资单元和体现员工历史贡献积累的年功工资单元。

第十五条 在各工资单元功能不重复体现的原则下,为补偿技能人才在特定环境或承担特定任务的额外付出,可设置相应的津贴单元,包括体现夜班工作条件下额外劳动付出的夜班津贴、体现高温噪声污染等艰苦环境条件下额外劳动付出的作业环境津贴、体现技能人才技能水平的技能津贴、体现技能人才班组长额外劳动付出的班组长津贴、体现技能人才师傅带徒弟额外劳动付出的带徒津贴等。根据需要,还可设置鼓励多学技能、向复合型人才发展的多能津贴或通岗津贴等。

第十六条 企业根据需要可以合并、减少或增加相关工资单元。例如,能力工资单元可以采用设置技能人才特殊岗位津贴的形式体现,也可以采用将职级通道直接纳入岗位工资单元进行体现;年功工资单元可在岗位工资单元中设置一岗多薪、一岗多档,岗级体现不同岗位的价值度,档次用于体现同一岗位上不同员工的岗位任职时间、业绩贡献、年度正常增长等因素。

第二节　岗位工资单元设计

第十七条　岗位工资等级应以岗位评价结果为基础。岗位评价是实现不同岗位之间价值可比，体现企业薪酬分配内部公平的重要基础工作。

岗位评价一般有四种方法：一是排序法，将企业全部岗位视为一个系列，根据各个岗位对组织的贡献度和作用度不同，对岗位次序进行排列的一种方法，一般适用于工作性质单一、岗位较少的企业。二是分类套级法，将企业全部岗位分为若干系列、每个系列分为若干级别，分类别对岗位次序进行排列的一种方法。三是因素比较法，事先确定测评要素和若干主要岗位（或称标杆岗位），将每一个主要岗位的每个影响因素分别加以排序或评价。其他岗位按影响因素与已测评标杆岗位各因素测评结果分别进行比较，进而确定岗位的价值等级。四是要素计分法，根据预先规定的衡量标准，对岗位的主要影响因素逐一进行评比、估量，由此得出各个岗位的量值。

第十八条　企业采用要素计分法对技能操作类岗位进行岗位评价，通常考虑岗位对上岗人员技能水平要求的高低，岗位工作量及质量责任的轻重，体力或脑力劳动强度的大小和岗位工作条件的好差等进行评价。在此基础上，要遵循战略导向原则，从突出企业关键重要岗位的角度选择评价要素，确定评价要素权重。

第十九条　企业在评价要素的选择、评价权重的设置、评价过程的组织等方面应贯彻公正、公开原则，得到员工认可。第一步是初评，企业内各二级单位评价确定本单位内部技能操作岗位纵向岗位关系；第二步进行复测，在各单位初评结果中筛选出标杆岗位，选取熟悉技能操作类岗位职责情况、公信力高的岗位评价代表进行复测，确定不同单位之间技能操作类岗位的等级关系。

第二十条　岗位工资可采取一岗一薪、岗变薪变，也可采取一岗多薪、宽带薪酬形式。一岗多薪、宽带薪酬指的是在每个岗位等级内设多个工资档次，以体现同岗级人员不同能力、资历和不同业绩贡献的差别。一岗多薪、宽带薪酬既能体现员工的岗位价值，又能体现员工的能力素质，还可以兼顾员工薪资的正常晋升，这一做法在实践中被较多企业选择。

实行一岗多薪、宽带薪酬的企业，技能人才可通过晋档实现工资正常增长。其中，档次晋升调整可与技能人才年度绩效考核结果挂钩，合格及以上的技能人才每年可在本岗级上晋升1档，少部分优秀的可晋升2档，个别贡献突出的还可以奖励更多晋档，极少数表现不合格的可不晋升或降档。

第二十一条 岗位工资采用一岗多薪、宽带薪酬，具体晋档条件有三种表现形式。一是条件规定形式，即明确晋档应当达到的规定条件。晋档条件有一个以上的，各条件要素需有互补性规定。针对技能操作类岗位，可设置学历与工作年限的互补条件，较长工作年限可在一定程度上弥补学历的不足。二是综合系数表现形式，即按各个晋档要素之间相对关系，将晋档条件转换为系数分数。综合系数表现形式直接实现了各个晋档要素的综合互补。晋档综合系数的确定首先依据不同职级岗位任职资格的要求来确定起步档次的条件。其次，需要将各个条件之间的相对价值进行比较，确定系数标准值，实现各个条件之间的平衡互补。三是特殊贡献表现形式。可将技能人才参加一定层级技能大赛获奖情况、技术攻关和创新等贡献情况，作为晋档或跨档条件。

第二十二条 岗位工资标准的设计，一般参考以下三个因素：一是岗位价值度评估分数。企业可参考技能操作类岗位价值度评估分数之间的倍数关系，确定不同技能操作岗位工资标准之间差别。二是人力资源市场价位情况。企业可参考人力资源市场类似岗位工资价位的绝对水平，确定技能操作类岗位工资标准；或参考市场上相应典型岗位的薪酬比例关系，优化调整相应技能操作类岗位工资标准。三是企业内部标杆技能操作类岗位之间的历史分配关系。企业可结合市场工资价位，重新评估内部技能操作岗位间的分配关系，如果体现岗位价值度的工资标准与市场比差距过小，可以调整优化，适当拉开差距。

第二十三条 岗位工资标准的设计，一般按以下步骤进行：一是首先确定内部关键点岗位（最高岗位、最低岗位、主体标杆岗位等）工资标准之间的比例关系。二是按照一定规律确定每个关键点之间不同层级的岗位工资标准关系，一般可以用等差数列关系确定（差别相对较小），也可以用等比数列确定（差别相对较大）。三是结合技能操作类内部层级因素适当调整。跨职级的差距可适当拉大，同一职级内部差距可适当缩小。经过验证，模拟测算调整，通过比较工资标准高低是否与预先设定的目标一致，最终确定岗位工资标准。

第二十四条 岗位工资标准的表现形式，一般有两种：一是以工资水平绝对值的形式表现；二是以岗位工资系数值（或薪点数）的形式表现。对不同的工资单元可以采用不同的工资标准表现形式。对于效益波动比较大的企业，岗位工资、绩效工资可采取具体的系数或薪点标准。基数值或薪点值可结合企业效益情况、工资总额承受能力、市场价位变动情况等相应确定。

第三节 绩效工资单元设计

第二十五条 绩效工资单元是体现员工实际业绩差别的工资单元，根据绩效考核结果浮动发放，对发挥工资的激励功能具有重要作用。企业可按照绩效工资总量考核发放、授权二次分配、加强监控指导的管理原则，建立绩效工资与企业效益情况（影响工资总额变动）、本部门绩效考核结果（影响本部门绩效工资额度变动）、本人绩效考核结果（影响本人实际绩效所得）联动的分配机制。年度绩效考核除影响绩效工资外，还可与岗位调整、培训、职级升降挂钩。

第二十六条 绩效考核周期的确定需综合考虑行业特点、岗位特征、考评可操作性等因素。技能人才绩效显现时间相对于管理人员、专业技术人员一般较短，可按月为主计发绩效工资。

第二十七条 绩效考核可根据技能人才的工作性质和岗位特征，采取分类考核办法。例如，主要以个人计件计酬的岗位，可以按月设立基础任务量，超过基础任务量部分可分档设立不同计件单价，根据任务完成情况核定绩效工资。

对于以班组、车间为单元集体作业的基本生产技能岗位人员，可参照上述办法将团队绩效工资总额分配到班组、车间，再由班组长、车间主任根据规定程序，按照个人工作量和个人绩效进行合理分配。

对于辅助生产技能岗位人员，可依据其支持服务的基本生产技能岗位人员月绩效工资平均值的一定比例（比如70%至95%），作为人均绩效工资分配额度，以此为基础计算辅助生产技能岗位人员绩效工资总量，再按照绩效工资系数、组织和个人绩效考核的结果进行分配。

第四节 专项津贴单元设计

第二十八条 专项津贴是对特殊条件下的额外劳动付出的补偿。针对技能人才的劳动特点，制造型企业可结合实际需求，可设置夜班津贴、作业环境津贴、技能津贴、班组长津贴、师带徒津贴等。

第二十九条 夜班津贴是对劳动者在夜晚工作额外付出的补偿，主要适用于基本生产技能岗位人员。夜班劳动对于劳动者的体力、精力、心理压力等带来较大影响。实践中，部分"四班三运转"岗位人员的月度夜班津贴水平一般占月度应发工资收入的15%至20%。企业可结合职工薪酬收入水平、当地经济社会发展实际，合理确定夜班津贴的标准水平。

第三十条 作业环境津贴是对劳动者在井下、高空、高温、低温、物理粉尘辐射、化工有毒有害等环境下作业额外付出的补偿，主要适用于技能操作类人员。企业可结合实际，根据作业环境的艰苦程度划分出不同档次，设置差别化的作业环境津贴。

第三十一条 技能等级除作为职业发展通道的晋升条件外，考虑到高技能人才整体仍然短缺的实际，企业可以设置技能津贴，对于取得高级工、技师、高级技师，并在相关技能操作类岗位工作的技能人才，发放一定额度的技能津贴，鼓励技能人才学技术、长本领。取得相应技能等级资质的技能人才，聘任到较高技能操作职级上，除适用技能津贴外，还可同时执行相应发展通道职级的工资标准。技能津贴可同样适用于"双师"（工程师、技师）型技能人才。

第三十二条 班组一般是企业管理的最基层单元，班组长在基础管理、分配任务、考勤考绩等方面均有较多的付出。对于非专职脱产人员担任班组长的，可设置班组长津贴。班组长津贴标准可采取两种方式进行安排：一是按照班组管理幅度，按照具体人数确定适用津贴标准。可在基本标准基础上，每增加1名技能人才，相应增加津贴标准。二是按照班组类别和难度大小，设置不同的档次标准。但对于班组长工资待遇已在岗位工资等级或者档次体现的，可不再重复设置班组长津贴。

第三十三条　师带徒津贴是对师傅培养培训徒弟额外劳动付出的补偿。对于签订带徒协议、明确师傅徒弟权利义务的，可向师傅支付一定额度带徒津贴。协议期满根据考核结果可另行给予奖励。徒弟在技能大赛等获奖的，也可额外对师傅进行奖励，建立徒弟成才、师傅受益的联动机制。企业通过推行"传帮带""师带徒""老带新"等多种措施，不仅可以促进整体生产效率的提升，而且能够帮助企业在长期内形成较为稳定的技能人才梯队，积蓄技能人才资源。师带徒，通过企业实践培训提高，针对性强，效果好，应大力推行。

第三十四条　津贴设置应坚持不重复体现原则。本节所提到的夜班津贴、作业环境津贴、技能津贴、班组长津贴、师带徒津贴等各类津贴，如在岗位评价要素或者职级成长通道任职资格条件中已有充分体现的，应本着不重复的原则不再单独设置。

第五节　技能人才与其他人才工资分配关系设计

第三十五条　企业可参考岗位测评结果确定技能人才岗位和其他类别岗位之间薪酬分配关系。如果不同类别岗位测评采用的要素和参评专家不同，则测评分数之间的相互关系不宜简单对应，应选择不同系列的典型岗位进行跨类别岗位测评以确定对应关系。

第三十六条　企业可参考市场标杆岗位之间的薪酬分配关系确定对应关系。如将市场上某技能操作岗位与某管理岗位等薪酬水平的对应关系，作为确定不同类别岗位分配关系的参考。同时，标杆岗位中市场招聘的薪酬价位，可以作为确定技能操作岗位和其他类别岗位起点薪酬分配关系的参考。

第三十七条　技能人才特别是高技能人才，其人力资本是个人努力和长期操作经验的累积结果，在薪酬标准上应体现其人力资本及技能要素贡献。对掌握关键操作技能、代表专业技能较高水平、能够组织技改攻关项目的，其薪酬水平可达到工程技术类人员的较高薪酬水平，或者相当于中层管理岗位薪酬水平，行业佼佼者薪酬待遇可与工程技术类高层级专家级别和企业高层管理岗的薪酬水平相当。

第四章　高技能领军人才薪酬待遇制度设计

第三十八条　高技能领军人才包括获得全国劳动模范、全国五一劳动奖章、中华技能大奖、全国技术能手等荣誉以及享受省级以上政府特殊津贴的人员，或各省（自治区、直辖市）政府认定的"高精尖缺"高技能人才。高技能领军人才是技能人才队伍中的关键少数，应提高其薪酬待遇，鼓励参照高级管理人员标准落实经济待遇。

第三十九条　年薪制是以年度为单位，依据生产经营规模和经营业绩，确定并支付薪酬的分配方式。年薪制一般适用于公司经营班子成员以及承担财务损益责任的分子公司负责人。

高技能领军人才可探索实行年薪制，应把握以下三个方面：一是合理界定适用范围。年薪制适用范围较小，一般适用于承担经营风险、业绩显现周期较长且需建立有效激励约束机制的人员。高技能领军人才具有稀缺性，贡献价值度高，可将其纳入年薪制适用范围。二是明确薪酬结构。一般由基本年薪和绩效年薪为主的薪酬构成，基本年薪占比相对较小、按月发放，绩效年薪占比相对较大、按年发放，体现业绩导向。三是建立相应的激励和约束机制。高技能领军人才应建立体现高技能领军人才特点、体现短期和长期贡献的业绩考核办法，如将关键任务攻关、技能人才队伍培养等作为年度或任期绩效考核目标，业绩考核结果与薪酬挂钩，实现业绩升、薪酬升，业绩降、薪酬降，体现责任、风险和利益的统一。

第四十条　协议薪酬制是企业和劳动者双方协商谈判确定薪酬的分配方式，主要适用于人力资源市场稀缺的核心关键岗位人才或企业重点吸引和留用的紧缺急需人才。

企业要处理好薪酬内部公平性和外部竞争性的平衡。在此基础上，对高技能领军人才实行协议薪酬，应把握以下三个方面：一是合理确定适用范围。一般而言，协议薪酬主要适用于面向社会公开招聘实行市场化管理的高技能领军人才。二是实行任期聘任制。实行协议薪酬制的高技能领军人才，可按任期聘任，按合同规定条件予以续聘或解聘。三是事先约定绩效考核要求。对实行协议薪酬制的高技能领军人才，既协商薪酬也应协商绩效要求，应签订《绩效目标责任书》，确定考评周期内的绩效目标和激励约束规则。同时，实行协议薪酬制人员，薪酬待遇按协议约定执行，一般不再适用企业主体薪酬制度中的岗位工资、绩效奖金、津补贴等分配方式。

第四十一条 专项特殊奖励是对作出重大贡献的部门和个人的专项奖励。

实行专项特殊奖励，应把握以下三个方面：一是专项特殊奖励不仅适用于高技能领军人才，也适用于包括技能人才在内的所有员工。二是对在正常绩效激励中未体现的特殊贡献，均可适用特殊奖励。其中，包括为企业生产效率提高、工作任务完成、新品试制、技改攻关等作出的巨大贡献，或为社会作出突出贡献，或为企业取得重大社会荣誉等（比如技能大赛获得名次）。三是专项特殊奖励属于非常规激励。为避免滥发或不发，应制定较为规范的企业内部专项特殊奖励管理办法。

第四十二条 结合实际探索对技能人才特别是高技能领军人才实行股权激励（包括业绩股票、股票期权、虚拟股票、股票增值权、限制性股票、员工持股等形式）、超额利润分享、项目跟投、项目分红或岗位分红等中长期激励方式。中长期激励应符合国家相关规定。

第四十三条 超额利润分享以超过企业目标利润的部分作为基数，科学合理地设计提取规则，主要适用于企业中的关键核心人才。

应把握以下三个方面：一是将技能人才特别是高技能领军人才纳入实施范围，引导企业构建"目标一致、责任共担、成果共享"的发展共同体。二是明确激励总量的确定规则。激励总量可以本年度超目标净利润增量（或减亏额）为基数，按一定比例计提，并与企业综合绩效系数挂钩调节。其中，净利润目标一般可分为基本目标、激励目标和挑战目标，计提比例可根据净利润实际达成情况按不同比例分段提取。三是明确激励额度分配办法。员工个人激励额度一般可依据激励对象的岗位系数和个人绩效考核结果系数综合确定。其中，个人岗位系数应体现所在岗位职位的正常激励水平，个人绩效考核结果系数应根据实际绩效设置，既关注岗位职位，也关注实际贡献。

第四十四条　岗位分红以企业经营收益为标的，主要适用于对企业重要岗位人员实施激励。对高技能领军人才实施岗位分红的，企业应建立规范的内部财务管理制度和员工绩效考核评价制度，评估高技能领军人才在企业的重要性和贡献，明确实施岗位分红的企业业绩和个人业绩条件。同时，处理好岗位分红所得与薪酬所得的关系，合理确定分红标准。

第五章　附　　则

第四十五条　各地人力资源社会保障部门应结合本地实际，加强宣传培训，可分行业或分职业类别进一步细化相关内容，发布典型案例，强化示范引领。创新企业工资宏观调控指导方式，推动企业建立健全技能人才薪酬分配体系，不断提高对本地区企业技能人才薪酬分配的指导实效。

附表

附表1 某大型研发制造企业技能人才职业发展通道框架示例表

职位层级	职位等级/岗位职位工资级别	生产操作类		
		基本生产技能操作工种	辅助生产技能操作工种	熟练操作服务工种
高层	1	"高精尖缺"高技能领军人才等		
	2			
	3			
	4			
中层	5	首席技能专家		
	6	特级技能专家		
	7	高级技能专家	高级技能专家	
	8	一级技能操作师	一级技能操作师	
基层	9	二级技能操作师	二级技能操作师	
	10	三级技能操作师	三级技能操作师	
	11	四级技能操作师	四级技能操作师	
	12	一级操作工	一级操作工	一级操作工
	13	二级操作工	二级操作工	二级操作工
	14	三级操作工	三级操作工	三级操作工
	15	见习工	见习工	见习工

附表 2　某企业技能人才工资结构安排示例表①

工资单元示例					技能人才针对性津贴示例				
岗位工资单元	能力工资单元	绩效工资单元	基础工资单元	年功工资单元	夜班津贴	作业环境津贴	技能津贴	班组长津贴	师带徒津贴

附表 3　某制造企业技能操作岗位评价要素示例表

要素	要素权重	子因素		子因素权重及分数
		序号	子因素名称	
A. 岗位劳动技能要素	24%	1	技能水平要求	5%、50 分
		2	工作经验要求	7%、70 分
		3	岗位难度要求	12%、120 分
B. 岗位工作责任要素	28%	4	产量责任	8%、80 分
		5	工作质量责任	10%、100 分
		6	安全环保责任	10%、100 分
C. 岗位工作负荷要素	30%	7	体力劳动强度	8%、80 分
		8	脑力劳动强度	10%、100 分
		9	工作均衡和饱满性	12%、120 分
D. 岗位工作条件要素	6%	10	岗位工作条件	6%、60 分
E. 岗位人心流向要素	12%	11	岗位人心流向	12%、120 分
总分				1 000 分

---

① 表中标注虚框的工资单元，实践中也可以有其他体现方式。

附表4 某企业技能人才岗位工资标准宽带薪酬示意表

职位等级名称	级差	档差	1档	2档	3档	4档	5档	6档	7档	8档	9档	10档	11档	12档	13档	14档	15档
首席技能专家																	
特级技能操作专家									▨	▨							
高级技能操作专家									▨	▨							
……																	
一级技能操作师									▨								
三级技能操作师一类								▨	▨	▨							
……																	
二级操作工一类								▨	▨								
二级操作工二类																	
三级操作工岗位评价一类							▨	▨									
三级操作工岗位评价二类							▨	▨									
三级操作工岗位评价三类							▨	▨									

备注：阴影部分是下一层级岗位工资标准与上一层级岗位第一档次标准基本重合位置的示意。

附表5 某企业晋档系数定分标准示例表

要素	晋档系数定分标准						
学历	非本专业技校、高中及以下	本专业技校毕业	本专业中专毕业	大学专科毕业（含大学本科肄业）	大学本科毕业	本科双学士	硕士研究生
	0	1分	2分	3分	6分	8分	10分
技能等级	初级工及以下	中级工	高级工	操作技师		高级操作技师	
	0	1分	3分	7分		12分	
绩效考核加分	不合格			合格		良好	优秀
	-3			0		2	4
员工工作年限加分	绩效考核"合格"及以上的每一年增加1分						
重要成果单列加分	技术创新成果、技能大赛获奖等，单列加分						

附案例

案例 1　推动技能人才职业发展通道、工资制度体系化变革

A 公司所处行业为电力、燃气及水的生产和供应业。

一、不断健全完善技能人才职业发展通道

2015 年 A 公司推动实施职员职级序列办法，针对管理技术、技能服务两大序列设计包括七个层级的职员职务职级体系，规划各级职员职数比例，明确各级职员的任职条件。综合岗位、学历、职称、技能等级、工作年限和绩效积分等多种因素开展员工职级聘任。其中，绩效考核结果是聘任职级的必备前提条件，根据资质等级、专业成果、竞赛成果、个人荣誉等情况加总计算。高级技师、技师和高级工分别与相应层级专业技术或管理人才享受同等积分；获得国家级、集团公司级、省级公司技术能手或在技能竞赛中获奖的技能人才另外增加积分；获得集团公司各级称号的优秀高技能人才也另行享受积分，强化技能导向。

2017 年 A 公司指导所属单位健全职级系列，按照"横向搭建通道、纵向设置层级、分类全面覆盖"的原则，针对各业务板块不同特点，对接岗位分类，进一步细化完善职级制度，构建多元、并行、畅通的职业发展通道，加快推进各类员工成长。如主营业务单位，将管理技术、技能服务两大职级系列，拓展细化为规划、工程建设、运行、运维检修、市场营销、综合管理六类，从低到高设助理、专责、师、高级师、主任师、资深师，分别对应不同的职员职级。要求各单位细化各序列各职级的专业工作经历和年限、专业成果、技术技能等任职条件，加强各级职员岗位管理、流动管理。

通过不断改进完善，A 公司形成了一套纵向可晋级、横向可贯通、涵盖全业务板块、细分专业工种的职业发展通道体系。

二、实行岗位绩效工资制为主的工资体系

2015 年 A 公司全面推行了岗位绩效工资制，以岗位价值为基础，以业绩和能力为导向，将员工薪酬与岗位价值、绩效贡献和能力素质紧密挂钩，以岗定薪、按绩取酬、注重能力。岗位绩效工资由岗位薪点工资、绩效工资、年功工资、辅助工资四个工资单元组成。

（一）建立岗位薪点工资制

A 公司岗位薪点工资是以岗级和薪级作为分配要素的工资单元，纵向设置若干个岗级，每个岗级对应 6 个薪级，每个薪级对应一个薪点数，相邻岗级交叉 4 个薪级，其中对于各级各类人才和特殊贡献员工另外增设 6 个职业成长薪级。

技能人才的岗位薪点工资标准由薪点数×薪点值确定。2015 年实行职员职级序列后，技能人才按聘任的职员职级执行相应的岗位薪点标准。岗级主要体现工作责任、难度、强度等岗位因素，薪级充分体现技能人才技能水平和业绩成果，薪点值根据各单位年度工资总额、岗位薪点工资比重等统一确定。因此，岗位薪点工资综合体现了技能人才的岗位、技能和业绩等因素，并将技能人才工资与所在单位业绩目标完成情况联系起来。

（二）根据单位效益和员工贡献发放绩效工资

绩效工资是体现员工实际工作业绩和贡献的工资单元，包括与各单位绩效考核结果挂钩的绩效考核奖，以及根据完成专项工作或项目情况设立、与员工贡献挂钩的专项考核奖。在管理中，A 公司根据各业务板块的主营业务特点、市场化程度、行业管理等因素，分类设定所属单位工资总额中工资单元占比，市场化程度越高的单位绩效工资占比越高。

（三）针对一线技能人才发放补偿性津补贴

A 公司所属各单位根据实际情况，出台倾斜政策，针对一线操作岗位技能

人才的特殊劳动付出和恶劣工作环境发放补偿性津补贴。如设特殊天气外勤津贴，额外对高、低温天气从事室外露天作业的，按出勤情况给予津贴补助；对实行轮班制的班组发放的中班、夜班津贴；对承担主营业务、安全责任重、工作危险性高，以现场作业为主或实行 24 小时倒班制的技能岗位实行分段累进的"一线年功工资"，标准高于其他员工年功工资，员工调离一线岗位后停止发放。

（四）分配向边远地区和一线岗位倾斜

A 公司部分所属单位通过设立艰苦边远地区津贴等方式，向边远地区一线岗位技能人才实施分配倾斜。如某省公司为鼓励员工向一线艰苦、偏远、缺员岗位流动设立一线岗位津贴，允许其下属单位可根据一线岗位的艰苦偏远程度、缺员情况、劳动强度、工作环境和工作时间等要素确定津贴标准；在工资总额分配时向艰苦偏远地区缺员单位适当倾斜；设立帮扶津贴，向以帮扶形式统一组织到艰苦偏远地区缺员单位的员工发放。某省公司在实施岗位绩效工资浮动点值制改革中，明确一线岗位范围，参考有关部门划分的工作地区艰苦边远地区范围和类别，向边远县公司、艰苦边远班站以及岗位和工作任务重、技术含量高、安全压力大的一线岗位倾斜，适当提高其浮动点值，增加工资总额。

（五）针对优秀高技能人才发放人才津贴

在职员职级序列之外，A 公司还建立了经营、管理、技术和技能四类人才的四个层级（国家级、集团公司级、省公司级、地市公司级）人才体系（科技领军人才、专业领军人才、优秀专家人才、优秀专家人才后备），突出业绩、基层和创新贡献，逐级选拔优秀高技能人才。针对这些优秀高技能人才实行聘期制和动态考核管理，根据考核结果发放人才津贴，并在各所属单位工资总额中单列管理，持续强化技能价值激励。

点评

A 公司在原有的岗位和职务等级基础上，逐步建立健全了"横向搭建通道、纵向设置层级、分类全面覆盖"的职员职级体系,并全面实行岗位绩效工资制为主体的工资体系。技能人才的岗位、技能水平和绩效考核结果与所聘任职级挂钩,而且直接决定其岗位薪点工资水平。特别是以资质等级证书、技术创新成果、竞赛成果、个人荣誉等情况加总计算积分,综合反映技能人才的技能水平和贡献的做法,较有特点。技能人才在不调整工作岗位的前提下,只要技能水平继续提升、积分持续增加,还可以继续晋升职级、薪级,增加工资收入。部分所属单位还针对艰苦边远、严重缺员地区和一线操作岗位制定倾斜政策,进一步提高技能人才待遇。此外,A公司针对优秀技能人才建立了一套比较成熟的遴选和动态考核管理制度,另行发放人才津贴,进一步凸显技能价值激励导向。

案例2 构建新型八级技工制,实行符合技能人才特点的工资分配制度

B公司是制造业企业,主要从事重型机床及锻压设备生产业务。

一、技能人才队伍基本情况

公司技能人才1 305人,占从业人员的62.6%。其中生产一线岗974人,生产辅助岗331人,高级工以上高技能人才比重超过80%,大专学历以上者比重接近三分之一,30~45岁经验丰富的骨干技术工人占比超过50%。

二、主要经验做法

(一)构建新型八级技工制度,畅通技能人才发展通道

为畅通技能人才晋升通道,充分调动职工钻研技术的积极性和生产工作的创造性,合理规范各工种技术水平的差异,B公司建立新型"八级技能人才等级制",保证技能人才职业发展通道的畅通,同时与工人工资待遇挂钩。

公司针对一线操作岗位工种设立新型"八级技能人才等级制",分类标准与国家职业标准中的技能等级对应,一级工到八级工分别与初级工到高级技师

相匹配，其中八级工、七级工需具备高级技师技能等级，六级工、五级工需具备技师技能等级。针对技术等级不同需要具备不同的技术技能，从基本操作普工到水平精湛的技术能手，从了解应知应会的学徒到拥有技术创新革新成果的工匠，从只会基础识图的青工到编制工件加工工艺的行家等进行严格分类，严控每个级别的晋升标准。

公司合理设定每个技工等级人员的占比，从低到高形成金字塔结构。其中，八级工人数比例最高不超过本工种人数的3%，确保各个等级的含金量。

为促进技能人才比学赶超的积极性，公司每三年进行一次等级晋升评定，打破一次评定上等级就一劳永逸，一成不变的做法，激励技能人才不断提高技术技能水平。

（二）针对技能人才岗位特点，建立多元化薪酬分配体系

一线技能人才实行计件工资为主，技能等级工资为辅，津补贴为补充的分配形式。工时单价充分考虑不同岗位、工种的技能水平和产品质量要求，并实行阶梯式工时单价，完成工时越多，小时单价越高，激励员工超额完成生产任务，多劳多得。根据八级技工等级制定不同的技术等级津贴标准，重点向技能水平高，技术等级高的人员倾斜，从四级到八级每月享受津贴不等，使技能要素直接参与薪酬分配。此外，针对一线技能人才设立多样化的津补贴，对薪酬分配进行补充。津补贴项目包括技术等级津贴、技师和高级技师津贴、班组长津贴、质量奖、满勤奖、加班补助、高温补贴等，补贴标准不等。工资加上津补贴后，一线技能人才月平均工资超过公司基层车间主任级薪酬标准，高级工、技师和高级技师中收入前几十名的月均工资均高于公司中层正职级薪酬标准，技能人才中收入超过基层车间副职层级的达到不小比例。

辅助操作工人根据岗位、技能要求、劳动强度等因素制定差异化分配政策。分配向天车工、保修工、吊装工、加修工等直接配合生产一线工作，岗位技能要求高的岗位倾斜。其他辅助岗位如力工、保管工的工资则主要考虑劳动强度，工作精细化程度等确定。为鼓励人员向一线操作岗位流动，辅助操作工中如有兼职从事一线工时考核工作的，允许其同时按当月完成工时核算工资。

辅助操作岗位工人同样执行上述津补贴项目。辅助岗位中前 20 名技师和高级技师月均收入超过公司基层车间副职层级薪酬标准。

(三) 设置多种奖励项目，鼓励技能人才创新创效

针对技能人才的技术创新、特殊贡献设置多种奖金项目。为鼓励技能人才解决实际生产难题，针对特殊情况下的生产攻关、技术攻关，在明确主要参与人员、完成时间、取得成果等前提下，给予适当的攻关项目奖。

根据季度生产任务要求、新产品研发、出展产品安装等特殊情况，公司和生产单位针对阶段性工作组织各类型的生产会战，为进一步调动技能人才的生产积极性，提高劳动效率，根据实际情况支付提质增效奖励。通过不同形式奖励工资的发放，进一步激发员工工作的内生动力。

(四) 分配向一线技能人才倾斜

公司薪酬分配重点向生产单位、市场销售和技术研发部门人员倾斜，生产单位、市场营销部门、技术研发部门、管理部门之间的人员比例约为 2.3：0.2：0.2：1，4 个部门之间工资额度比例约为 3.5：0.6：0.3：1。同时，公司每年及时调整职工年功工资，形成了正常的工资增长机制。近三年人均工资收入增幅较大，其中技能人才工资增幅高于管理人员工资增幅近两个百分点，维护了技能人才队伍的稳定。

(五) 完善高技能人才奖励和同等待遇政策

一是兑现奖励和补贴，对获得集团级"技术能手称号"的高技能人才，公司给予一次性奖励。为获得劳模（标兵）的先进个人每月发放不等的补贴；为在集团高技能人才"五小"创新成果奖中获奖的公司给予一次性奖励，鼓励技能人才参与公司的技改技措、产品研制、工艺改进等，促进技术成果转化。二是落实购房优惠，为各级技术标兵、劳动模范在购买公司承建的住房上给予不等的价格优惠。三是比照同级专业人员兑现待遇，在住房取暖费报销和公出津贴补助等方面，技能人才与高级专业技术人员、高级管理人员享受同等待遇。

点评

B公司区分一线操作岗位和辅助生产岗位技能人才分别实行不同的基本工资分配制度,针对技能人才工时和劳动环境发放补偿性津补贴,针对技能人才技术创新成果和"特殊时期"的特殊劳动贡献支付特殊奖励。为留住并激发技能人才工作积极性和创新热情,增强技能价值激励导向,公司建立了八级技术等级制度,向取得突出创新成果或获得荣誉的高技能人才发放额外一次性奖励,不仅直接体现了技能要素参与分配,同时也为技能人才职业发展和技能晋级开拓空间。

案例3 完善岗位发展通道,树立技能价值激励导向

C公司主要从事水力发电、配售电以及海外电站运营、管理、咨询及投融资业务。

一、完善岗位发展通道,贯通技术、技能发展路径

C公司对生产单位的生产、运行和专业部门,根据岗位价值、技能资历要求差别,由低到高设置三级技工、二级技工、一级技工、技术助理/助理值班、技术师/副值班、高级技术师/主值班的六个岗位层级,建立技能人才的岗位晋升通道。符合条件的优秀技术工人经过一定程序,还可以选聘为技术主管、部门主任师等技术岗位,以及部门副主任等管理岗位。

为进一步拓展技术工人职业发展空间,畅通操作技能和专业技术序列与管理序列的发展双通道,引导员工立足岗位钻研技术技能、培育工匠精神,C公司进一步出台《生产单位员工专业技术发展通道建设与管理办法》,在现行生产岗位层级基础上增设三级专家、二级专家、一级专家和首席专家层级,每个级别不设置职数限制,专业技术和操作技能人员均可申报,根据申报人员的技术技能水平和工作业绩评审确定聘任人数,并以生产单位部门主任师薪酬水平为基数,分别参照生产单位总工程师、部门正职、部门副职(设备管理主任)薪酬水平确定首席专家、一级专家、二级专家人才津贴标准。

二、构建符合技能人才特点的薪酬体系，树立技能价值激励导向

建立基于岗位、技能、贡献的工资分配机制。技能人才工资包括岗位工资、绩效奖金、津贴补贴和加班工资四个单元。岗位工资是基于公司岗位的相对价值，参照人力资源市场价位确定的岗位从业人员固定工资收入；绩效奖金基于工作绩效，是与公司生产经营业绩、单位完成工作目标以及个人工作绩效相联系的浮动工资收入，又包括绩效工资、特别贡献奖、安全生产奖和精益发电奖等；津贴补贴包括人才津贴、年功津贴、运行岗位津贴、地区补贴等；加班工资是员工根据工作需要在规定工作时间以外继续生产劳动或者工作获得的劳动报酬。其中：岗位工资采取纵横二维结构，纵向设若干个薪级，横向设若干个工资档次。薪级按照技能人才上述岗位层级确定，每个岗位层级对应1~3个工资薪级。在薪级不变前提下，员工可以根据工作业绩表现积分晋升工资档次。同时，针对高技能人才设置特殊的薪酬晋档规则，获得全国劳动模范、全国五一劳动奖章、中华技能大奖、全国技术能手等荣誉的，在正常考核积分之外，另给予30分或者15分的晋档积分，在岗位未变化的情况下也能实现工资有一定幅度增长。

设置人才津贴单元和专项奖励。C公司根据员工专业技术、技能等级评定岗位等级，在制度中专门设置"人才津贴"工资单元。其中，对取得技师、高级技师职业资格或职业技能等级的高技能人才，比照相应层级专业技术或管理人才，按月发放人才津贴。

此外，C公司落实上级单位文件，对在各类技术比武和专业竞赛中取得优异成绩的技能人才，评选的"岗位能手"，以及认定的技术技能创新成果，给予精神奖励或物质奖励。

点评

C公司构建了较为完善的生产运行岗位发展通道，符合技能人才发展需要。薪酬福利结构综合体现了岗位价值、技能水平和业绩贡献等多元因素，符合技能人才劳动特点。企业不仅将技能要素作为确定岗位工资薪级、调整工资档次的重要因素，同时设置专门针对技能/技术/学历的津贴单元，并对技能水平突

出或有突出贡献的高技能人才进行物质奖励,比较充分地体现了技能价值激励导向。

案例4 实行"技能-技术"双职业通道管理模式,全方位贯彻技能价值激励导向

D公司是制造业企业,主要从事机电产品的研制和生产业务。

一、分类、分级差异化设置技能职务等级

(一)针对不同岗位/工种设计不同的技能职务等级通道

D公司结合本企业和技能人才职业发展需要,为技能人才设计了九档技能职务,从高到低依次为:集团首席技师、集团关键技能带头人、一级技师(公司级关键技能带头人)、二级技师、三级技师、高级技工、一级技工、二级技工、三级技工。同时,考虑生产操作服务保障岗位(工种)的技能水平要求,对不同岗位设置差异化技能职务等级通道。其中,基本生产、工艺技术、科技保障和后勤保障这四大类操作岗位均可申请晋升三级技师及以下技能职务;而基本生产、工艺技术、科技保障这三类主体操作岗位技能人才符合条件的,还可申请晋升二级技师、一级技师等更高技能职位。

公司明确各级技能职务的任职条件,包括理论基础(主要包括总结提炼先进技能操作法,工艺技术创新成果获奖,参与制定工艺和技能标准等方面)、工艺技能水平(主要指技能竞赛成绩或工艺设计改进、解决现场疑难问题等方面)、工作业绩(主要指技能攻关、工艺改进、降本增效、精益生产、安全生产、节能减排等方面解决的实际难题)和员工公认度四个方面,全方位客观评价技能人才技能水平和技术创新成果贡献。

(二)对不同职务等级实行分级管理

对于集团首席技师、集团关键技能带头人,D公司负责推荐人选和日常管理,由集团公司组织评聘和考核;对三级技师及以上技能职务,由D公司组织

评审聘任,实行聘期制和动态考核管理制;对高级工及以下职务实行年度考核晋升制,为多数工人拓展职业晋升通道。

(三)对高技能领军人才实行"技能-技术"双职业通道管理模式

D公司对由公司(或集团公司)聘任的,具有深厚理论水平、技术创新能力强、取得公司认可性突破或创新成果的优秀高技能人才,实行"技能-技术"的双职业通道管理模式,促进技能人才向工艺技术型人才发展和转化。即高技能人才在不脱离技能岗位的前提下,参与公司工艺技术工作。公司对其实行技能、技术双重岗位管理,促进其在工艺创新优化、编制标准作业指导书等方面切实发挥作用。上述人员符合工程系列职称任职资格条件的,可参与工程技术系列职称评审。符合条件的还可以调整到科技岗位从事工艺工作。

二、实行符合技能人才特点的薪酬分配体系

D公司实行以岗位绩效工资制为主体的工资福利体系。员工工资福利由岗位工资、绩效工资(计时工资、销售提成工资)、奖励工资、津补贴、保险福利五部分组成。

(一)岗位工资标准主要根据岗位和技能因素确定

岗位工资是员工按照岗位要求,全面履职后取得的劳动报酬,是员工收入中相对固定的部分。D公司结合公司实际,根据岗位重要性、技术含量和工作环境等因素,经过岗位价值度评价,将所有岗位确定为若干岗级,每个岗级划分15个薪级。根据技能人才从事岗位确定岗级,根据本人技能职务(即技能水平因素)确定并调整薪级。员工技能水平与岗位重要度共同决定岗位工资水平。即使在岗位没有发生变动的前提下,员工也可以通过技能水平提升继续增加工资,鼓励技能人才在本职岗位上深耕细作,钻研技术。

(二)绩效工资按工作量发放、与单位和个人考核挂钩

绩效工资是员工在单位(或团队)工作中取得的与其工作任务、岗位要

求、工作业绩和贡献相适应的即时奖励，是员工收入中的浮动部分，绩效工资中包含加班工资。D公司根据技能人才的岗位性质和劳动特点，对于实行工时定额考核的基本生产工人绩效工资主要采用计时工资方式，主要根据技能人才工作量，并与所在单位当期整体经济效益和个人绩效考核结果挂钩发放。

计时工资的小时工资标准，由各单位根据生产方式、技术复杂程度，结合本单位工时定额水平综合确定。公式为：计时工资＝当期工时量×工时单价×个人月度考核系数×单位月度考核兑现系数。

（三）向优秀高技能人才发放技能津贴和专项奖励

除工资外，D公司向聘任一级技师及以上技能职务的，另外按月发放高技能职务津贴。

实行双职业通道管理的高技能人才，在全面完成企业规定的技能、技术工作前提下，除按照公司规定获得工资和高技能人才津贴外，还可取得专项技术工作奖励和工艺攻关专项奖励；其在技术创新中总结提炼的专利成果享受知识产权保护。

为持续提升和激励技能（技术）人员岗位创新动力，总结提炼公司技能创新成果，推动技能创新与成果推广，实现高技能的交流共享与代际传承，D公司根据集团有关规定，结合公司实际，制定《技能特色操作法评选管理办法》，对符合独创性、先进性、效益性和推广性4个基本条件的操作方法划分四个奖项，对获奖者发放奖金和证书，并择优推荐参加集团公司评审，对通过集团公司评定的，由集团公司予以奖励；支持符合条件的特色操作法申报国家专利。

（四）建立徒弟获奖师傅受益的连带机制，促进技能传承

D公司制定导师带徒管理办法，明确师傅的权利义务，考核标准和奖惩标准，对正常履行导师职责的，按月发放导师津贴，协议期满根据考核结果另行给予奖励。徒弟在技能大赛获奖的，也另行对师傅进行奖励，建立徒弟成才、师傅受益的连带机制，促进高技能和绝技绝活的代际传承。

(五) 允许技能要素参与收益分配

D公司制定了技能大师工作室管理办法，明确工作室工作目标和任务，工作模式及考核办法。工作室通过工艺攻关、技术改进提高工效、减少浪费，创造直接经济效益并按照直接经济效益的5%提成，用于工作室成员的奖励。

点评

D公司统筹考虑管理、技术、技能三支人才队伍建设工作，为技能人才设立了独立的技能职务等级晋升管理办法。对岗位工种分类设计职务晋升通道，主体或关键岗位工种技能职务等级通道要高于辅助操作岗位工种。对技能职务等级分层管理，较高等级职务采用竞聘制、聘期制和动态考核管理；较低等级采用年度晋升制，为技能人才预留发展空间。

D公司实行岗位绩效工资为主体的薪酬福利体系，综合体现了岗位、技能和业绩因素，符合技能人才的岗位性质和劳动特点。实行岗位绩效工资的前提基础，一是开展科学的岗位分析、岗位价值度评估工作；二是建立科学可行的技能人才评价和考核体系；三是工时标准科学合理，能够随着产品（服务）价格和工艺设备改进及时调整。

此外，D公司对于优秀高技能人才的激励手段丰富全面，在非上市的国有大型制造业企业当中有一定代表性。具体包括：聘任较高技能职务并享受高技能职务津贴；实行"技能-技术"双职业通道管理模式，贯通技能向专业技术岗位发展的桥梁；建立徒弟成才、师傅受益的连带机制，发挥高技能人才作用，促进高技能和绝技绝活的代际传承等；允许其通过主持技能大师工作室的技术攻关创新工作，参与技术创新成果创效的分配。

案例5 构建技能人才职业发展通道，设置单独技能工资单元

E公司为自动化行业高新技术民营上市企业。

一、技能人才队伍基本情况

目前，E 公司共有员工 600 余人，其中调试工程师、配线技术等占 24.1%，主要集中在生产安装部。调试工程师从事设备及生产线的安装调试、售后维修、维护及保运工作，配线技术主要从事控制柜配线盘的组装工作。

二、主要经验做法

（一）构建技能人才职业发展通道，拓展跨序列发展空间

根据工作性质，生产安装部各岗位划分为"管理""管理辅助""安装调试""生产辅助"四个序列（通道），每个序列（通道）依据能力水平的高低设若干职级。其中，"安装调试"序列分为调试和配盘两个岗位类别，从低到高设初级技师、技师、高级技师、专家技师 4 个职级。各职级人员薪酬呈"阶梯型"，职级越高，对工作技能水平要求越高，对应的薪酬也越高。技能人才职级升降采取动态化管理，技能水平达到高一职级任职资格并满足其他晋升条件的，可申请评审晋升更高职级；员工在实际工作中表现出的技能水平达不到当前职级的技能标准或存在可降级的行为，经评审可降至较低职级。技能人才将职级的晋升条件和任职资格作为努力方向，有了稳定预期，不断提高自身的实际能力，职业素养和工作绩效，在本序列（通道）内实现向上发展。

同时，技能人才也可根据自身性格、兴趣、能力和职业趋向，结合公司及部门岗位需求和实际工作安排，跨通道向专业技术、管理等岗位发展。

此外，公司根据员工在长期工作中表现出的实际能力、职业素养和完成的工作绩效，并结合实际工作需要，选择优秀者进入管理通道发展。据统计，从普通技能人才成长为生产安装部中层管理人员所需时间，总体平均为 8 年左右。

（二）完善薪酬津贴福利体系，形成基于岗位、能力、业绩的工资分配机制

"安装调试"序列技能人才薪酬由基本工资、绩效工资、补贴、奖金、福利五部分组成。其中：基本工资包括岗位工资、技能工资和工龄工资。根据岗位工作需要，安装调试岗位技术工人实行"不定时工作制"，公司根据技术工人实际完成的工时和绩效给予绩效工资和奖金。年终绩效奖金体现"为绩效付薪"理念，是对员工在具体岗位上工作业绩的奖励，具体与公司当年整体生产经营状况、部门工作业绩与贡献以及技能人才本人的实际绩效（工作业绩、工作能力和态度）等挂钩发放。

此外，针对技能人才的特殊生产环境，根据天气及温度变化，夏季对车间采取避光、通风和降温等劳动保护措施，冬季供暖；夏季如气温超过 30 摄氏度，还提供避暑饮料等。

（三）设置单独的技能工资单元，在工资分配中增强技能价值导向

E 公司设立单独的技能工资单元，作为技能人才基本工资的一部分，占基本工资 30% 左右。技能工资等级与上述四个职级相对应，每个等级内部设置若干个小级。生产安装部门每年组织一次技能工资晋级考评工作，根据技能晋级考评结果，结合技能人才日常工作业绩表现确定和调整技能工资。具体办法为：

1. 职级内晋升小级。①初级或中级职级，如满足以下任一条件，则技能工资可在同职级内晋升 1 个小级：连续两年内，公出服务天数平均达到 180 天/年，且年度绩效考核成绩均为称职或以上；在本公司连续工作满 2 年，且两个年度绩效考核均为良好或上一年度绩效考核为优秀，成绩位列本职级的前 15%（不足 1 人按 1 人计）。②高级或专家级职级，上一年度绩效考核为优秀成绩位列本职级的前 15%（不足 1 人按 1 人计），则技能工资可在同职级内晋升 1 个小级。

2. 跨职级晋级。①初级职级，如满足以下任一条件，则可晋升为中级，技

能工资可跨职级晋一级；技能工资已为本职级的最高小级，连续两年内，公出服务天数平均达到 180 天/年，且年度绩效考核成绩均为称职或以上的；技能工资已为本职级的最高小级，在本公司连续工作满 2 年，且两个年度绩效考核均为良好或以上；上一年度绩效考核为优秀，成绩位列本职级的前 15%（不足 1 人按 1 人计），且经考核评价，达到中级职级要求标准的。②中级及以上职级，上一年度绩效考核为优秀，成绩位列本职级的前 15%（不足 1 人按 1 人计），且经考核评价成功晋升至高一职级，则技能工资取晋升后职级对应技能工资的最低或次低小级。③技能工资晋级后，应重新开始计算晋级条件，先前的条件不再参与后期晋级考核。

特殊人才或表现突出的员工可不受以上条件限制。部门也可根据员工实际成长情况，提出扩充比例等其他特殊申请，但应做到有理有据。

(四) 分配向技能人才倾斜，实现工资正常增长

生产安装部门是 E 公司分配重点倾斜单位，在当地，生产一线调试及服务工程师岗位的平均薪酬水平处于 75～90 分位之间。调试工程师及相关一线技能岗位人员近几年每年平均薪酬增长幅度均达到 10%～20%。

(五) 设置技术创新奖励，调动技能人才创新积极性

设置技术创新奖励，公司每年可评出一等奖 1 名、二等奖 2 名、三等奖 3 名，分别发放奖金不等。此外也颁发不定额的鼓励奖，每人奖金若干。

点评

E 公司高度重视技能人才的职业发展和技能水平提升。在工资结构中单独设计技能工资单元，直接体现技能价值导向，职级体现技能水平差别，职级内确定和调整小级，则综合考虑技能人才实际工作业绩等因素。同时，企业配套构建比较完善的技能序列职业发展通道和管理办法，鼓励技能人才在本职岗位精耕细作、纵向发展，同时也允许具备条件的技术工人跨序列向管理或公司其他序列岗位发展。技能人才的技能水平提升、职业发展和工资收入分配得到较好衔接。

案例6 技能要素差异化、多渠道参与企业分配

F公司是制造业企业，主要从事纺纱、制线、贸易业务。

一、技能人才队伍情况

企业目前有职工1100余人，其中一线技能人才占70%上下，其中高级技师61人、技师174人，高级工483人。技能人才主要集中在挡车、质检、设备保全维护等工种岗位。

二、主要经验做法

（一）针对不同技能人才特点，设计差异化基本工资制度

F公司对挡车工等一线操作岗位人员实行以计件工资为主体的工资制度，根据每个岗位的技术含量、劳动强度等因素确定计件工资单价，将操作人员的工资与本人工作量紧密挂钩。

对设备保全维护人员等不能直接计算产量或效益贡献的岗位，实行岗位技能工资制，设立了5个大级10个小级，综合岗位和技能因素确定基本工资标准。

（二）实行技能等级晋升或动态评定，差异化设置体现技能等级因素的工资单元

F公司针对一线操作岗位实行技能等级晋级制度。制定技能等级评定办法，对一线操作岗位每季度进行一次操作测算，每年进行一次理论考试，在基本的计件工资外，按一线操作工人的技能等级评定结果按月另外发放技能津贴，发放津贴标准不等。

对设备保全维护人员实行"赛马制"，即技能等级动态评定制度。每年组织岗位练兵，根据理论考试、实际操作、工作业绩等6个模块的综合考核结果重新核定技能人才岗位技能等级，综合岗位和技能等级评定结果确定当年月度

基本工资标准。

(三) 发放名师带徒津贴和"多面手"津贴，增强技能价值导向

公司实行名师带徒制，鼓励优秀高技能人才传授技艺，每带出1名徒弟给予一定津贴，并积10分，形成"教会徒弟，师傅受益"的连带机制。公司设立"多面手"津贴，对在本职岗位之外，取得其他上岗资格或技能鉴定证书的，另外每月给予一定津贴，鼓励员工多学技术。

(四) 实行全员创新奖励制度，激发技能人才积极性

制定《职工创新建议奖励实施办法》，建立创新会员积分制，每年征集创新建议，由劳模工匠技师创新工作中心进行筛选、验证、组织评审，公司每年召开创新奖励大会，进行成果发布和颁奖。

(五) 实行技术技能骨干配股制，共享企业发展成果

除工资分配外，F公司还对少数优秀高技能人才实行配股（分红）制度。除公司法定股东外，对其他中高级管理人员、技术技能骨干配置干股，没有决策权，但可以参与利润分红。共分五个档次的股份数，每年享受分红。

点评

F公司的工资分配制度体现了差异化特点，即针对一线操作和设备保全维护两类操作岗位技能人才，根据劳动特点差别以及技能要素对劳动成果的不同影响，分别设置不同的技能等级评定管理办法。前者实行晋级制，在主体的计件工资制外，根据技能晋级结果发放技能津贴。后者实行技能动态评价制，根据技能等级和岗位因素共同确定月度基本工资标准，技能要素对工资影响较大，符合设备技能人才特点。此外，F公司还在配股分红机制方面作出探索，体现技能要素参与企业税后利润分配，形成对优秀高技能人才的中长期激励机制。

案例7　签订专项集体合同，形成创新成果按利润提成的长效激励机制

G公司是一家专注于光刻胶引发剂、光刻胶助剂及光刻胶树脂的研发和生产的民营企业。

一、技能人才队伍情况

G公司现有职工400余人，其中生产操作人员占51%。生产操作人员中，经国家技能鉴定的，取得高级工、技师、高级技师资格的高技能人才占22%。

二、主要经验做法

G公司对中层以下管理人员和专业技术人员实行岗位绩效工资制为主体的工资制度。从技能人才岗位性质和劳动特点出发，G公司对生产操作人员实行产量工资+技能等级津贴+季度奖+津补贴+福利等工资福利体系。

（一）实行产量工资，与技能人才岗位和工作量挂钩

产量工资总额由公司根据产品产量核算到车间，车间根据技能人才岗位（副操、主操、班组长等）和实际工作量等情况进行内部分配。

（二）设立技能等级津贴，发放师带徒津贴，树立技能激励导向

G公司技能等级津贴划分为七个等级。员工通过社会化鉴定评价取得的技能等级证书或职业资格证书，经企业认可后享受津贴。针对本企业未设立技能鉴定站，部分工种没有纳入社会化鉴定评价范围等具体困难，为给技能人才搭建职业发展通道，G公司建立了自己的技能人才考核评定体系，针对不同操作设备明确各个级别的考试考核标准，按季度组织考核。技能人才通过培训和实操，达到相应企业自主考核评定要求的，也享受技能等级津贴。

G公司也实行导师带徒制度，请优秀的高技能人才向新进员工和青年工人传授操作方法，按月发放师带徒津贴。培训完成，根据徒弟考核成绩，另行给

予导师一定奖励。

(三) 实行培训期工资，发放学历津贴，鼓励技能人才提升学历技能

G公司鼓励技能人才通过参加培训或学习，提升技能和学历。员工经公司批准脱产参加培训或学历教育期间，执行培训期工资。员工完成培训或教育、取得相应证书的，除了享受相应的技能津贴或学历津贴外，还可以凭票报销全部或部分路费、学费。

(四) 签订专项集体合同，形成创新成果按利润提成的长效激励机制

为充分调动广大员工质量、技术创新和持续改进的积极性和创造性，公司于2018年首次签订《职工技术创新专项集体合同》，用集体协商方式明确对一线技能人才技术创新的奖励措施。针对质量、安全、环保、生产、管理、服务等不同部门和岗位人员，设"现场型""管理型""服务型""攻关型""创新型"五种类型创新小组，对于降低能耗，提高经济效益和人员素质的创新活动成果予以奖励。创新小组遵循"自愿参加，上下结合"与"实事求是，灵活多样"的基本原则，可在班组、部门、公司建立，也可以根据课题的内容跨地区、跨部门建立。小组人数以3~10人为宜，小组设组长一名，一般由组员选举或自荐。其中，公司特别重视品保、生产、采购、销售等现场的一线员工参加的小组创新成果。

创新小组成果物质奖励根据创造效益高低设定不同的奖励标准：(1) 对于"现场型""管理型""服务型""攻关型"四种传统的创新小组，现有产品生产工艺或工程改进带来利润增长，奖励金额为该产品或项目（净）利润的5%，计算周期为一年，具体由财务核算、集团技术总监提议，经总经理办公会议讨论确定；重大工艺改进带来安全、环保效益的，奖励金额由集团技术总监提议，经总经理办公会议讨论确定。发放时间为财务部门对工艺改进后的产品进行成本核算后的次月，一次性发放。(2) 对于"创新型"视同研发非个人原创项目给予奖励。奖励金额和比例从该创新项目产生利润开始计算，连续五年内，分别提取本项目核算利润的12%、10%、8%、6%、2%，具体由财务核

算、集团技术总监审核，经总经理办公会议讨论确定。发放时间为项目的小试至移交生产稳定，每季度发放一次，连续发放五年。提奖比例设计为递减趋势，主要考虑项目小试到投产到大规模投产，虽然提取比例下降，但产量和利润总量逐步扩大，技能人才创新劳动获取的回报是增加的，同时也有利于引导员工继续挖掘创新潜力，提供更好的创新项目。(3)除按利润提取奖励外，公司每年另行对技术创新小组开展评优，设卓越小组1名、优秀小组3名、卓越个人1名、优秀个人3名，给予奖金奖励。

点评

G公司的产量工资，综合体现了技能人才的岗位、工作量（业绩）因素，并与所在车间总体业绩以及企业整体效益紧密挂钩发放，符合技能人才劳动特点。G公司最突出的经验，是通过开展集体协商，签订技术创新专项集体合同，将各类员工凭借技术创新成果参与利润分配的中长期激励机制以制度方式固化下来。签订技术创新专项集体合同，能够继续享受优秀技能人才待遇，凸显技能价值激励导向，也能够为企业增加竞争力和效益，实现双赢。

人力资源社会保障部劳动关系司负责同志就《技能人才薪酬分配指引》答记者问

为更好服务中国制造、中国创造,深入实施人才强国、创新驱动发展战略,推动企业建立健全符合技能人才特点的工资分配制度,人力资源社会保障部办公厅印发了《技能人才薪酬分配指引》(以下简称《指引》)。人力资源社会保障部劳动关系司负责人就《指引》相关问题回答了记者提问。

1. 问:《指引》出台的背景是什么?

答:党中央、国务院历来高度重视技能人才队伍建设,特别是党的十八大以来,先后出台中央文件就促进技能人才队伍建设、提高技能人才待遇提出明确要求。

2018年3月,中办、国办印发《关于提高技术工人待遇的意见》,就大力提高高技能领军人才待遇,建立符合技能人才特点的工资分配制度,提高技能人才工资收入等提出了具体要求。2019年9月,习近平总书记对我国技能选手在第45届世界技能大赛上取得佳绩作出重要指示,强调要健全技能人才培养、使用、评价、激励制度,大力发展技工教育,大规模开展职业技能培训,加快培养大批高素质劳动者和技术技能人才。要在全社会弘扬精益求精的工匠精神,激励广大青年走技能成才、技能报国之路。2020年12月10日,在首届全国职业技能大赛开幕之际,习近平总书记专门致信祝贺,对做好技能人才工作作出重要指示，强调技术工人队伍是支撑中国制造和中国创造的重要力量，各级党委和政府要高度重视技能人才工作。

为贯彻落实习近平总书记关于技能人才工作重要指示精神，引导企业建立健全符合技能人才特点的工资分配制度，增强技能人才获得感、自豪感、荣誉感，促进爱岗敬业，激发创造潜能，增强生产服务一线岗位对劳动者吸引力，激励广大青年走技能成才、技能报国之路，人力资源社会保障部组织编写了《技能人才薪酬分配指引》。

2. 问：《指引》的定位是什么？主要内容有哪些？

答：《指引》旨在服务中国制造、中国创造，聚焦人才强国、创新驱动发展战略等国家重大战略需求，定位是市场经济下政府为企业提供技能人才薪酬分配方式方法方面的宏观指导服务。

《指引》坚持按劳分配和按要素贡献参与分配原则，体现多劳者多得、技高者多得的价值分配导向，合理评价技能要素贡献。

《指引》结合企业薪酬分配理论实践和技能人才劳动特点，在引导企业建立多层级的技能人才职业发展通道、完善体现技能价值激励导向的工资分配制度等方面，提出了可参考的方式方法。

《指引》主要包括四部分。第一部分总则，第二部分技能人才发展通道指引，第三部分技能人才薪酬分配制度设计指引，第四部分高技能领军人才薪酬待遇设计指引。此外，还附了7个企业技能人才薪酬分配案例。

3. 问：《指引》就建立健全技能人才职业发展通道提出了哪些建议？

答：当前，受社会环境、传统观念影响，再加上收入水平相对较低，吸引青年人从事技术工人工作面临一些困难。造成这些问题的原因较复杂，但对于大多数技术工人而言，在企业内部有稳定的职业发展预期尤为重要。

《指引》坚持职业发展设计与薪酬分配相配套，实行岗位成长和职级通道并行设置、互相衔接，结合人才成长规律，提出了全职业周期的成长通道操作

人力资源社会保障部劳动关系司负责同志就《技能人才薪酬分配指引》答记者问

建议,促进形成技能人才在企业内部也有职业发展、也能成长为专家的稳定预期。

《指引》提出,对掌握关键操作技能、代表专业技能较高水平、能够组织技改攻关项目的,其薪酬水平可达到工程技术类人员的较高薪酬水平,或者相当于中层管理岗位薪酬水平,行业佼佼者薪酬待遇可与工程技术类高层级专家和企业高层管理岗的薪酬水平相当。

《指引》对职业发展通道正常运转应如何定责权、如何定数量、如何定资格等相关环节,提出了具体的操作建议,指导企业不能简单为了建立职业发展通道而建通道,要统筹企业发展需求和劳动者成长诉求。

4. 问:《指引》就建立健全符合技能人才特点的薪酬分配制度提出了哪些建议?

答:《指引》主要从以下五个方面引导企业建立健全符合技能人才特点的薪酬分配制度:

一是在薪酬分配制度体系方面,引导企业突出对技能要素和技能人才创新性劳动的认可。《指引》提出,对于技能人才,可建立基于岗位价值、能力素质、业绩贡献的岗位绩效工资制,强化技能价值激励导向。同时,鼓励企业针对技能人才特别是高技能领军人才实行年薪制、协议薪酬制、专项特殊奖励,并探索实行中长期激励。

二是在薪酬结构设计方面,引导企业建立既符合薪酬分配理论又体现技能人才劳动特点的工资单元。《指引》提出岗位绩效工资制可由岗位工资单元、绩效工资单元等组成,实践中还可结合技能人才劳动特点,统筹设置相应津贴,更好体现技能价值激励导向。

三是在岗位工资单元设计方面,对企业如何开展技能操作岗位评价和如何设计岗位工资标准给出具体指导。《指引》遵循岗位评价一般原理,提出评价要素及其权重安排要体现技能操作岗位特点。同时,引导企业实行宽带薪酬,有利于绩效较好的技能人才更好实现工资合理增长。

四是在绩效工资单元设计方面,针对绩效考核周期、个人计件、班组集体作业等提供了符合技能人才绩效特点的操作建议。《指引》引导企业建立与企业效益、部门绩效和技能人才本人绩效考核结果联动的机制。

五是在津贴单元设计方面，对企业如何针对技能人才劳动特点设置相应津贴提出了建议。《指引》针对技能人才在夜晚工作、在有毒有害环境工作、提升技能水平、带班组、带徒弟等方面的额外劳动付出，在不重复体现原则下，可设置相应津补贴单元，并对每项津补贴如何设计、运行给出了具体操作建议。

5. 问：企业如何使用《指引》？

答：《指引》不是强制性规定，是指导性的，突出技能人才薪酬待遇与企业利益相一致的政策导向，不会增加企业负担，是政府提供工资收入分配指导服务的具体举措。

技能人才具有稀缺性，企业建立起多层级的技能人才职业发展通道，完善符合技能人才特点的企业工资分配制度，有助于调动技能人才积极性，实现人尽其才，才尽其用，有助于促进企业健康发展。

《指引》关于企业技能人才发展通道设计中的定责权、定数量、定考评，以及薪酬分配中岗位评价要素、绩效工资、年薪制、协议薪酬制和特殊奖励等内容，均体现了企业需求和员工诉求之间的平衡，体现了技能人才按要素贡献参与分配、多劳多得、技高者多得的分配导向。

企业可以参考《指引》提供的思路和方法，结合企业实际，建立健全体现本企业特点的技能人才薪酬分配体系。

6. 问：《指引》如何贯彻落实？

答：一是加强宣传解读，我们拟组织举办技能人才薪酬分配示范班，借助多方力量，组织各地区开展多形式分层次的解读培训，通过多种方式广泛宣传技能人才薪酬分配理念、先进地区改革创新举措和先进企业典型，进一步营造良好氛围。

二是指导各级人社部门结合地区和行业实际，分行业或分职业类别进一步细化相关内容，提高适用性，创新企业工资宏观调控指导形式，提高对本地区企业技能人才薪酬分配的指导实效。

三是密切跟踪《指引》效果，认真总结经验，适时修订相关内容，发布新的典型案例。

《指引》解读篇

第一章 技能人才发展通道

一、技能人才发展通道的概念

职业发展通道设计在技能人才开发与激励中能够发挥基础性作用和引领作用。传统粗放管理的企业对于基层技能操作人员的管理往往存在三个方面的突出问题：一是思想观念落后。受传统的人才观影响，企业对于技能人才的作用和创造力没有给予足够重视，忽视一线人员通过技能革新、精益技术带来的价值和效率，相应地在薪酬分配上也没有给予关注或倾斜，致使他们缺乏工作热情，也使这个职业逐渐丧失吸引力。二是评价方式单一。受体制机制的影响，技能人才的评价、鉴定长期以来受各种条件的限制，职业技能等级评定办法不尽科学合理、应用范围有限，在薪酬待遇上体现得也不明显、不充分，成为影响技能人才工作积极性的主要因素。三是技能人才晋升通道不畅、发展通道狭窄，造成技能人才想发展进步只能挤向管理职务的"独木桥"，而部分技能人才又不善于管理，造成他们鲜有机会通过职务提升来得到认同与肯定，影响了技能人才立足岗位创新创造的热情。

为解决这种单一人才发展模式和激励模式所导致的问题甚至障碍，越来越多的企业开始运用多通道的人才职业发展模式，让具有优秀管理才能的人员在管理通道中获得晋升，让理论水平高、技术能力强的人员在研发技术通道中体现价值，让善于钻研、技能熟练的人员在技能通道中展现自身价值。每个通道的薪酬待遇水平都可以晋升到较高层级，打破了制度束缚。

这里所称的职业发展通道是指一个单位或组织中员工职业发展和职业晋升的路线，有别于个人自我职业生涯的选择，是一个机构的组织发展和人力资源管理制度设计。科学、合理的职业发展通道对于调动员工工作积极性，激发员工工作活力，牵引员工成长成才具有重要意义。

什么是技能人才的职业发展通道？《指引》第五条将其定义为"在企业岗位体系的基础上，形成横向按工作性质、内容等划分不同技能序列，纵向按技能人才专业知识、技术技能、资历经验、工作业绩等因素划分层级的有机系统，既体现技能人才个人能力，又反映岗位差别"。结合《指引》中的附表1来理解，横向就是附表1中的"生产操作类"，它是相对于企业当中一般都存在的"经营管理类""技术研发类"或者"市场销售类"等序列而言的，在"生产操作类"岗位的范围内，附表1又区分三个小类别，不同企业划分的类别可以是多样化的。从中可以看出，横向上序列或者类别的划分，主要体现的是工作性质、内容的差异，或者说是"事"的差异。而纵向上，附表1中用"四级、三级、二级、一级、高级、特级、首席"这样表示高低顺序的词汇，反映的主要是专业知识、技术技能、资历经验、工作业绩等方面的差异，用来衡量和体现同类、同序列岗位中不同人员之间的差别。

这样一个横向纵向结合所形成的职业发展通道，既体现技能人才个人能力，又反映岗位差别，形成了职业发展通道"横向有边界，纵向有台阶"的基本框架。

二、技能人才发展通道的设计

从一个企业的整体看，针对不同类别岗位应设计不同的职业发展通道，发展通道的设计一般能体现该企业的经营业务特点和对人才发展的要求与导向。

（一）不同类别或序列岗位之间的贯通

《指引》第六条提出，企业内部不同类别岗位之间要有适当的对应关系，同时也提出了一个期望的要求，"技能操作类的正常成长通道最高可与部门正职/分厂厂长/分支机构正职等中层正职相当，高精尖的高技能领军人才可与企业高层管理岗相当",这个要求反映了技能序列与其他序列在发展通道顶部的对应关系,如一级、二级技能专家分别对应部门正职、部门副职的职级,首席专家作为高精尖人才,其职级可以对应企业副总师的位置。

《指引》还提出了在满足任职资格条件的基础上,不同职业发展通道可以相互贯通的建议。《指引》中的案例3和案例5有相关介绍。

不管企业选择了哪种通道体系和贯通方式,其核心是打破对传统僵化的等级管理、身份管理的限制,从相对封闭变成相对开放,对企业职工创造的价值和贡献进行重新建构。如2021年1月人力资源社会保障部发布的《关于进一步加强高技能人才与专业技术人才职业发展贯通的实施意见》,从社会管理的角度,优化劳动者的职业发展通道设计,对于人员流动、成长和有效激励是十分必要的。

(二)技能操作序列内不同类别的贯通

对于技能操作序列的通道设计,《指引》建议"基本生产技能操作工种、辅助生产技能操作工种和熟练服务工种等,一般应设置差别化的成长通道"。对于基本、辅助和服务工种,不同的企业有不同的范围。对于"差别化的成长通道"中的"差别化",主要体现在五个方面:一是(不同序列的通道中)职级名称不同;二是设置的职级数量不同;三是各类别的最高职级设置不同;四是少数情况下起点职级的设置不同;五是各职级的具体资格要求有差别。同样,在满足任职资格条件的基础上,不同类别的发展通道也可以相互贯通。《指引》中的案例2和案例5介绍了不同企业的情况。

(三)纵向成长通道设计

前两点重点解决横向问题,关注不同类型岗位上的任职人员都有机会转换发展的平台,而纵向成长通道设计强调的则是在同一个序列或类别上任职人员的成长和发展问题,即在不转换岗位的情况下,也有"台阶"可以上的问题,也是《指引》第一条所说"多职级"主要特征的体现。

纵向层级或职级的设计一般应基于不同类别(所覆盖)岗位的重要程度、

复杂程度等因素,并考虑不同类别岗位人员的成才规律作出差别化安排,纵向各个层级(等级)的职数、职责、资格条件、选任方式等方面可能存在不同。《人力资源社会保障部关于健全完善新时代技能人才职业技能等级制度的意见(试行)》(人社部发〔2022〕14号)提出,设有高级技师的职业(工种),可在其上增设特级技师和首席技师,在初级工之下补设学徒工,形成由学徒工、初级工、中级工、高级工、技师、高级技师、特级技师、首席技师构成的职业技能等级(岗位)序列。其中,首席技师是在技术技能领域做出重大贡献,或本地区、本行业企业公认具有高超技能、精湛技艺的高技能人才。

具体层级(等级)设置的数量可以根据技术技能发展水平、企业发展战略、主体业务、员工队伍状况等实际进行调整。如果是符合企业战略导向要求的,可以多设或增设更高层级(等级),不需要的层级(等级)也可以取消,当然在企业的不同发展阶段所需的层级(等级)数量也会有所不同。

行业企业根据自身特点,考虑历史沿用、约定俗成等因素,对上述技能等级名称可使用不同称谓,并明确其与相应技能等级的对应关系。

三、职业发展通道有效运转的六要素

实现职业发展通道设计的初衷,发挥有效的引导和激励作用,应当在职业发展通道设计和运行时注重六个方面的要素,科学合理确定具体要求、标准、方法。对此,《指引》的第七条至第十二条做了详细介绍。

(一) 定责权

定责权是确定某一具体职位的任职者要进行什么样的活动、承担什么样的职责。每一项职责都是生产服务流程落实到职位的一项或几项活动或任务。确定职责权限既要处理好每一职级之间的责权边界与联系,也要解决好技能人才职业发展通道与本企业行政、管理层级之间的关系问题,实现权责利的统一,即处理好行政管理序列的"长"、专业技术序列的"家"和技能操作序列的"匠"之间的关系。这个问题在较高职级的责权界定中需要特别注意。一般而言,处于高职级的技能人才应当对本领域业务工作负有组织制订(修订)标准、指导落实、监控、审查、结果判定等职责和权限;同时,还需承担本业务领域难度较大、具有创新性的工作任务,如技术技能革新、工艺流程改进、解决重大技术难题、优化流程等,并负有编制培训教材、培训授课、平时指导等带动更多技能人才成长的重大职责。《指引》中的案例4有相关介绍。

(二)定数量

定数量即根据企业战略和相应的人力资源规划,参考企业所在业务领域、专业细分结果,结合企业对各职位的需求以及人员结构情况,制定各职级的职数标准和比例结构。

《指引》中的案例2、案例3、案例4给出了三种实践中的解决思路。案例2是金字塔式,如同行政管理职务;案例3是对于高层职级不设固定职数,符合条件均可申报;案例4的主要特点是在选拔机制上,对于最高层的职级由上级单位选拔认定,中间的由本单位选拔,其他的采用自然晋升的办法。

对于一个职级设置较多的企业来说,《指引》建议"设置职位数量的规则,一般采取两头放开、中间择优的方式安排。高层职级一般按资格条件管理,不设具体职位数量,成熟一个聘任一个,宁缺毋滥;基层职级一般不设职数,符合条件即可正常晋升;中间层级可按照细分专业数量设置职数,也可以按照一定比例进行安排"。这种方式在一些企业被证实操作性强、效果也较好。

(三)定资格

定资格是指根据履行职位职责的要求,对职位任职人员或拟录用人员所应具备的学历、资历、能力、经验、业绩等多维度任职条件作出统一规范和界定。

对于技能人才来说,存在一些普适通用的资格标准,典型的就是职业技能鉴定的标准,《指引》第九条提出了"职位任职资格标准可将经人社部门公布的技能人才评价机构评价的职业技能等级作为重要参考,并明确相互间对应关系"。《指引》中的案例2正好与之相吻合:新型"八级技能人才等级制",分类标准与国家职业技能标准中的技能等级对应,一级工到八级工与初级工到高级技师相匹配，其中八级工、七级工需具备高级技师技能等级，六级工、五级工需具备技师技能等级。该案例把职业技能等级作为任职底线要求（重要参考），而非一一对应。

《指引》建议，结合人才成长规律，职业发展通道一般可按三个阶段（初中高）设置，形成全职业周期的成长发展通道。具体有三个"十年"的建议：新进技能人才在第一个十年中，每2至3年晋升一个职级，在基层岗位职位上正常成长；第二个十年中，在中间层级岗位职位上择优晋升发展；第三个十年中，在高层级岗位职位上逐步成长为专家权威。这只反映一般规律，对具有特殊技能和突出贡献的高技能人才应有破格晋升的制度安排，并且在不同的技能业务领域，对技能人才的成长年限安排以及相应的任职资格标准是有所不同的。

《指引》案例4中的企业还规定了在后勤保障这个非主体操作岗位上就不具备再申请二级技师及以上的资格，这样的规定是间接鼓励技能人才向技术含量高的岗位努力和发展。

（四）定考评

定考评是指明确各类人员进入所在职级通道的考评办法，根据考评结果予以聘任，也是实行动态管理的条件之一。《指引》中的案例4介绍了企业在评价技能人才技能水平和技术创新成果贡献时包括理论基础、工艺技能水平、工作业绩和员工公认度四个维度。

《人力资源社会保障部关于健全完善新时代技能人才职业技能等级制度的意见（试行）》提出，对技术技能型人才的评价，要突出实际操作能力和解决关键生产技术难题等要求。对知识技能型人才的评价，要突出掌握运用理论知识指导生产实践、创造性开展工作等要求。对复合技能型人才的评价，要突出掌握多项技能、从事多工种多岗位复杂工作等要求。按照该文件设立"新八级工"的企业，要对不同职级采用不同考核评价方式。学徒工的转正定级考核，由用人单位在其跟随师傅学习期满和试用期满后，依据本单位有关要求进行。参加中国特色企业新型学徒制的学员按照培养目标进行考核定级。初级工、中级工、高级工、技师和高级技师等级考核是技能考核评价的主体，由用人单位和社会评价组织按照职业技能标准和有关规定进行。首席技师、特级技师通过评聘的方式，实行岗位聘任制。特级技师评聘工作要在工程技术领域先行试点的基础上逐步扩大范围。首席技师原则上从特级技师中产生。

（五）定待遇

建立与职业技能等级（岗位）序列相匹配的劳动报酬分配制度，将职业技能等级作为技能人才工资分配的重要参考，突出技能人才实际贡献。强化工资收入分配的技能价值导向，实现多劳者多得、技高者多得。主要有两种形式：一种是把职级直接与工资级别或者薪级相对应，高职级对应高待遇；另一种是将认定的职级以津贴的方式体现出来，简单易运行。采用什么形式要与本企业薪酬制度的总体设计一并考虑，但共通的原则是不重复考虑。

（六）动态管理

动态管理既指对职位职数标准、任职资格以及职位体系整体框架的动态调整和修订，也指任职人员配置"能上能下"，选择、任用最合适的人。动态管理对于选拔性较强的中、高职级意义更大。

落实动态管理要具备一定的条件：一是在制度上要对职级职位聘任有任期规定，高职级职位的任期可比低职级长。二是任期期满要有考评，要根据考评结果重新进行评聘。三是要有向下的机制，考评不合格的人员可降低职级。《指引》中的案例2和案例5都提供了较好的操作办法。

第二章 技能人才薪酬分配

技能人才薪酬分配制度设计是《指引》的核心。《指引》从技能人才工资结构设计、岗位工资单元设计、绩效工资单元设计、专项津贴单元设计、技能人才与其他人才工资分配关系设计五个方面为企业设计好技能人才薪酬分配制度提供指导。

一、技能人才工资结构

所谓技能人才工资结构,是指技能人才工资一般应由哪几个工资单元构成,各个工资单元占全部工资的比例分别是多少。要设计好技能人才工资结构,必须同时对上述两个问题做出回应。但限于篇幅,《指引》重点回答了前一个问题,后一个问题则由企业根据自身实际来安排。

《指引》为技能人才设计了一个相对系统而复杂的工资结构,技能人才的工资由很多工资单元构成,这些工资单元根据其功能性质不同大体上可划分为主工资单元和辅工资单元两种类型。主工资单元包括体现岗位价值度差别的岗位工资单元、体现能力差别的能力工资单元和体现绩效贡献差别的绩效工资单元等;辅工资单元包括保障技能人才基本生活需要的基础工资单元、体现员工历史贡献积累的年功工资单元、补偿技能人才在特定环境中或承担特定任务时的额外付出的津贴单元等。其中津贴单元包括体现夜班工作条件下额外劳动付出的夜班津贴、体现高温噪声污染等艰苦环境条件下额外劳动付出的作业环境津贴、体现技能人才技能水平的技能津贴、体现技能人才班组长额外劳动付出的班组长津贴、体现技能人才师傅带徒弟额外劳动付出的带徒津贴以及发放给复合型技能人才的多能津贴或通岗津贴等各种类型的津贴（见图2-1）。

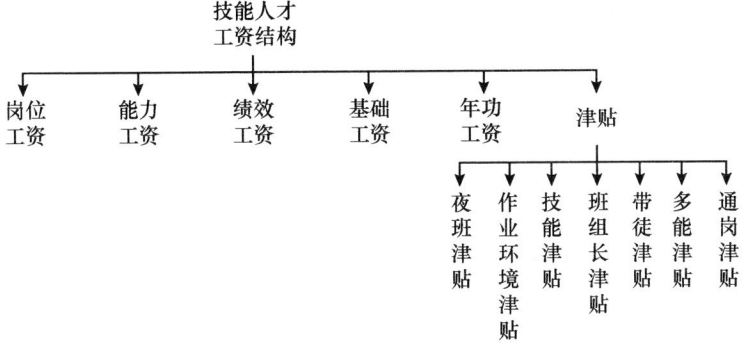

图2-1 技能人才工资结构

企业在设计技能人才工资结构时，安排哪些工资单元由企业根据实际工作需要来决定。为此，《指引》特别提出，企业根据需要可以合并、减少或增加相关工资单元。例如，能力工资单元可以采用设置技能人才特殊岗位津贴的形式体现，也可以采用将职级通道直接纳入岗位工资单元的形式体现；年功工资单元可通过在岗位工资单元中设置一岗多薪、一岗多档来体现，岗级体现不同岗位的价值度，档次用于体现同一岗位上不同员工的岗位任职时间、业绩贡献、年度正常增长等因素。实践中，传统国有企业从历史承继性、职工可接受性、结构稳定性等方面考虑，一般倾向于设计更多的辅工资单元，包括津贴单元等。而现代公司制企业或者市场化程度比较高的企业一般倾向于按照现代薪酬管理理论简化工资单元、降低薪酬管理成本的要求，为技能人才设置较少的工资单元。因此现代公司制企业较多为技能人才建立以岗位绩效工资制为主的基本工资制度，将能力、年功、夜班作业、作业环境、技能水平、履行班组长职责等付酬因素纳入岗位评估要素，通过岗位评估体现在岗位价值度中，同时将技能人才的岗位工资设计为横向体现任职者历史贡献积累、纵向体现岗位价值度和任职者能力差别的网络型岗位工资体系，并通过市场对标确定岗位工资水平，从而将基础工资、年功工资、能力工资以及绝大部分津贴等工资单元均纳入现代宽带型岗位工资中，从而达到简化工资单元的目的。对于生产一线技能人才，一些企业特别是中小微制造业企业一般倾向于将岗位绩效工资转化为计件工资，实行单一的计件工资制，以达到进一步简化其工资结构的目的。不过计件工资制下的计件单价和劳动定额的确定依据仍然是岗位工资，通过岗位工资的拆分和测算得到。因此，设计好技能人才工资结构首要的是设计好技能人才的岗位工资，而做好岗位价值度评估又是设计好岗位工资的第一位任务。

二、岗位评估

岗位工资是等级工资，设计岗位工资就需要进行岗位等级划分，而开展岗位评估是划分岗位等级的必要环节。因此，进行技能人才岗位评估，按照岗位价值度评估结果将企业内部的所有技能操作类岗位归入事先规划好的岗位等级，是做好技能人才岗位工资设计的第一步。

（一）岗位评估方法

岗位评估是岗位价值度评估的简称，也称岗位评价、岗位测评、工作评价或工作测评，是指组织在岗位分析的基础上，按照一定的衡量标准，对岗位的工作任务、繁简难易程度、责任大小、所需资格条件等方面进行系统评比与估计，从而判断该岗位在组织中相对价值大小的过程。岗位评估的目的是确定岗位在企业中的相对价值，而不是绝对价值。岗位评估的方法很多，国内外应用比较普遍的主要有以下四种。

1. 排序法

排序法是将企业全部技能操作类岗位视为一个系列，根据各个岗位对组织的贡献度和作用度不同，对岗位次序进行排列的一种方法。排序法的具体操作步骤是：（1）获取岗位有关的信息；（2）成立岗位评估委员会；（3）选定参与排序的岗位；（4）对排序的标准达成共识；（5）进行比较和排序；（6）评价者各自检视排序的结果，对其不合理的地方进行调整。

2. 分类套级法

分类套级法是将企业全部技能操作类岗位分为若干系列，每个系列分为若干级别，分类别对岗位次序进行排列的一种方法。分类套级法的具体操作步骤是：(1)获取岗位有关的信息；(2)成立岗位评估委员会；(3)选定参与排序的岗位；(4)建立一个岗位级别体系；(5)将各个岗位归集到相应的岗位级别中；(6)重新对归集结果进行审核，对其不合理的地方进行调整。

3. 因素比较法

因素比较法是事先确定测评要素和若干主要技能操作类岗位（或称标杆岗位），对每一个主要岗位的每个影响因素分别加以排序或评价，其他岗位按影响因素与已测评标杆岗位各因素测评结果分别进行比较，进而确定岗位的价值等级或者工资水平的一种方法。因素比较法的具体操作步骤是：(1)获取岗位有关的信息；(2)成立岗位评估委员会；(3)选择某些普遍存在的、工作内容相对稳定、具有较为公认的市场工资水平的岗位作为标杆岗位，这些标杆岗位的薪酬水平是固定的，其他岗位的薪酬水平将根据这些标杆岗位来确定和调整；(4)分析这些标杆岗位，找出一系列共同的报酬因素；(5)将待评价的岗位在每个报酬因素上分别与标杆岗位相比较，确定待评价岗位在各个因素上的分值或者工资率，并相加汇总，得到待评价岗位的总的价值度或工资水平；(6)重新对评价结果进行审核，对其不合理的地方进行调整。

4. 要素计分法

企业采用要素计分法对技能操作类岗位进行岗位评价，通常考虑岗位对上岗人员技能水平要求的高低，岗位工作量及质量责任的轻重，体力或脑力劳动强度的大小和岗位工作条件的优劣等因素。要素计分法的具体操作步骤是：(1)获取岗位有关的信息；(2)成立岗位评估委员会；(3)选择薪酬要素，并将这些薪酬要素建立起一个结构化的量表，为要素的各个等级赋予一定的点数；(4)根据总点数的幅度制订岗位的级别；(5)根据评定量表对岗位在各个要素上进行评价，得出岗位在各个要素上的分值并汇总，再根据总分值处在哪个岗位级别的点数区间内，确定岗位的级别；(6)重新对评价结果进行审核，对其不合理的地方进行调整。

以上四种岗位评估方法中，排序法和分类套级法一般称为"非分析法"，即不把工作岗位划分成要素来分析，不必对岗位进行量化测量，因而主观性较强；因素比较法和要素计分法一般称为"分析法"，即通过岗位内各要素之间的比较，对岗位进行量化测量，因而客观性较强。"非分析法"由于主观性较强、专业性较差，岗位评估实践中较少采用；而"分析法"由于客观性、专业性均较强而受到普遍欢迎。但"分析法"中的因素比较法适用单位人数规模较小、待评估岗位较少的情形；当单位人数较多、待评估岗位较多时，常常采用要素计分法来进行岗位评估，因此要素计分法在实践中更具有普遍适用性，使用最为广泛。正是由于要素计分法专业性强，因此一般要外聘专业顾问或者聘请专业公司参与企业的岗位评估。

（二）要素计分法

要素计分法的核心任务是在深入调查了解企业的基础上开发一套由若干付酬要素及相应权重组成的岗位评估系统。付酬要素体现企业愿意为待评估岗位付酬的主要缘由，权重体现相关付酬要素的重要度。《指引》附表3提供了一套由五类要素、十一个子因素组成的岗位评估系统的示例。五类要素包括岗位劳动技能要素、岗位工作责任要素、岗位工作负荷要素、岗位工作条件要素、岗位人心流向要素，分别占24%、28%、30%、6%、12%的权重，总分为1 000分。每一类要素又包含若干子因素，岗位劳动技能要素包含技能水平要求、工作经验要求、岗位难度要求三个子因素，分别占5%、7%、12%的权重，分值分别为50分、70分、120分，分享该类要素24%的总权重；岗位工作责任要素包含产量责任、工作质量责任、安全环保责任三个子因素，分别占8%、10%、10%的权重，分值分别为80分、100分、100分，分享该类要素28%的总权重；岗位工作负荷要素包含体力劳动强度、脑力劳动强度、工作均衡和饱满性三个子因素，分别占8%、10%、12%的权重，分值分别为80分、100分、120分，分享该类要素30%的总权重；岗位工作条件要素包含岗位工作条件一个子因素，占6%的权重，分值为60分；岗位人心流向要素包含岗位人心流向一个子因素，占12%的权重，分值为120分。至于全部要素的总分值安排多少，根据待评估岗位的数量或者企业的实际需要来确定，待评估岗位较多时，可以安排1 000分；待评估岗位较少时，也可以安排100分。示例中安排了1 000分，并按照每一个要素的权重占比安排每一个要素的分值。限于篇幅，该示例提供的岗位评估系统还不完整，一个完整的岗位评估系统除了编撰岗位评估要素外，还需要对每一个子因素进行定义，并建立一个用于岗位评估的量表。比如针对产量责任子因素（子因素分值为80分）可以建立一个包含等级、评价标准、点值等内容的评分量表（见表2-1）。只有每一个子因素都建立起相应的评分量表，一个完整的岗位评估系统才算真正建立起来。专业公司通常都开发出了若干套通用的岗位评估系统，但这些评估系统用于某一企业岗位价值度评估时，常常还需要结合企业的文化和实际情况进行一些修改和调整。岗位评估系统从本质上讲是一种价值评价系统，需要在对企业价值观的深入调查和深度把握的基础上，通过高度总结、概括、提炼、提升才能编撰完成，是一个企业工资收入分配文化的集中反映。

表2-1 产量责任评分量表

子因素	分值	等级	评价标准	点值
产量责任	80	很小	对本单位工作任务（或产量计划）的完成几乎没有影响	10
		较小	对本单位的工作任务（或产量计划）的完成负有较小的责任	20
		一般	对本单位工作任务（或产量计划）的完成负有一定的责任	40
		较大	对本单位工作任务（或产量计划）的完成负有较大的责任	60
		很大	对本单位工作任务（或产量计划）的完成承担很大的责任，有决定性的影响	80

（三）岗位评估程序

岗位评估按照评估对象的不同可以划分为全部岗位评估和标杆岗位评估两种类型。全部岗位评估就是将组织的全部岗位纳入评估范围统一进行岗位价值度的评估，通过一次岗位评估即完成组织全部岗位价值度排序的过程。标杆岗位评估主要针对集团型企业待评估岗位多、一次性评估难以覆盖的情况，在二级单位全部岗位初评的基础上选取部分标杆岗位参与集团公司级复评并排序，其他非标杆岗位通过与标杆岗位价值度的比较，采取插入法插入标杆岗位价值度排序，从而完成集团公司全部岗位价值度排序。全部岗位评估的具体操作步骤在每一种岗位评估方法的介绍中作了说明。在此重点介绍标杆岗位评估的程序。

标杆岗位评估主要适用于待评估岗位多的集团型企业或者大型单体企业的岗位评估，主要分两个阶段完成。第一阶段是进行二级单位全部岗位初评。这个阶段的主要任务是对各二级单位全部岗位分别进行价值度评价并排序，为此，二级单位首先要做好全部岗位分析，编制规范的岗位说明书，其次要组建岗位初评小组，并对小组成员进行岗位评估方法的培训，最后组织岗位初评小组成员对本单位的全部岗位进行价值度初评，并根据初评结果进行本单位全部岗位的价值度排序。第二阶段是进行标杆岗位价值度复评。这个阶段的主要任务是通过复评确定标杆岗位价值度排序并将非标杆岗位插入，主要流程是：二级单位从初评结果排序中按要求选取标杆岗位参与集团公司级岗位价值度复评；集团公司按要求审核确认各二级单位上报的标杆岗位并归集到岗位评估表中；集团公司组建岗位复评小组，并对小组成员进行岗位评估方法的培训；集团公司组织岗位复评小组成员对二级单位上报的全部标杆岗位进行价值度复评，并根据复评结果进行全部标杆岗位的价值度排序；集团公司对全部标杆岗位价值度排序进行确认，并将非标杆岗位插入，得到集团公司全部岗位价值度排序（见图2-2）。

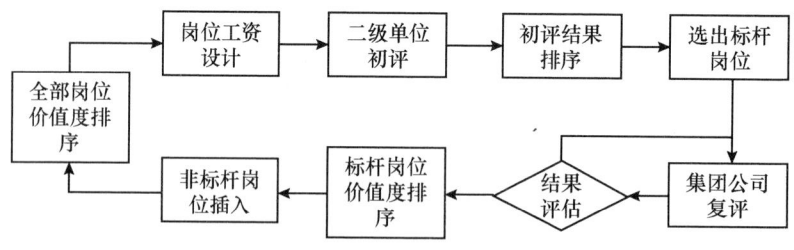

图2-2 标杆岗位评估流程

三、岗位工资单元

（一）岗位工资的含义

岗位工资是依据劳动者岗位劳动责任、劳动技能、劳动强度、劳动条件等劳动要素确定，按照劳动者岗位职责履行情况而发放的工资单元。岗位工资的一个显著特征是以岗定薪、岗变薪变。正是由于岗位工资的这一特征，使其具有以下三个方面的优点：（1）公平性，岗位工资依据岗位的相对价值度确定，对岗不对人，既有利于企业处理好内部各岗位之间的工资分配关系，又便于企业建立内外部比较关系，妥善处理企业内外部公平性；（2）可操作性，岗位工资的确定依据是岗位，简单、易操作，同时岗位工资又依据岗位职责的履行情况发放，容易计量和考核；（3）成本可控性，岗位工资依据上岗者正常上岗条件确定，不需要对上岗者超出岗位需要的能力付酬，成本相对低廉。但是也应该看到，传统意义上的岗位工资也存在一些明显的不足或者局限性，主要体现在以下三个方面：（1）缺乏整体性，岗位工资容易将劳动者的工作视野局限于本人的岗位，使得劳动者仅对自己的岗位职责负责，对岗位职责以外甚至处于岗位职责边缘的其他职责缺乏热情，不利于不同岗位之间的相互协调和沟通，不利于劳动者大局观、整体观的培育；（2）缺乏灵活性，岗位工资依劳动者岗位确定，上岗则有，下岗则无，工资相对固定，缺乏商量和变通的余地；（3）适用受限性，岗位工资对于知识密集型或者开拓性、开发性要求很高的岗位适用效果较差，针对这种岗位，由于上岗者能力不同会导致业绩差距很大，适用同一个岗位工资标准，其公平性受到挑战。正是由于存在上述不足，现代薪酬管理理论对传统意义上的岗位工资进行了一些改进和提高，如减少岗位等级数量，加大岗位等级宽幅，提出岗位宽带工资制。岗位宽带工资制是现代意义上的岗位工资，克服了传统意义上的岗位工资过于僵化等属性，提高了岗位工资适用的灵活性和广泛性，更好地解决了对内对外公平性问题，是大多数成熟市场经济国家普遍推行，也为市场主体广泛接受的一种工资制度。

(二)岗位工资的表现形式

岗位工资的表现形式有多种划分方法，依据岗位工资标准的个数不同可将岗位工资划分为一岗一薪、岗变薪变和一岗数薪、宽带薪酬两种表现形式。一岗一薪、岗变薪变是指赋予一个岗位一个工资标准，同一岗位上岗者不论素质高低、能力大小、业绩好坏都享受同一个工资标准。在一岗一薪制下，员工岗位发生调整，薪酬随即发生调整；员工也只有调整岗位，才能调整薪酬，这是一种比较传统的岗位工资制度。一岗数薪、宽带薪酬是指赋予一个岗位两个或两个以上的工资标准，尽管在同一个岗位上工作，但由于个人素质、能力、资历、业绩贡献等不同而享受不同的工资待遇。一岗多薪、宽带薪酬既能体现员工的岗位价值，又能体现员工的能力素质，还可以兼顾员工薪资的正常晋升，这一做法在实践中被较多企业选择。

依据岗位工资标准的金额表现方式不同，可将岗位工资划分为绝对值法、薪点法、基额系数法三种形式。(1) 绝对值法，是指将岗位工资标准设计为一个绝对金额。采用绝对值法设计岗位工资可以使员工很直观地观测其岗位工资标准的具体金额，比如某企业针对钳工制订了三个岗位工资标准，包括高级钳工 12 000 元/月、中级钳工 9 000 元/月和初级钳工 6 000 元/月。(2) 薪点法，是指将岗位工资标准设计为一个薪点数并规定相应的点值，员工岗位工资标准通过计算岗位薪点数和点值的乘积得到。采用薪点法设计岗位工资标准，员工不能直观地观测其岗位工资标准的具体金额，而要通过计算其岗位薪点数和点值的乘积才能得到。比如某企业针对电工制订了高级电工 350 点、中级电工 270 点、初级电工 180 点三个薪点标准，并规定当年度的点值为 30 元/点。那么通过计算，可以得到当年度该企业电工的岗位工资标准为高级电工 10 500 元/月、中级电工 8 100 元/月和初级电工 5 400 元/月。(3) 基额系数法，是指将岗位工资标准设计为一个工资系数并规定岗位工资基准额，员工岗位工资标准通过计算岗位工资系数和岗位工资基准额的乘积得到。采用基额系数法设计岗位工资标准，员工不能直观地观测其岗位工资标准的具体金额，而要通过计算其岗位工资系数和岗位工资基准额的乘积才能得到。比如某企业针对焊工制订了高级焊工 4.5、中级焊工 3.5 和初级焊工 2.5 三个岗位工资系数，并规定当年度的岗位工资基准额为 3 000 元。那么通过计算，可以得到当年度该企业焊工的岗位工资标准为高级焊工 13 500 元/月、中级焊工 10 500 元/月和初级焊工 7 500 元/月。上述三种岗位工资表现形式各有优缺点：绝对值法简单直观易操作，但对于企业进行工资调整的便利性就不如薪点法和基额系数法；薪点法和基额系数法相对不太直观，但对于企业结合经济效益情况、工资总额承受能力、市场价位变动情况等相应调整员工工资，相对于绝对值法较为便利，员工之间的薪酬关系不需要发生调整，只需要调整薪点值或基准额即可达到员工工资调整的目的。因此，薪点法和基额系数法这两种形式在岗位工资设计中越来越受到企业的欢迎。

（三）一岗数薪、宽带薪酬的设计

现代薪酬设计理论基本抛弃了一岗一薪，普遍采用一岗数薪、宽带薪酬的岗位工资设计模式。在设计一岗数薪、宽带薪酬的岗位工资标准时，需要处理好以下三个方面的问题。

一是数薪如何体现，是将数薪设计为数个明确的工资档次还是设计为一个薪酬宽带。有的企业为某个技能人才的岗位等级设计了数个明确的工资档次，并规定了入档和晋档条件，该技能人才具体适用哪个工资档次由其直接主管根据入档和晋档条件确定；有的企业则不明确规定技能人才所在岗位等级的具体档次，而是规定一个薪酬宽带，比如规定某个技能人才的岗位等级的岗位工资标准介于 6 000 元/月到 15 000 元/月之间，并规定该技能人才的岗位工资标准由其直接主管根据其任职条件和业绩情况提出意见，报企业人力资源部门审核、企业党政联席会审批后执行。无论采用哪种设计模式，都需要技能人才的直接主管具备一定的人力资源管理能力特别是人力资源的考核评价能力，否则很难公平公正地为技能人才确定一个合适的岗位工资标准。

二是如何为员工安排岗位工资晋档。一岗数薪、宽带薪酬无论设计为一个岗级多个工资档次还是设计为一个薪酬宽带，都涉及晋档如何安排的问题。《指引》提供了三种晋档方式：（1）依条件晋档。明确规定一个岗位工资等级下工资档次的晋升条件，当员工晋档条件达成时，即予晋档。比如，某企业薪酬管理制度明确规定，年度考核为优秀，或者连续两年为合格以上等次，员工岗位工资晋升一档。当员工具备其中一个条件时，即晋升一档岗位工资。（2）依综合积分晋档。将员工岗位工资晋档的条件设计为多个要素的加总分。多个要素可以包括学历、技能等级、年度考核等级、工作年限、重要贡献等，规定每个要素的积分规则（见表2-2）。如学历的积分规则为非本专业技校、高中及以下积0分，本专业技校毕业积1分，本专业中专毕业积2分，大学专科毕业（含大学本科肄业）积3分，大学本科毕业积6分，本科及双学士积8分，硕士研究生积10分；技能等级的积分规则为初级工及以下积0分，中级工积1分，高级工积3分，操作技师积7分，高级操作技师积12分；年度考核等级的积分规则为不合格积-3分，合格积0分，良好积2分，优秀积4分；工作年限积分规则为绩效考核"合格"及以上的每一年积1分；重要贡献积分规则为技术创新成果、技能大赛获奖等，单列积分。各个要素的加总分直接实现了各个晋档要素的综合互补。在此有两点需要注意：一是各项要素到底积多少分，需要根据要素的重要度进行综合比较和平衡；二是要规定员工各项要素积分加总达到某个分数，即给予岗位工资晋档，作为晋档的加总分既不能过高也不能过低，既要依据不同职级岗位任职资格的要求来确定起步档次的条件，又要权衡晋档以后的价值确定。（3）依特殊贡献晋档。将技能人才做出的特殊贡献，包括参加一定层级技能大赛获奖情况、技术攻关和创新等贡献情况等作为晋档条件，主要目的在于鼓励技能人才积极参与相关赛事或工作并努力做出成绩。比如规定技能人才参加全国、省级、市级技能大赛并获奖，除了获得相应现金奖励外，还分别晋升三档、二档和一档工资。

三是如何处理两个相邻岗位工资等级之间的工资关系。实践中有两种处理方式：（1）不交叉关系，即两个相邻岗位工资等级内的工资档次不交叉，较高岗位工资等级下的岗档工资总是要高于较低岗位工资等级下的岗档工资；（2）交叉关系，即两个相邻岗位工资等级内的工资档次存在交叉，较高岗位工资等级下的较低岗档工资与较低岗位工资等级下的较高岗档工资存在重叠。那么相邻岗位工资等级内工资档次不交叉关系和交叉关系分别应该如何适用呢？

表 2-2　　　　　　　　　晋档要素积分规则示例表

要素	晋档要素积分规则						
学历	非本专业技校、高中及以下	本专业技校毕业	本专业中专毕业	大学专科毕业（含大学本科肄业）	大学本科毕业	本科及双学士	硕士研究生
	0	1	2	3	6	8	10
技能等级	初级工及以下	中级工	高级工	操作技师		高级操作技师	
	0	1	3	7		12	
年度考核	不合格			合格		良好	优秀
	-3			0		2	4
工作年限	绩效考核"合格"及以上的每一年积1分						
重要贡献	技术创新成果、技能大赛获奖等，单列积分						

一般情况下，不交叉关系适用于技术相对简单、技能水平要求不高的企业，而交叉关系适用于技术相对复杂、技能水平要求较高的企业。在相邻岗位工资等级工资档次不交叉情况下，处于较低岗位工资等级的员工不可能获得较高岗位工资等级下的工资档次工资；而在工资档次交叉情况下，处于较低岗位工资等级的员工可以通过工资档次晋升获得相当于甚至高于较高岗位工资等级下较低档工资。

（四）岗位工资标准设计

设计岗位工资标准需要解决两个方面的问题。一方面是工资水平，即技能人才所在岗位工资标准到底应该设计多高，这里既需要考虑岗位工资标准的历史水平，也需要考虑当前的劳动力市场价位水平。另一方面是工资关系，既包括如何处理好企业内部各岗位之间的工资分配关系，即内部公平性，这主要通过岗位价值度排序来解决，也包括如何处理好企业内部各岗位工资标准和外部劳动力市场价位之间的关系，即外部公平性，这主要通过劳动力市场价位的战略匹配来解决。可见，无论是解决岗位工资水平还是解决工资分配关系，都需要与劳动力市场价位相对接，因此岗位工资标准要在全面分析企业战略定位的基础上，充分考虑岗位工资标准的历史水平，参考和借鉴劳动力市场价位来设计和调整。具体的设计步骤是：(1) 根据岗位工资标准的历史水平，全面绘制企业内部各岗位当前的薪酬曲线；(2) 根据企业内部岗位价值度排序，选取部分关键岗位（包括最高岗位、最低岗位、主体标杆岗位等），参考劳动力市场价位绘制各关键岗位的市场薪酬曲线；(3) 观测企业内部各岗位当前的薪酬曲线与市场薪酬曲线的关系，根据企业战略定位对人才吸引及其薪酬水平的匹配要求，对企业内部各岗位的薪酬曲线进行调整，进而确定企业内部各关键岗位的薪酬水平；(4) 以选取并确定的各关键岗位的薪酬水平为基准，根据企业内部测定的岗位价值度关系比照确定非关键岗位的薪酬水平；(5) 按照一定数学规律（包括等差或等比关系等）建立企业内部各个岗位等级各岗位工资档次关系；(6) 对初步建立的岗位工资等级之间以及不同等级内岗位工资档次之间的工资关系进行测算，并按照预先设定的工资关系设计目标进行调整，最终确定企业内部各岗位工资标准。

四、绩效工资单元

（一）绩效工资的含义

绩效工资是体现员工实际业绩差别、与员工绩效评估结果挂钩浮动的工资单元。绩效工资的主要特征是随业绩浮动，业绩好，绩效工资上升；业绩差，绩效工资下降。绩效工资的上述特征，使得绩效工资具有以下三个方面的优点：(1) 业绩导向，绩效工资促使员工通过提高能力、改进方法以提高效益从而获取更高工资；(2) 放大工资的激励功能，绩效工资有助于激励、吸引和留住绩优员工，同时对绩差员工起到鞭策作用；(3) 强适用性，经济景气情况下，绩效工资可以激励员工创造更优业绩以提高企业的竞争力；经济不景气情况下，企业通过停发绩效工资而不是采取裁员方式渡过难关，更能让员工获得安全感，从而为企业保留住所需要的人才。当然，任何事物都要一分为二，绩效工资的制度优势是比较突出的，但也存在一些不足之处：(1) 加剧员工之间的竞争，业绩导向不可避免地导致和加剧了员工之间的竞争，对员工之间的团结协作产生负面影响，甚至导致员工之间相互封闭了有用的客户信息等，影响企业整体效能的提升；(2) 加剧了员工个体绩效和企业整体绩效的冲突，员工为了获取更高的绩效工资常常将追求更优的个体绩效目标放在第一位，这就有可能会牺牲企业的整体利益甚至直接导致企业的整体利益受损；(3) 加剧员工短期利益和企业长远利益的矛盾，绩效工资对于员工来说是短期利益，员工为了获取更高的绩效工资，有时可能不顾甚至牺牲企业客户、业务发展等长远利益。上述问题的存在并不是绩效工资制度本身所固有的，而是人们在执行制度过程中由于认识的局限性所导致的，因此，为了减少或者避免上述问题的发生给企业和员工造成的不良影响，理论界和实务界不断探索实践，力图找到更好的绩效工资设计方法，并对制度加以改进和完善，这在一定程度上促进了绩效工资理论和方法的创新。

(二) 绩效工资的设计模式

国内外工资管理实务中，绩效工资一般存在两种设计模式。

一是直接计提模式，即按照员工提供的产品和服务的数量、质量或者产生的效率、效益提取绩效工资。实践中比较常见的主要有以下两种绩效工资核算制度：(1) 计件工资制，即根据计件单价和员工实际完成的产量核算员工工资的制度。应发计件工资等于计件单价乘以实际完成产量或工时。(2) 提成工资制，即根据实际增加值或内部利润额和提成工资率核算员工工资的制度。其中，提成工资率等于本人目标绩效工资除以目标增加值或内部利润额，应发提成工资等于实际增加值或内部利润额乘以提成工资率。绩效工资直接计提模式主要适用于基本生产技能操作人员，或者主流程生产技能操作人员的绩效工资核算。

二是间接联动模式，即通过建立员工目标绩效工资与相关部门绩效考核结果及个人绩效考核结果有机联动的模式核算员工实际绩效工资的方式或方法，实践中比较常见的主要有以下四种绩效工资核算制度：（1）员工绩效工资与个人绩效考核结果挂钩联动的制度，即有明确的目标绩效工资标准，绩效工资支付与本人绩效考核结果挂钩计发，计算公式为应发绩效工资＝本人目标绩效工资标准×本人绩效考核系数。（2）员工绩效工资与企业主要经济效益指标完成率和本人绩效考核结果挂钩联动的制度，即有明确的目标绩效工资标准，绩效工资支付与企业和本人绩效考核结果双挂钩计发，计算公式为应发绩效工资＝本人目标绩效工资标准×企业经济效益指标完成率(%)×本人绩效考核系数。（3）员工绩效工资与企业主要经济效益指标完成率和部门以及本人绩效考核结果挂钩联动的制度，即有明确的目标绩效工资标准，绩效工资支付与企业、部门和本人绩效考核结果三挂钩计发，计算公式为应发绩效工资＝本人目标绩效工资标准×企业经济效益指标完成率(%)×(部门绩效系数×0.5＋本人绩效考核系数×0.5)。（4）员工绩效工资与一线人员绩效工资实现率、一线人员绩效工资挂钩系数以及本人绩效考核结果挂钩联动的制度，即有明确的目标绩效工资标准，绩效工资支付与一线人员绩效工资实现率、一线人员绩效工资挂钩系数以及本人绩效考核结果三挂钩计发，计算公式为应发绩效工资＝本人绩效工资标准×一线人员绩效工资实现率(%)×一线人员绩效工资挂钩系数×本人绩效考核系数。绩效工资间接联动模式主要适用于辅助生产、服务人员的绩效工资核算。

上述两种绩效工资设计模式和相对应的绩效工资核算制度的适用前提有两个：一是企业已经建立了规范的技能人才绩效工资总额确定及分解办法并据此确定了每一个技能人才的目标绩效工资；二是企业已经建立了完善的技能人才绩效考核制度并对技能人才实施了规范的绩效考核，这也是企业落实好《指引》应当建立健全的配套制度。

(三) 目标绩效工资标准的确定

一是确定基本生产技能人才的目标绩效工资。基本生产技能人才的目标绩效工资按照通过劳动力市场价位对标获得的基本生产技能人才工资总额在扣除岗位工资后剩余的部分确定。对于主要以个人计件方式计酬的岗位，可以按月设立基础任务量，完成基础任务量，得到目标绩效工资；超过基础任务量部分可分档设立不同计件单价，根据任务完成情况核定绩效工资。对于以班组、车间为单元集体作业的基本生产技能岗位人员，可参照上述办法确定团队目标绩效工资总额，再将团队目标绩效工资总额分配到班组、车间，最后由班组长、车间主任根据规定程序，按照个人工作量和个人绩效进行合理分配。

二是计算辅助生产、服务人员目标绩效工资。辅助生产、服务人员目标绩效工资按照与基本生产技能人才的直接计件工资平均值挂钩的方式确定，挂钩系数根据辅助生产、服务人员对基本生产技能人才的支撑力、贡献度、重要度确定，一般按 70%~95% 的水平安排。

(四) 绩效考核周期的确定

绩效考核周期是指对技能人才的业绩进行考核的间隔期。绩效考核周期的确定需综合考虑行业特点、岗位特征、考评可操作性等因素。与管理人员、专业技术人员业绩显现周期较长不同，技能人才绩效显现时间相对较短，绩效考核周期一般可安排为月度，绩效工资一般也按月计发。

五、专项津贴单元

专项津贴是针对特殊条件下的额外劳动付出的补偿。补偿性是津贴的主要特征。设计专项津贴应考虑以下三点：

一是存在额外劳动付出。存在额外劳动付出是设计专项津贴的唯一依据。《指引》列举了夜班津贴、作业环境津贴、技能津贴、班组长津贴、师带徒津贴五种，都是建立在额外劳动付出基础之上的。夜班津贴是对劳动者在夜晚工作额外付出的体力、精力、心理压力等的一种补偿。作业环境津贴是对劳动者在井下、高空、高温、低温、物理粉尘辐射、化工有毒有害等环境下作业额外付出的补偿。技能津贴是对劳动者为取得相应技能等级额外付出体力、精力等的一种补偿。班组长津贴是对劳动者在基础管理、分配任务、考勤考绩等方面额外劳动付出的一种补偿。师带徒津贴是对师傅培养培训徒弟额外劳动付出的补偿。没有额外劳动付出，就谈不上有津贴的设计和支付。

二是津贴标准的高低要根据额外劳动付出的多少或者对劳动者身心危害程度的大小确定。夜班津贴的高低可根据劳动者在夜晚工作额外付出的体力、精力、心理压力等的大小来确定；作业环境津贴可根据劳动者在井下、高空、高温、低温、物理粉尘辐射、化工有毒有害等环境下作业的危害程度高低来确定，企业可结合实际，根据作业环境的艰苦程度划分出不同档次，设置差别化的作业环境津贴；班组长津贴可按照班组管理幅度、班组类别和难度大小等确定不同的档次标准，建立差异化的班组长津贴制度。

三是坚持不重复设置津贴原则。作为技能人才基本工资制度主体的岗位工资单元和绩效工资单元，通常是企业针对技能人才必设的工资单元，专项津贴单元则并不是必设工资单元，可以设也可以不设，可以多设也可以少设。企业在建立岗位工资制度时，如果将有关专项津贴涉及的付酬因素纳入了岗位评估系统，则没有必要再单独设立专项津贴。

六、技能人才与其他人才工资分配关系设计

除了技能人才，企业内部通常还有专业管理、专业技术、市场营销等专业人才，设计技能人才工资制度，必须处理好技能人才与上述各类人才的工资分配关系，只有这样，设计好的技能人才薪酬分配制度才能真正得到落实。实践中，技能人才与企业内部其他专业人才的工资分配关系通常采用以下三种处理方式：

一是通过岗位价值度评估来处理。如果企业内部对各类岗位采用同一套岗位评估系统且由同一组专家进行价值度评估，那么不同类别岗位价值度评估结果之间的关系即可反映各类岗位之间的工资分配关系；如果企业内部对不同类别岗位采用不同的岗位评估系统进行价值度评估，那么不同类别岗位的工资分

配关系则不能简单用价值度评估结果来反映，而应当在不同类别岗位中选取标杆岗位，使用同一套岗位评估系统并由同一组专家进行跨类别岗位测评以确定不同类别岗位的对应关系。

二是通过市场对标来处理。企业可参考市场标杆岗位之间的薪酬分配关系确定对应关系，如将市场上某技能操作岗位与某管理岗位薪酬水平的对应关系作为确定不同类别岗位分配关系的参考。同时，标杆岗位中市场招聘的薪酬价位，可以作为确定技能操作岗位和其他类别岗位起点薪酬的参考。

三是通过内部共识或认可方式来处理。企业在长期的工资分配关系处理过程中已经形成了一些共识，这些共识也可以用来处理技能人才与其他类型人才工资分配关系的重要依据，如某企业技能人才中的高级技师可以享受专业技术人才中的高级工程师待遇、技师可以享受工程师待遇，又如某企业集团的二级单位中的首席技师享受二级单位高级管理人员的待遇。《指引》提出，对掌握关键操作技能、代表专业技能较高水平、能够组织技改攻关项目的技能人才，其薪酬水平可达到工程技术类人员的较高薪酬水平，或者相当于中层管理岗位薪酬水平，行业佼佼者薪酬待遇可与工程技术类高层级专家级别和企业高层管理岗的薪酬水平相当，实际上也是这种工资分配关系共识的反映。

第三章　高技能领军人才薪酬激励

一、高技能领军人才的范围界定及待遇政策

按照中共中央办公厅、国务院办公厅印发的《关于提高技术工人待遇的意见》（以下简称《意见》），高技能领军人才是为国家经济发展和重大战略实施做出突出贡献，具有高超技艺技能和一流业绩水平，并长期坚守在生产服务一线岗位工作的技能人才的杰出代表。高技能领军人才包括两个层次：

一是获得全国劳动模范、全国五一劳动奖章、中华技能大奖、全国技术能手等国家级荣誉以及享受省级以上政府特殊津贴的人员。

二是各省（自治区、直辖市）政府认定的"高精尖缺"高技能人才。各省（自治区、直辖市）结合地区实际，进一步明确了本地区高技能领军人才的范围标准。如山东省委办公厅、省政府办公厅《关于进一步提高全省技术工人待遇的通知》明确了山东省高技能领军人才主要包括：该省培养或引进的中华技能大奖、国务院政府特殊津贴、全国技术能手、省级及以上劳动模范和五一劳动奖章获得者；泰山产业领军人才（产业技能类）、齐鲁首席技师（山东省首席技师）、齐鲁工匠等项目入选者。又如江苏省委办公厅、省政府办公厅《关于提高技术工人待遇的实施意见》对江苏省高技能领军人才的范围进行了拓展，把获得江苏技能大奖荣誉人员，获得江苏省劳动模范荣誉的技师、高级技师，获得江苏省有突出贡献中青年专家荣誉的高技能人才和获得世界技能大赛金牌的选手列入高技能领军人才范围。湖南省人力资源社会保障厅《关于实施

技术工人工资待遇激励计划的指导意见》明确该省高技能领军人才包括获得全国劳动模范、全国五一劳动奖章、中华技能大奖、全国技术能手、湖南省技能大师等荣誉和享受省级以上政府特殊津贴的技能人才。

全面提高高技能领军人才待遇的政策，包括鼓励企业为高技能领军人才制定职业发展规划和年资（年功）工资制度，试行高技能领军人才年薪制和股权期权激励，设立特聘岗位津贴、带徒津贴等，参照高级管理人员标准落实经济待遇；也包括高技能领军人才在工会等群团组织中挂职和兼职，鼓励企业吸纳高技能领军人才参与经营决策等政治待遇；还包括积分落户、购（租）住房、安家补贴、子女接受义务教育及就业等一系列配套政策。各地设立高技能领军人才服务窗口，结合实际制定了多种多样的支持政策。《指引》对年薪制、协议工资、专项特殊奖励、超额利润分享以及股权激励等适用于高技能领军人才的薪酬分配和中长期激励方式进行了进一步细化。

在实践中，企业可以结合自身实际，建立内部的人才职业发展通道和人才评价、选拔机制，评选出对企业发展有突出贡献或技术改革创新能力非常强的"企业级别"的高技能领军人才，如一些企业选拔出来的首席技能专家、首席技师、技能带头人等。这些高技能人才承担制定相关领域发展规划、裁定异议、承担本业务领域创新性革新任务、培养人才等职责，是企业技能人才队伍中的关键少数。同时，也可以参照《指引》探索实行灵活的薪酬分配制度，在薪酬、福利、社会保险、年金等方面比照高层经营管理人员落实待遇，有条件的企业还可以开展多样化的中长期激励，吸引和留住人才，激发人才的创新活力。需要注意的是，未经政府部门认定，企业自己评定的内部领军人才，是不能享受政府专门针对高技能领军人才提供的待遇政策和公共服务的。

二、做好薪酬分配这篇"文章"

这里所说的薪酬分配是指狭义的薪酬激励，专指工资报酬性激励制度，不包括期权、员工持股、干股分红等股权激励，也不包括科技成果转化收入等薪酬外收入。薪酬收入是绝大多数技能人才（包括高技能领军人才）的主要收入来源，薪酬激励是企业最基本的激励方式，在很多企业甚至是唯一的激励方式。薪酬分配的激励结果和公平程度，直接影响高技能领军人才的创新积极性，也会影响人才对企业价值导向和经营管理水平的认可度，甚至决定人才去留。

（一）几种灵活的薪酬分配方式

高技能领军人才有意愿而且有能力承担创新性工作任务，更适合一些灵活度高、浮动性强的特殊薪酬分配模式，如年薪制、协议薪酬制、专项特殊奖励和项目工资制等。

年薪制是以年度为单位，依据生产经营规模、工作任务目标难度和业绩贡献，确定并支付薪酬的分配方式。一般由按月发放的基本年薪和以年度为周期、与企业效益和高技能人才个人年度业绩贡献挂钩的绩效年薪两部分组成。有的情况下，企业还会预留年薪的一部分，根据未来一段时期企业经营业绩情况，进行递延支付。

协议薪酬制是由企业和劳动者双方协商确定薪酬的分配方式。

专项特殊奖励是针对在正常绩效激励中未能体现的特殊贡献给予的特殊薪酬奖励，既适用于高技能领军人才，也可以向其他员工发放。专项特殊奖励比较灵活，可以设置技术革新奖、新品试制奖、合理化建议转化奖等多种奖励，针对技能人才降本增效、新品试制、技改攻关的巨大贡献发放，也可以对人才为企业取得重大社会荣誉（如技能大赛获得名次等），为社会做出突出贡献（如参与救灾、见义勇为等）进行奖励。

此外，还有企业针对参加专项项目、课题（特别是需要跨部门协作的项目）的高技能领军人才，另行发放项目工资。项目工资与主体岗位绩效工资制之间的关系、项目工资占高技能领军人才薪酬的比重等都需要根据项目任务量、复杂程度和人才贡献合理设计。

（二）灵活运用好薪酬分配激励

1. 年薪制

年薪制具有与企业效益和个人贡献挂钩的绩效年薪占比高，支付周期长的特点。高技能领军人才适用年薪制需要注意以下两点：一是合理界定年薪制适用范围，一般适用于承担一定的经营管理风险、业绩显现周期较长且需建立有效考核约束机制的高技能领军人才；二是配套建立体现高技能领军人才特点、体现短期和长期贡献的业绩考核办法，实现业绩升、薪酬升，业绩降、薪酬降。

2. 协议薪酬制

协议薪酬制主要适用于企业常规薪酬体系难以发挥激励作用，同时又是人力资源市场稀缺的核心关键岗位人才或企业需要重点吸引和留用的紧缺急需人才。《指引》建议企业要处理好薪酬内部公平性和外部竞争性的平衡，把握以下三个方面：一是范围限定在面向社会公开招聘实行市场化管理的高技能领军人才；二是配套实行任期聘任制；三是要事先约定绩效考核要求，签订《绩效目标责任书》，确定考评周期内的绩效目标和激励约束规则。这是因为从市场上高薪引进的高技能领军人才能否发挥作用，需要在实践中检验，同时协议薪酬制独立于企业主体薪酬制度外，难免引起其他技能人才的高度关注。为避免对企业主体薪酬分配体系产生过大冲击，建议高技能领军人才实行协议薪酬制，一般就不再适用企业主体薪酬制度中的岗位工资、绩效奖金、津补贴、项目工资等其他分配方式。同时，建议企业提前对协议到期人才续聘后的薪酬分配做好预案。纳入主体制度序列的，要对应到合适的职级岗位上；继续实行协议薪酬制的，要结合可比岗位的市场价位、内部价位变动，合理调整薪酬标准，重新约定责任目标。

3. 专项特殊奖励

专项特殊奖励属于非常规的激励，企业应当做好宣传引导，避免员工将其理解为固定发放的工资单元，引起误解。同时，也要制定较为规范的企业内部专项特殊奖励管理办法，履行必要的决策或评选程序，避免分配不公或被员工误解为"暗箱操作"。如某企业建立了由《公司科研项目管理办法》《科技成果转化管理办法》等组成的科技创新管理体系，对创造性地运用科学技术新知识、积极探索技术重大改进的技术技能人员予以奖励。

企业要结合自身需要和生产服务工艺特点，根据高技能领军人才所承担的工作任务或者需要发挥的突出作用，选择合适的薪酬激励模式，把握好固定部分与浮动部分的结构比例关系，平衡好高技能领军人才薪酬激励与其他技能人才薪酬分配之间的关系，既要有利于树立凭技能、凭贡献增加收入的正向激励导向，又要避免高技能领军人才浮动薪酬和收入不确定性过大、差距过大的情况。

几种灵活的薪酬分配模式的比较见表3-1。

表3-1　　　　　　　　几种灵活的薪酬分配模式的比较

薪酬分配模式	特点	适用对象	实施要点	特别提示
年薪制	与企业效益和个人贡献挂钩的绩效年薪占比高，支付周期长	适用于承担一定的经营管理风险、任务成果显现周期较长且能够进行考核的高技能领军人才	1. 配套建立体现高技能领军人才特点、体现短期和长期贡献的业绩考核办法 2. 年薪与个人业绩紧密挂钩，实现业绩升、薪酬升，业绩降、薪酬降	严格限定人员实施范围，其工作职责和任务目标应与经营管理人员有一定相似性
协议薪酬制	企业与劳动者通过协商确定薪酬水平、结构、发放周期。一般独立于企业主体薪酬制度之外	适用于企业常规薪酬体系难以发挥激励作用，同时又是人力资源市场稀缺的核心关键岗位人才或企业需要重点吸引和留用的紧缺急需人才	1. 配套实行任期聘任制 2. 签订《绩效目标责任书》，事先确定考评周期内的绩效目标和激励约束规则 3. 一般不再适用企业主体薪酬制度中的岗位工资、绩效奖金、津补贴、项目工资等其他分配方式	建议企业提前对协议到期人才续聘后的薪酬分配做好预案
专项特殊奖励	属于非常设薪酬单元	既适用于高技能领军人才，同时也可以向其他员工发放	1. 可针对技能人才降本增效、新品试制、技改攻关的巨大贡献发放 2. 可对人才为企业取得重大社会荣誉、为社会做出突出贡献进行奖励 3. 应当制定较为规范的企业内部专项特殊奖励管理办法，履行必要的决策或评选程序	建议做好宣传引导，避免员工将其理解为固定发放的工资单元

三、合理合法运用中长期激励

前述灵活的薪酬分配制度，一般来说支付周期在一年以内，属于短期激励,而且性质上更多体现了对于高技能领军人才劳动付出和实际贡献的劳动报酬回报。在企业发展实践中,人才逐渐成为企业最宝贵的财产,同时伴随公司股权日益分散、管理技术日趋完善,各国为留住人才、吸引人才、降低人力成本,纷纷创新激励方式,推行了各种形式的中长期激励。中长期激励不仅增加了劳动者的收入来源,更重要的是将人才与企业长远发展更加紧密地"捆绑"在一起。中长期激励模式根据功能、性质,可分为分红分享类和权益类两大类。与短期激励相比,中长期激励对应的业绩显现周期可能更长,不确定性更大,激励额度的弹性也更大。

(一) 常见的中长期激励手段

1. 分红分享类激励

分红分享类激励包括超额利润分享、岗位分红、项目分红等。超额利润分享以超过企业目标利润的部分作为基数,按照一定的比例计算提取奖励总额,并对企业的关键核心人才进行分配。岗位分红以企业经营收益的一定比例为标的,对企业重要技术人员和经营管理人员实施激励。项目分红以项目(科技成果)转化收益的一定比例为标的,对参加项目的人员进行分配激励。按照《意见》和《指引》,高技能领军人才也应当纳入激励范围。

2. 权益类激励

权益类激励包括股票期权、虚拟股票、员工持股计划、业绩股票、股票增值权、限制性股票等多种方式。其中股票期权、虚拟股票、员工持股计划、业绩股票应用最为广泛。

(1) 股票期权(包括股份期权)是目前国际上最为典型、使用最为广泛的股权激励模式,指公司所有者授予高管人员、技术骨干等激励对象购买本公司股票的选择权,具有这种选择权的人,可以在规定时限(锁定期)内,以事先约定好的价格(行权价)从公司购买一定数量的股票(行权),也可以放弃购买股票的权利,但股票期权本身不能转让。

(2) 虚拟股票是指公司授予激励对象一种"虚拟"的股票,激励对象可以据此享受一定的分红权和股价升值收益,但没有所有权和表决权,不能转让和出售股票，在离开公司时股票自动失效。如《指引》中的案例6，F公司在薪酬分配之外，对公司法定股东以外的少数中高级管理人员和技术技能骨干，按五个档次，分别配置不同数量的干股，没有决策权，但可以参与利润分红，就是虚拟股票激励的一个例子。

（3）员工持股计划属于长期激励的一种，兴起于20世纪50年代的美国。让员工持有股票，使员工不仅有按劳分配获取劳动报酬的权利，还能获得资本增值所带来的利益，并使员工享有企业利益的分享机制和拥有经营决策权的参与机制，从而激发员工内生动力。在实践中，员工持股计划往往是由公司内部员工出资认购本公司的部分股权，并委托员工持股会管理运作，员工持股会代表持股员工进入董事会。

（4）业绩股票指公司在年初确定一个业绩目标，如果激励对象年末达到预定目标，则公司授予或提取一定的奖励基金帮助其购买一定数量的公司股票；如果未能通过业绩考核或提前离任，则业绩股票将被取消。业绩股票激励模式能够促使激励对象更加努力工作、加快完成公司业绩目标，而且在获得激励后又和公司利益更加紧密地"捆绑"在一起。

（二）实施中长期激励要遵守法律法规

实施中长期激励（特别是权益类激励）可能会稀释或调整股权结构，关系到企业股东、投资人和其他利益相关者的权益，在企业经营状况、激励对象、股票来源、行权方式等方面必须遵守国家有关法律法规等。

上市公司可以选择股票期权、限制性股票和股票增值权三种激励模式，需要经过证监会的备案审批，遵守《上市公司股权激励管理办法》《关于修改〈关于实施《证券公司股权管理规定》有关问题的规定〉的决定》等一系列规章政策。这些规章政策等对实施激励的企业经营状况、实施对象、股票来源、出资方式、行权条件和方式、审批流程等重要内容作出了非常详细的规定。《上市公司股权激励管理办法》规定，上市公司全部在有效期内的股权激励计划所涉及的标的股票总数累计不得超过公司股本总额的10%。非经股东大会特别决议批准，任何一名激励对象通过全部在有效期内的股权激励计划获授的本公司股票，累计不得超过公司股本总额的1%。实践中，选择限制性股票工具的企业占绝大部分。

国有企业开展股权激励和分红权激励，还要遵守《国有控股上市公司（境内）实施股权激励试行办法》《国有控股上市公司（境外）实施股权激励试行办法》等有关规定。中央企业则需要遵循《中央企业控股上市公司实施股权激励工作指引》和《中央科技型企业实施分红激励工作指引》。

国有控股混合所有制企业开展员工持股试点，要遵守国务院国资委、财政部、证监会印发的《关于国有控股混合所有制企业开展员工持股试点的意见》。试点企业应当是主业处于充分竞争行业和领域的商业类企业，营业收入和利润90%以上来源于所在企业集团外部市场；参与持股人员应为在关键岗位工作并对企业经营业绩和持续发展有直接或较大影响的科研人员、经营管理人员和业务骨干（不含外部董事、监事、职工代表监事），且与本企业签订了劳动合同；员工入股应主要以货币出资，并按约定及时足额缴纳（以科技成果出资入股的，应提供所有权属证明并依法评估作价，及时办理财产权转移手续）。

国有企业开展超额利润分享激励，要参考国务院国资委《"双百企业"和"科改示范企业"超额利润分享机制操作指引》（以下简称《操作指引》）。《操作指引》将目标利润界定为企业为特定年度设定的预期利润值，规定实行超额利润分享的企业一般为商业一类企业，激励对象一般不超过在职员工的30%。分享额一般不超过超额利润的30%，且在三年内兑现完毕，第一年不超过分享额的50%，三年内出现净利润大幅下降或亏损的，可以扣减尚未兑现部分，甚至追回已兑现部分。

没有上市的非国有企业，对于关键技能岗位或急需紧缺技能人才，可以根据企业资金财务状况、股份结构情况，选择实施难度低、等待周期短、使用灵活且不影响企业股本结构的超额利润分享、岗位分红、项目分红等分红分享类中长期激励手段；或者选择虚拟股票、干股分红等操作相对简单的权益类激励方式。如《指引》中的案例6，F企业在薪酬激励外，对部分中高级管理人员、少数优秀高技能人才实行配股（分红）制度，分五个档次配置股份数，干股没有决策权,但每年可以参与利润分红,实现了企业与优秀高技能人才共享企业发展成果。非上市民营企业对高技能人才进行中长期激励,主要遵守《中华人民共和国公司法》规定的决策程序以及相关的会计和财务规定。建议企业在制定具体实施方案时,适当参考中央企业、国有企业有关超额利润分享、股权激励、分红激励相关的操作指引,结合本企业实际进行调整。

(三) 中长期激励要选择恰当的方式

中长期激励手段灵活多样,激励对象集中,不仅能够有针对性地提高少数关键高技能领军人才收入待遇,避免平均主义,而且激励与否、激励额度与企业效益和人才实际工作业绩紧密挂钩,能够极大激发人才的创业创新热情,有条件的企业可以积极尝试。

同时,中长期激励手段通常专业性非常强,程序也较复杂,需要遵守的法律法规、会计准则和财务规定多,不同手段适用范围、激励力度不同,高技能领军人才的金融知识能力、个人出资压力、缴纳个人所得税负担也都有不同。如在激励力度方面,岗位分红、项目分红、超额利润分享等分红分享类激励力度要弱于权益类激励方式;在个人出资压力方面,员工持股计划、股票期权激励需要个人出资或企业提供资金支持,而虚拟股票、干股分红、岗位分红、项目分红、超额利润分享等则不需要个人出资。又如股票期权在行权时间和数量上有限制,需要支付资金,且只在当股票交易价格高于行权价格时才能兑现获利,对高技能领军人才的金融知识和证券市场操作能力有较高的要求。在个人所得税缴纳方面,企业实施股权激励的,员工在行权购买股票时,要以实际购买价低于当日收盘价的差额,按"工资、薪金所得"计算缴纳个人所得税,员工出售股票时对股票所得暂不征收个人所得税。

建议企业在选择、考虑确定高技能领军人才的中长期激励手段时,统筹考虑本企业的发展阶段、管理基础、股权结构、资金支付压力和未来现金流等条件,同时更要充分听取高技能领军人才的个人意见。

对高技能领军人才实施中长期激励的,企业需要完善配套机制措施。一是建立规范的内部财务管理制度和员工绩效考核评价制度,能够有效评估高技能领军人才在企业的重要性和贡献，明确实施岗位分红的企业业绩和个人业绩条件。二是要处理好中长期激励与薪酬激励的关系，既要保障高技能领军人才基本收入和生活水平，又要体现技能要素、创新性贡献回报对人才的吸引力和激励力度。三是处理好高技能领军人才和其他技能人才之间的激励差距，企业实施中长期激励的，可以在薪酬分配环节适当缩小差距、更多体现公平，在中长期激励环节加大激励力度，集中体现技能要素创新性成果的突出贡献。

四、用足各类物质和非物质激励手段

对于高技能领军人才的物质激励，既可以是薪酬激励、补贴津贴、中长期激励等直接对应劳动要素和技能要素创新性贡献的物质回报，也可以是技能要素导向的奖励、福利保险、工作环境改善等。在本书所附的案例中，有的企业对于获评中华技能大奖、国家级技能大师工作室领衔人、全国技术能手的，分别给予较高的一次性奖励，激励高技能领军人才岗位建功。有的企业对集团级技能专家比照执行单位责任人体检标准，公司级技能专家体检费用标准增加30%，每年组织劳动模范等先进个人进行一次疗休养，组织技能专家聘期内享受一次疗休养。有的企业则不断优化企业年金缴费分配方式，企业缴费与个人业绩贡献挂钩，重点向包括高技能领军人才在内的关键核心岗位和专业骨干、绩效突出员工倾斜。

从实践成效看，高技能领军人才激励做得比较好的企业，除注重薪酬福利和中长期激励外，往往也非常重视人才的非物质激励，如荣誉、表彰、参与企业经营决策的权利和地位、干事创业的良好平台、合作融洽的团队等。本书所提供的案例中，企业普遍为领军人才建立大师工作室或技术创新团队，安排人才参与重大项目、重大工程，发挥其参与重大生产决策、解决重大生产难题、组织重大技术革新和工艺攻关的主动性和创造性。有的企业鼓励优秀技能人才在党群工团兼职任职，允许符合条件的优秀技能人才根据个人意愿，转换到研发、设备、工艺等技术岗位发展。有的企业建立"揭榜挂帅"和"容错纠错"机制，让高技能领军人才一展抱负，甩掉包袱，心无旁骛出征攻坚。有的企业深入挖掘和宣传敬业精神和先进事迹,为技术工人树立学习的榜样。还有的企业通过先进典型报告会、劳模班组命名,设立"群英林""星光大道"等,为技能人员先进典型"树碑立传",全方位提升高技能领军人才的自豪感、职业荣誉感,同时也扩大技能岗位的感召力和影响力。

实务操作篇

说明：企业可根据行业及自身生产经营特点建立符合企业发展实际的薪酬分配制度，突出技能价值激励导向，合理提高企业技能人才工资水平。以下案例是在各级人社部门调研的基础上，经专家推荐及各省人社部门梳理总结出来的部分典型案例，介绍了一些行业企业在薪酬分配制度改革方面好的做法，供相应行业企业在进行技能人才薪酬制度设计和改革时参考。

装备制造和维修业

案例1 X集团及所属Y企业 全方位实施"高精尖缺"人才激励

一、X集团技能人才队伍基本情况

X集团是国有特大型企业,下设专用装备、先进制造业、生产线服务业等产业。技能人才占比超过40%,其中技师及以上高级技能人员占比超过15%。现有中华技能大奖获得者、全国技术能手超200人。

二、X集团高技能人才体制机制改革概况

(一)人才培养评价发展体系

X集团遵循各类人才的成长规律及特点畅通了职业发展通道,打通管理人才、技术人才、技能人才在选拔任用、岗位晋升、员工培养、薪酬绩效等方面的联动管理,建立技术工人全职业生涯管理体系。以重大项目为平台,大胆选用锻炼人才,系统培养培育人才。系统盘点梳理技术技能专家队伍,精心绘制人才地图。按照技术技能不同类别,区分领军人才、核心骨干人才等不同层次,开展精准人才培训。制定分类评价办法,针对管理人才、技术人才、技能人才,区分不同的层次类别,以品德、能力、业绩为导向,科学精准评价

人才。

（二）高技能人才薪酬激励体系

一是系统构建适应行业特性、重点突出、即期激励与中长期激励相促进的薪酬激励体系，基本实现主业领域、重点单位激励机制全覆盖。

二是优化即期激励，完善差异化、结构化的工资总额管理模式。根据所属单位功能定位、主营业务特点和市场化程度等，划分不同类别，设置差异化的工资总额结构和挂钩机制。对于承担重点研发生产任务的单位，将工资总额划分为保障性和效益性两部分，使其与业务收入增长、净利润、劳动生产率等体现任务量和完成质量的指标挂钩。

三是研究出台指导意见，从薪酬内涵、工资单元、薪酬策略、薪酬管理等多方面引导所属单位科学合理建立内部分配体系，引导工资分配向核心骨干、一线人员倾斜，构建提升骨干人才薪酬竞争力的精准激励机制。

四是强化定向激励，对于重点单位核心骨干，建立包括高技能人才在内的特殊人才津贴制度，集团公司给予支持，实现薪酬资源从源头上向一线人员倾斜。所属二级单位建立配套制度，有的单位技能专家薪酬待遇接近中层干部，在高级工以上技能人员中设立专家职务津贴，工作业绩优异者每3年可晋升1级专家职务津贴。

五是充分运用各类激励工具，实现主业重点单位全覆盖。集团公司率先出台中长期激励管理办法，为所属单位开展中长期激励提供制度遵循和操作指南。针对科技型企业和团队作业研制项目，综合运用上市公司股权激励、岗位分红、项目分红、员工持股等各类中长期激励工具，有序推进所属单位因企施策、分类实施、应做尽做。

六是突出"高精尖缺"导向，提高高技能领军人才待遇。鼓励优秀的技能人才在党群工团兼职任职，充分发挥示范引领作用。深入挖掘和宣传敬业精神和先进事迹，为技术工人树立学习的榜样，提高高技能领军人才的政治待遇。

七是搭建干事创业平台，发挥高技能领军人才重要作用。集团公司指导所属单位不断为高技能领军人才创造各种条件,通过为领军人才建立大师工作室或技术创新团队,安排参与重大项目、重大工程,激发其参与重大生产决策、解决重大生产难题、组织重大技术革新和工艺攻关的主动性和创造性。

三、所属 Y 企业贯彻落实发展集团制度的改革实践

所属 Y 企业现有员工超过 1 万人,技能人员占比超过 60%,是企业价值创造的主要力量。高级工及以上的高技能人才占技能人员比例超过 40%。以大国工匠为代表,由中华技能大奖获得者、全国技术能手、省功勋高技能人才、集团技术能手等组成的高技能领军人才超过百人,占技能人员比例近 2%。

(一) 多措并举引进汇集优秀人才,不断发展壮大技能人才队伍

一是高质量引进"高精尖缺"技能人才。依据集团公司有关办法,突出"高精尖缺"导向,重点吸引具有相关职业(工种)绝招绝技、能够解决关键性生产制造问题的高技能人才。2021 年引进全国技术能手 2 人、全国五一劳动奖章获得者 1 人。

二是拓展技能人才引进方式,建立竞赛获奖人员引进机制。与地方职业院校技能大赛组委会达成协议,优先引进当地职业院校技能大赛获奖人员。

三是大力推进工学结合,与多所高等专科学校合作开展"订单班",并合作开展就业实践基地、就业育人项目。

(二) 畅通职业发展通道,拓展技能人才职业发展空间

一是重构岗位职级体系,拓宽企业各类员工成长发展空间,搭建了"3 类 4 层 5 星 20 级"的职级成长通道,并匹配相应薪酬晋升机制,形成横向连贯、纵向贯通、覆盖全职业生涯的岗位职级体系,全面实施员工职级管理,实现岗位、职级、专家三个体系相互关联、相互补充、协调运作的总体构架。

二是强化技能专家队伍建设,促进高技能领军人才发挥作用。设置首席技能专家、特级技能专家、一级技能专家、二级技能专家和三级技能专家 5 个高技能等级,每 3 年选拔 1 次,涉及 60 多个工种。企业还建立各级专家课程谱

系,强化专家培养工作。优化专家评聘机制,加强任期考核管理,强化考核结果应用,技能专家的津贴实行"能增能减",并且强化培训授课等相关机制,促进专家作用发挥。

三是技能序列与工程技术序列融合发展,拓宽技能人才发展路径,通过"重大贡献类人员转岗"和"内部招聘"两种方式实现技能序列与工程技术序列贯通。通过内部招聘,多人从技能岗位转至技术岗位工作。例如,荣获"科技创新标兵"称号的某卸装钳工,公司党委会研究决定将其调整为工艺员。

(三) 优化薪酬体系结构,提升薪酬激励效能

一是坚持激励价值创造导向,动态优化薪酬体系构建。近年来对薪酬体系进行优化升级,构建了由职级工资、绩效工资和津补贴三部分组成的薪酬体系。其中,职级工资是体现员工能力提升的工资单元,实行一职一薪制,技能人员的职级工资与技术人员、管理人员同等设置;绩效工资是体现岗位价值、单位业绩及员工个人业绩的工资单元。通过逐年持续的增量投入,目前浮动绩效工资占工资总额的比例接近70%,提前实现制度改革的要求目标。

二是健全符合技能人才特点的薪酬分配制度,激发技能人才干事创业热情。形成由1个管理规定和多个管理办法组成的"1+N"薪酬分配制度体系。同时,充分运用集体合同协商平台,每年签订工资专项集体合同。通过岗位责任、工作难度、工作贡献等多维度的岗位测评,设置了一到七级的技能人员岗位等级,并通过岗差工资、岗位绩效系数等形式与薪酬核定紧密结合。通过实施"增人不增资、减人不减资"的工资总额预算管理,鼓励各单位根据技能人员完成任务的数量、质量、效率等因素核发薪酬,鼓励多劳多得。在专项津贴设置上,结合技能人员的劳动特点,设置了班组长津贴、保健津贴、夜班津贴等专项津贴,并辅以保密、通信、交通等其他津补贴项目。

三是设置多项针对技能要素贡献和技能创新成果的专项奖励。每年投入一定比例的工资总额用于专项奖励,并由生产单位重点分配给完成科研生产任务,开展提质增效、降低能耗、改进工艺和解决现场疑难问题的技能人员。同时,Y企业贯彻落实集团公司相关要求,建立了由《公司科研项目管理办法》

《科技成果转化管理办法》等组成的科技创新管理体系，对创造性运用科学技术新知识、积极探索技术重大改进的技术技能人员予以奖励。

（四）开展中长期激励，留住并激励优秀高技能人才

根据集团公司有关办法，Y企业制订并实施限制性股票激励计划，其中优秀高技能人才（仅为集团级技能专家）占激励总人数的30%。

（五）多措并举，全方位提升人才待遇

一是比照高级管理人员落实高技能人才待遇。集团级专家比照单位负责人的体检标准，公司级专家体检费用标准增加30%。每年组织劳动模范等先进个人进行一次疗休养，组织技能专家聘期内享受一次疗休养。

二是选树典型，提升优秀高技能人才职业荣誉感。通过新媒体、融媒体等手段，创作接地气、有温度的文化作品，通过先进典型报告会、座谈会、劳模班组命名，设立"群英林""星光大道"等，为技能人员先进典型"树碑立传"，扩大先进典型的感召力和影响力。

三是积极利用地方政府支持政策，进一步丰富优秀技能人员的激励方式，申报地方人才称号和工匠称号，使更多高技能领军人才进一步获得政府表彰奖励。

点评

X集团系统规划人才发展体系，指导所属单位形成普惠制激励与定向激励相结合、即期激励与中长期激励相结合、物质奖励与精神奖励相结合的高技能人才薪酬激励体系。所属Y企业结合实际，在选拔任用、岗位晋升、员工培养、薪酬绩效等方面实行了联动管理。构建"3类4层5星20级"的职级成长通道，并匹配相应薪酬晋升机制，形成横向连贯、纵向贯通、覆盖全职业生涯的岗位职级体系，设置多项针对技能要素贡献和科技技能创新成果的专项奖励，开展中长期激励，留住并激励优秀高技能人才，技能价值导向和业绩贡献导向非常鲜明。

案例2 A企业 构建"五元"结构、两级分配的薪酬激励体系

一、技能人才队伍建设基本情况

A企业员工总数超过1.7万人，技能人员占比超过40%，平均年龄接近38岁。其中，技师及以上超过1 400人，公司级技能人才约200人，省部级技能人才和国家级技能人才合计超100人。在技能人才培养方面，聚焦"快赋能+早上岗+速成长"，构建基于人与岗位、能力快速匹配的人才培养基础体系，实行"入职前校园端培养+入职后新员工三年期培养+成熟员工培养+高技能人才持续培养"的全生命周期赋能模式。同时，搭建技能比武平台，"十三五"期间，承办各类技能大赛近40场，近百人获一类技能大赛等级奖；连续多年举办"青工技能月"活动，开展专项技能比武近百场，吸引近万名青年员工参赛。

二、结合岗位和能力技能因素，构建职级岗位体系

企业梳理现有岗位并开展了岗位测评，按照岗位职责、责任风险、劳动强度、工作环境等岗位因素区分岗位价值高低，并结合能力、素质、资历、经验等属"人"的因素，构建了"长、家、匠"分离的职位体系。共设置10个职级、21个岗级，并在每个岗级的基础上设置了5~13个宽带档与岗位工资挂钩。实施"评聘分开"和"岗位靠能力、绩效凭贡献"的岗位绩效工资分配制度。其中的"匠"，就是针对技能人员队伍建立的职级晋升体系。技能序列主要分为技术操作、熟练操作和支持保障，纵向从普通操作工到技能专家共7个晋升职级，横向可转行政管理，如工组长、科室主任等。

三、结合生产服务实践，持续优化薪酬激励

（一）构建"五元"结构、两级分配的薪酬激励体系

公司按照上级集团公司统一的指导意见，构建由基础（岗位）工资、绩效工资、津补贴、特殊奖励、中长期激励五大部分组成的薪酬激励体系。在一级分配环节，实施差异化工资总额分配，体现主价值链、业绩贡献导向，工资分配向重要生产单位倾斜，并授权二级单位进行二次分配。制定并发布《岗位绩效工资二级分配指导意见》，明确并传递分配导向：对岗位工资，强调要考核岗位履职情况，反对"出工不出力"；对绩效工资，强调要与个人的绩效评价结果强关联，反对"评价与分配两张皮"，并强制要求同层级分配差距超过20%，不同科室之间差距超过15%。

（二）根据生产工艺和劳动特点，差异化设计技能人员薪酬分配制度

在认真学习人力资源社会保障部《技能人才薪酬分配指引》的基础上，审视公司薪酬分配管理现状，持续优化员工薪酬分配，实施差异化的技能人员绩效工资分配机制。

对主要依靠集体手工作业进行价值创造的技能人员，采用全要素工时模式，以工时的小时分值体现劳动成效（包括质量、准时等）和多劳多得。

对主要依靠自动化设备进行价值创造的技能人员，与工时脱钩，采用团队承包模式：融合生产、工艺、设备、计划、管理人员，成立综合性的生产单元作为承包主体。团队由二级单位根据质量、成本、设备等维度进行评价，团队内部则以成员角色及实际贡献为依据进行评价和绩效工资分配。

（三）设计涵盖技能队伍的专项激励政策，树立效率、成本、质量导向

一是设计"降本专项奖"，引导技能人员从岗位出发，助力公司降本节流专项工作走深走实，进而获得相应的降本专项激励。

二是建立"质量星级员工评选激励机制"，强化生产服务操作人员自检和自

我把关的质量意识，提升检验人员预防、把关能力，促进产品实物质量的提高。

三是构建内部劳动生产率评价体系，并纳入二级单位经营目标责任制考核，与绩效工资包分配关联，引导技能人才劳动效率的提升。

（四）多举措加大技能人员薪酬激励力度

一是实施师带徒津贴。在任期内的岗位师傅，由公司每月发放100~300元的岗位师傅津贴。

二是将技能人才纳入岗位分红激励范围。将操作技师及以上的技能岗位纳入激励范围，技能人员占岗位分红激励总人数的10%左右，实施岗位分红后，被激励的技能人员薪酬平均增幅超过10%。

三是多种薪酬工具并用，激发技能人才活力。例如，公司对聘用的精通业务并具有特殊作用的高级技术操作人才实行协议工资制，对技能人员实施技能大赛获奖、小改小革、工艺改进、创新创效等方面的奖励措施。

（五）配套完善员工绩效管理体系

围绕"能做什么、如何做、做到了什么"设计能力素质、工作业绩和行为规范三类指标体系，实现不同类型人才价值创造的引导和差异化的价值管理。技能人员的工作业绩，主要分为保障类指标和发展类指标，保障类指标主要围绕任务达成度、完成工时、工作效率、工作质量、生产成本控制、传授技术及安全文明生产和革新成果等设置，发展类指标围绕具有影响性、复杂性和创新性的重点任务设置。

点评

A企业结合岗位重要度和技能能力因素设置技能人才职业岗位等级，实行"长、家、匠"分离和技能人才横向跨序列成长。在薪酬总额分解分配环节，树立主价值链、业绩贡献导向，工资分配向重要生产单位倾斜；从设备和工艺作业对技能操作的需要出发，对手工作业和自动化设备操作人员实行不同的绩效工资分配制度；通过设立专项奖励，引导生产操作人员关注质量、成本和劳动生产率。该企业技能人才职业发展和薪酬激励符合技能导向、业绩导向原则，也符合技能人才岗位特点和成长规律。

案例3　B企业　构建符合行业特点的岗位等级和薪酬体系

B企业主要开展飞机大修、改造业务，航线维修维护，地面过站服务，机队技术管理，零部件修理，仓储等机务维修、技术支援服务。目前在职员工300余人，其中一线技能人才队伍200余人，占总人数的3/4，持民用航空器维修执照的150余人，具备各飞机机型放行资格的人员超过60人。公司注重技能人才薪酬制度建设，建立了"横向分类，纵向设级"的岗位管理体系，形成了"横向可流动、纵向可晋升"的人才发展通道，为技能人才提供公平的发展机会和充分的发展空间。

一、搭建岗位管理体系，畅通人才发展通道

（一）横向划分岗位序列，甄别技能岗位

公司根据工作性质和内容，对岗位进行梳理，进行横向划分，设置飞机维修、技术支援、行政职能三大岗位序列。同时，完善员工跨序列管理规定，建立员工横向发展机制，为技能人才提供不同岗位锻炼的机会。

（二）纵向设置岗位职级，明确岗位等级

根据专业技能、资历经验、绩效考核、执照资质等因素，设置技能人才的纵向岗位职级发展通道，具体为：机械员（1~4级）、技术员（1~4级）、机械师（1~2级）、工程师（1~4级）。同时，完善配套的职级评定制度，明确职级评定条件，成立岗位定级委员会，按年度开展职级评定工作。

（三）差异化动态管理职数，营造良性竞争氛围

根据公司业务生产的实际需求，建立差异化动态管理职数机制。机械员、

技术员不设职数限制，工作年限、绩效结果及岗位胜任力达到相应标准，即可晋升；机械师、工程师，根据公司生产需要，以三年为周期确定职数，并以此为基础开展评定工作，优中选优，最终确定高等级的技能人才。

二、建立绩效管理制度，明确技能人才提升方向

公司以企业战略为中心，合理设置考核指标，引导技能人才的努力方向；注重加强过程辅导，帮助技能人才提升绩效；绩效与收入挂钩，发挥更好的激励作用。

（一）明确绩效焦点，有效提升业绩

根据企业经营发展的战略目标，结合技能岗位的业务特点，科学合理设置绩效考核指标，从关键绩效、岗位适应度、行为规范、特别贡献等多维度对技能人才进行考核，引导技能人才的工作行为，激发技能人才的工作积极性与创新潜力，实现个人发展目标与企业发展目标相融合。

（二）重视过程管理，补齐业务短板

根据绩效考核结果，对暂时低绩效的技能人才及时进行有针对性的绩效辅导，指出其工作短板和不足，及时帮助技能人才提高认识，与技能人才一同制定业务改进的措施和方法，并持续跟踪改进结果，形成管理闭环，有效帮助技能人才成长和发展。

（三）强化结果运用，实现全面激励

根据绩效考核结果划分优秀、合格、待改进三个等级，匹配不同的绩效系数，将技能人才的绩效与本人收入直接挂钩。同时，将技能人才的绩效考核结果纳入职级评定的晋升条件，实现个人发展与业绩贡献相统一，强化绩效考核的激励作用。

三、薪酬分配向技能人才倾斜，激励干事创业热情

充分考虑工作特性、工作环境与工作时间等因素，建立以岗位绩效工资为

主体，津补贴、专项奖金为补充的薪酬体系，并对技能人才给予薪酬倾斜。

（一）按照"为岗位价值付薪、为工作业绩付薪、向技能岗位倾斜"的原则，设置岗位绩效工资

根据岗位的不同序列、级别、工作内容，结合业务短板，梳理明确绩效考核的关键点，匹配相应的绩效工资基数，增加技能人才岗位及绩效工资系数，体现岗位价值差异；根据公司的经营效益，设置绩效工资的效益系数，将技能人才收入与企业效益联动；根据技能人才的绩效考核结果，设置个人绩效系数，强化绩效结果的运用。

（二）根据航空维修行业技能人才的劳动特点，结合公司的生产需求，科学设置各类津贴

针对行业特点设置生产执照津贴，对获得相关生产执照及授权的技能人才发放津贴，鼓励技能人才保持学习热情，不断提升专业素质；设置试飞津贴、特殊岗位津贴、车辆驾驶津贴，对从事试飞工作、清洁喷漆维修工作、特种车辆驾驶等特殊工作的技能人才发放津贴，在保障公司业务生产需求的同时，充分考虑技能人才的劳动价值、工作环境和劳动强度；设置课时津贴，对符合带教资质且按相关标准完成教学任务的技能人才发放津贴，鼓励技能人才自我提升的同时，通过"传、帮、带、教"促进整体队伍的技能传承和水平提升。

（三）实行专项奖金制度，调动技能人才积极性

设置执照奖金，对取得各类飞机维修基础执照的技能人才进行一次性奖励，鼓励技能人才不断获取新机型、新项目的维修资质；设置项目经理、放行人员奖金，对满足客户要求按期顺利交付飞机的项目经理、放行人员发放奖励，充分调动项目团队的工作热情；设置班组长奖金，对在班组建设中取得成效，在年度评选中获得"优秀"等次的班组长发放奖励，激励技能人才在提升自身技术水平的同时，注重自身管理能力的培养。

四、完善培训体系，提升技能人才队伍的专业素质

健全从新员工到高水平技能人才全覆盖的培训管理体系，通过差异化课程实现业务提升。发挥人才梯队优势，选拔技术尖兵，持续做好技能人才的"传、帮、带、教"。

（一）健全入职培训体系，缩短技能人才成长周期

对新入职的技能人员，通过系统的机务维修理论学习、实操技能训练及在岗培训、导师带教等方式，系统性地掌握技术重点、操作规范和行业要求，快速进入工作状态。

（二）规范在职培训大纲，提升在职培训有效性

针对不同岗位、不同技术水平的技能人才，设计差异化的培训课程，通过内部、外部培训相结合，同行业观摩学习等多种方式，引导技能人才钻研业务，精益求精，不断提升业务水平。

（三）打造内部教员队伍，最大限度开发人才资源

通过内部考核及授权，选择拔尖技能人才，组建技能人才教员队伍。通过内部教学、业务问答等形式，密集开展各项内部业务培训，在满足公司培训需求的同时，不仅实现了业务技能传承，促进了企业文化建设，也为顶尖技能人才提供了实现自我价值，增强自我获得感、荣誉感的平台。

点评

B企业规模不大，技能人才的职业发展、薪酬激励、考核培养都具有鲜明的行业特色，所设置的生产执照津贴、试飞津贴、特殊岗位津贴、车辆驾驶津贴等专项岗位津贴与不同类型岗位的生产作业特点匹配；设置的执照奖金、项目经理及放行人员奖金、班组长奖金、课时津贴等都具有鲜明的技能导向，鼓励技能人才自我提升的同时，为企业创造更多价值。

能源生产和供应业

案例4 C企业 构建立体式人才培养使用激励体系

C企业高度重视技能人才队伍建设，围绕建设具有中国特色国际领先的能源互联网企业战略和"一体四翼"的总体发展布局，以激发原动力、增强内驱力、提升硬实力为中心，创新全面薪酬激励、突出考核评价、聚焦培养使用，精准施策、靶向发力，全方位立体式点燃高技能人才队伍活力。

一、技能人才薪酬制度基本情况

（一）构建全面薪酬激励体系

公司全面拓展薪酬激励的内涵和外延，综合运用多种激励工具和激励手段，建立起涵盖工资分配、职业发展、福利保障、员工关爱的全面薪酬激励体系。目前，公司各单位根据国家、地方有关政策，并结合企业实际，依法依规为员工建立实施的各类待遇项目共200项，包括薪酬收入类66项、福利保障类36项、职业成长类50项、劳保休假类19项、员工关爱类29项。

（二）推行岗位绩效工资制

在公司全系统统一实行岗位绩效工资制度，其中岗位薪点工资单元以岗级和薪级作为核定标准，纵向设置30个岗级，每个岗级对应12个薪级，相邻岗级交叉 10 个薪级，实现同岗不同薪，低岗级收入可超高岗级。岗级确定后，根据员工的绩效表现、学历职称、技能等级、科技成果、知识产权等进行积分，实现薪级晋升、薪酬提升。目前，公司正在研究实施"一岗多级、绩效联动"的新工资制度，一个岗位最多有 10 个岗级，进一步拓宽员工岗级增长空间。员工岗级既体现岗位价值，又体现员工履职能力，激励员工立足岗位成长成才。

（三）对一线岗位员工的特殊劳动付出发放津补贴

发放特殊天气外勤津贴、中班津贴、夜班津贴等。对艰苦边远地区工作的员工发放专项补贴，引导员工向艰苦边远地区流动。

（四）建立员工职级体系

按照"横向搭建通道、纵向设置层级、分类全面覆盖"原则，构建员工职级成长通道，实现管理、技术、技能岗位全覆盖。优先在生产、基建、研发、市场开拓等一线岗位开展聘任，对一线优秀技能人员可破格聘任，其中一线工龄在 30 年以上且工作业绩优秀的可破格聘任为三级职员（相当于副处级），促进广大技能人员立足本职岗位成长成才。将技能等级评价结果与上岗资格、人才评选、薪酬发放等挂钩，试点将技能等级评价与岗位胜任能力测评一体贯通，通过定期抽检、复检，动态检测技能人员能力水平，推动技能人员能力提升由"一证管终身，技能吃老本"向"终身学习、持续提升"转变。

（五）推行积分制量化考核

一是科学量化积分标准。编制下发 393 个典型技能岗位的"积分标准库"，依据员工完成任务的数量和质量进行量化积分。建立工时积分、计件积分、定额积分、指标积分等积分制考核方法，形成"现场作业积分库""业务指标积分库""日常管理积分库"等积分标准，实现精准量化考核，极大地激发了员工工作热情。例如，电力生产人员依据值班时间、设备运维、检修、试验、倒闸操作、事故处理、应急抢修等工作的数量和质量开展量化考评。

二是创新积分考核方式。按专业分类建立差异化的考核场景，如电力营销人员主要采用目标任务制考核方式进行积分，依据服务数量、服务质量、流程规范等开展量化考评；供电所台区经理主要采用责任包干制、目标任务制等考核方式，依据台区基础数据和用户平均停电时间、线损率、客户满意率等指标折算赋分，开展量化考评；对急难险重任务，采用"悬赏制"，提高积分标准，将工作任务由被动安排转变为主动请缨；对综合性、临时性任务，采用"抢单制"，鼓励员工多接单、多积分，从"要我干"转变为"我要干"；对技术难度大的任务，设定"能力门槛"和"难度系数"，鼓励员工挑重担、积高分。

三是全面推行以分计酬。根据一线技能团队考核结果确定绩效工资总额，依据团队总积分和绩效工资总额测算积分单价，技能员工的绩效工资按个人积分和单价直接兑现，实现业绩贡献和薪酬激励显性化。例如，有的单位改变了绩效工资按月平均发放的做法，建立了绩效工资"奖金池"，根据积分情况，合理安排忙闲月度薪酬兑现节奏，实现同分同价、多劳多得。

二、针对高技能领军人才的特殊激励体系

（一）建立"三类五级"专家人才体系

在领导职务序列、员工职级序列之外，不断完善优化专家人才选拔培养机制，形成包含科技研发、专业管理、生产技能三大类，院士、首席专家、高级专家、优秀专家、专家五个等级的人才体系，薪酬待遇分别对应一级至七级职员。其中，"专家"的选拔向一线技能人员倾斜，重点面向在一线工作的变电、检修、配网、调控等专业的技能人员。

（二）拓展多维激励方式

一是建立弹性福利制度。建成覆盖13项国家法定项目和企业补充项目的福利保障集约管控体系，针对岗位类别、年龄层次，推出差异化的弹性福利项目和标准。其中对高技能领军人才实行较高标准的奖励疗休养机制，提升人才归属感。

二是发挥企业年金激励功能。不断优化企业年金的缴费分配方式,企业缴费3%的增量(从5%提升到8%)分配与个人业绩贡献挂钩,重点向关键核心岗位和专业骨干、绩效突出员工倾斜。

三是提高社会政治待遇。安排技能专家参加或列席重大专业会议,优先推荐参加国家和地方政府人才评选,优先安排参加国内外进修学习和考察交流。建立企业"荣誉墙、名人堂、工作室",提高对技能人员表彰奖励的含金量和影响力。

四是开展多方位关心关爱。落实带薪休假制度,通过采取分段休假、错峰休假等方式,保障技能人员切身利益。通过改善办公条件、建设"职工小家"和文体活动场所等,让员工舒心工作、快乐生活。通过健康管理、员工帮助计划等,增强对员工的人文关怀。

(三)搭建干事创业平台

一是实施高端人才培养"三大工程"。其中针对高技能人才实施电力工匠塑造工程,出台加强新时代技能人才队伍建设的意见,健全技能人才培养、使用、评价、激励机制,培养选拔一批精益求精、执着专注、技艺精湛的"大工匠"。

二是促进技能传承交流。选择优秀高技能人才,作为每位新进、转岗及高级工以下生产技能人员的"双师"(技能导师和职业导师)中的技能导师,签订"师徒合同",明确培养目标、培训内容与期限、考核办法、双方责任等内容,发放导师酬金,并将培养效果与绩效工资挂钩。

三是开展技术技能"互师互补"。针对实操经验丰富、理论基础薄弱的技能人员和理论功底扎实、实操技能欠缺的技术人员,采取相互结对的方式,签订责任书,定方向、定目标、定要求,实现技术技能人才"互师互学、互补互动",双向提升。

四是实施"头雁"带动制。聘请"大师""工匠"等优秀技能人才集中授课、现场教学、研讨交流等,实现技能传承和知识传播,每年承担授课任务不少于40学时,以点带面、点面结合促进技能人员"传帮带"。

（四）推行人才使用"四项举措"

一是搭建柔性团队平台。坚持柔性用人理念，围绕技术技能难点问题，组建跨专业、跨区域、跨单位的柔性团队，赋予团队负责人技术路线决策权、团队组建权、内部分配权，设立团队薪酬包，根据团队任务工作成效和个人贡献进行专项激励。

二是搭建"四室"工作平台。依托重点实验室、专家工作室、劳模创新工作室和技能大师工作室四种平台，建立创新创造和技艺传承平台，推动重点项目攻坚、关键难点问题解决。2020 年，获创新成果奖 1 000 项，授权专利 2 000 项，制定标准 1 000 项，授课 4.5 万学时。

三是推行"揭榜挂帅"。坚持以问题为导向贴出"榜单"，以目标为导向广纳"帅才"，以结果为导向衡量"战果"，首批遴选 5 个方向的 25 个项目实行"揭榜挂帅"，"英雄不论出处，谁有本事谁揭榜"，让真正有能力、有闯劲的"潜力股"一展抱负。

四是大胆容错纠错。建立有效的技术技能攻关容错纠错机制，编制技术技能创新容错事项清单，健全容错工作流程，宽容失败、甩掉包袱，让探索创新者心无旁骛出征攻坚。

点评

C 企业采用积分制精准量化考核体系，编制近 400 个典型技能岗位的"积分标准库"，针对不同工种建立工时、计件、定额、指标等差异化积分制考核方法；创新积分考核方式，对急难险重任务采用"悬赏制"，对综合性、临时性任务采用"抢单制"，对技术难度高的任务设定"能力门槛"和"难度系数"；全面推行以分计酬。针对高技能领军人才，统筹运用薪酬分配即期激励、中长期激励以及福利、年金等制度手段提高经济待遇，同时提高人才政治待遇，提供多元化关爱措施；另外还在领军人才培养、使用机制方面进行了"揭榜挂帅"、容错纠错机制等一系列有益探索，激励性和创新性比较显著。

案例5 D企业 健全激励政策体系 筑牢高技能领军人才队伍基础

D企业为集团公司，始终高度重视高技能领军人才队伍建设。

企业技能人才约占集团公司用工总数的34%，广泛分布在油气勘探开发、工程技术服务、天然气及发电和炼化销售等领域，归属200余个工种，是员工队伍的重要组成部分。作为首批开展技能等级认定试点的中央企业之一，D企业已建立健全"初级工-中级工-高级工-技师-高级技师"（简称"三工两师"）5个技能认定等级，覆盖89个主体工种，高级工及以上技能人才占主体工种人数的64.3%，其中技师及高级技师2 491人，占主体工种人数的0.8%。

D企业现有全国技术能手37人，中央企业技术能手95人，中央企业青年岗位能手45人，中央企业"百名杰出工匠"2人，行业级大国工匠9人，享受国务院政府特殊津贴18人。

一、搭建高技能领军人才发展"立交桥"，贯通职业发展通道

（一）延伸高技能领军人才职业晋升路径

在原有的"三工两师"技能认定等级的基础上，相继增设首席技师、所属单位技能专家、集团公司技能专家三级发展阶梯，不断拓展高技能领军人才职业发展通道，目前D企业两级技能专家占技师及以上人员的7%，成为支撑生产一线技能攻关和技术创新的中坚力量。

（二）拓展高技能领军人才职业发展空间

打破高技能领军人才与专业技术人才、管理骨干人才的壁垒，打通具有一定管理经验的高技能领军人才转聘管理或专业技术职位的通道。政策实施以来，所属某分公司有114名优秀高技能领军人才通过竞争性答辩、竞聘上岗和组织考察等程序转聘到管理和技术序列。鼓励专业技术人才参加职业技能评

价，明确高技能领军人才职业工种与专业技术人才职称专业的对应参考关系，具有高级工以上职业技能等级的工程技术领域技能人才可参加工程系列职称评审，横向实现"转换有序"，促进优秀人才在各序列中合理流动发展。另一所属某分公司取得高级工职业技能等级的技能人员中，超过50%取得了中级工程师职称，有效促进了高技能人员的专业技术评价、职业发展、职务评聘、岗位交流等。《人力资源社会保障部关于进一步加强高技能人才与专业技术人才职业发展贯通的实施意见》出台后，D企业进一步落实政策，扩大专业技术人才参加职业技能等级评价的专业领域和等级。

（三）开辟优秀高技能领军人才快速成长通道

在高技能领军人才评价上，以职业能力为导向、以工作业绩为重点，打破学历、资历、年龄限制，在技能专家评选政策中明确，"在一线技能领域工作特别优秀，贡献较大，可以充分发挥专家作用的人员，允许破格申报。全国技术能手、全国青年岗位能手、中央企业杰出工匠、中央企业技术能手、石油石化行业技术能手等可破格申报，且不受比例限制"。以D企业某一批所属单位技能专家评选为例，137名专家推荐人选中有20名为破格参评，约占当年评选专家总数的15%。

二、搭建高技能领军人才激励体系，不断激发人才活力

D企业对技能人才实行岗位绩效制为主体的薪酬分配制度，并对高级工及以上技能等级发放岗位技能津贴，根据工作环境，合理设置班组长津贴、带徒津贴等；进一步提高补贴水平，增设一线岗位津贴，实现多劳者多得、技高者多得，高度肯定技能人才的岗位价值和实际贡献。在此基础上，针对高技能领军人才建立更具挑战性、激励性的薪酬激励体系。

（一）增设国家级技能领军人才工资直接提高机制

对获得中华技能大奖、大国工匠等奖项的高技能领军人才，比照所属单位中层干部薪酬待遇，整体待遇直接提高到位。

（二）完善技能专家聘期制和专项奖励考核发放机制

对具有技师及以上职业技能等级的技能人员和两级专家等高技能领军人才实行聘期制，其中两级技能专家聘期定为 3 年，由所属单位、集团公司分级聘用管理，明确聘期职责和目标任务。采用"年度考核+聘用期满考核"的方式，根据年度及聘期考核结果，逐年解锁兑现专家专项奖励。进一步完善高技能领军人才的考核工作，对技能专家按 5∶3∶2 权重重点考核其解决现场问题、人才培养和技能创新，对指导徒弟获得技能大赛等奖励的高技能领军人才予以加分鼓励。年度考核结果等次按优秀 1.4、良好 1.0、合格 0.8 的系数兑现年度津贴，不合格的不予兑现，连续 2 年不合格的予以解聘。聘期考核结果按 2∶4∶3∶1 的比例强制分为 A、B、C、D 四个等级，按 A 级 1.4，B 级 1.0，C 级 0.8，D 级 0.6 的系数综合计算兑现专家聘期津贴。聘期津贴由 D 企业统一发放，技能专家一个聘期内最高档位津贴是最低档位的 3.6 倍。

（三）加大高技能领军人才激励表彰力度

对于获评中华技能大奖、国家级技能大师工作室领衔人、全国技术能手、国家技能人才培育突出贡献个人的人员，分别一次性给予 5 万元以上的奖励，激励高技能领军人才岗位建功。

三、搭建高技能领军人才成长平台，多渠道促进作用发挥

（一）进一步规范两级技能工作室管理

D 企业在所属单位各类技能工作室建设成果的基础上，制定《关于规范管理两级技能工作室的指导意见》，明确各级技能工作室的标准条件、作用功能，实行纵向分级、横向协同的技能工作室管理模式，层层压实各级党委管理职责，指导技能工作室规范有序建设。

（二）完善高技能领军人才评价体系

尊重基层在专家工匠培养中的主体地位，将两级技能专家等评审权限合理授权各所属单位，在高技能领军人才培养层面，初步建立起"基层评选-总部审查"的上下联动机制，更有效地培养和选拔专家工匠。

（三）创新高技能领军人才培训方式

依托校企战略合作协议，深化技能实践与教学合作，共建技能实践基地。定期选拔高技能领军人才赴合作院校进行技术技能提升教育，打通产教融合、专业培养、职业培训链条。

点评

D企业在横向、纵向拓展高技能领军人才职业发展空间方面出台了一系列政策，推动所属单位在高技能领军人才转聘管理或专业技术职位通道，高技能领军人才参加工程系列职称评审、横向岗位交流，以及高技能领军人才破格申报集团公司技能专家方面取得实效。同时，扎实开展高技能领军人才的聘期制和专项奖励考核发放机制，由所属单位、集团公司分级聘用管理，采用"年度考核+聘用期满考核"的方式，根据年度及聘期考核结果，逐年解锁兑现专家专项奖励，实现"岗位能上能下、收入能增能减"。D企业重视技能人才的指导思想和一系列制度体系，能为所属各单位提供基本遵循和标准，有利于形成干事创业、激励一线的氛围，打造优良的技能人才队伍，涌现出更多的高技能领军人才。

案例6　E企业　落实"三项机制"　强化"三项保障"

一、技能人才队伍基本情况

E企业属于国有上市公司，致力于清洁能源、新能源等领域的发展，主要从事以水电、风电、光伏发电为主的电力生产与开发。目前公司在岗一线技能人员超 500 人，占在岗职工的近 50%。其中，高级工以上高技能人才约占 40%，大专以上学历者占 47%。

二、主要做法

公司运用《技能人才薪酬分配指引》推荐的思路，施行"一项制度改革"、落实"三项机制"、强化"三项保障"，建立了"纵向设置层级、横向搭建通道、分序列全覆盖"的技能人员职位等级体系，并全面实行以岗位绩效工资制为主体的工资体系。

（一）施行"一项制度改革"，建立岗位绩效工资制

2021 年，公司启动技能人才薪酬分配制度改革，全面推行岗位绩效工资制。新的薪酬管理制度规定，技能人才工资主要由固定工资（基本工资、岗位工资）、浮动工资（月度绩效奖金、年度业绩考核奖）、补充工资（含津贴、福利）三部分构成。其中：固定工资根据岗位特点占比 45%～62%；浮动工资占比 20%～30%，主要与公司经营效益、部门工作业绩以及个人绩效考核结果挂钩，强化重业绩、求实效的导向；补充工资包括司龄津贴、学历（职称、技能等级）津贴、高温津贴、生产性津贴、出车补贴等。

（二）落实"三项机制"，促进技能人才成长发展

一是畅通技能人才晋升发展机制。为畅通技能人才晋升通道，充分调动员工工作积极性和创造性，公司根据生产一线人员所从事工作对应的技术含量，优化构建专属于技能人才队伍的技术、生产两类职位序列，配套设计纵向职位等级管理体系。技术序列员工根据学历、职称、相关工作经验及能力要求等划分 4 个职位等级（技术一级至技术四级），最高级为技术一级，须精通专业技术知识，具备中级工程师及以上职称，属于单位专业技术主要带头人。技术序列员工符合更高职级基本任职条件，且上年度考核良好及以上的，由所在单位提报，经审批后晋级。生产序列员工根据技能成熟度、承担责任大小等划分 7 个职位等级（生产一级至生产七级），值长、主值、副值、运行值班工、检修

维修工、水工等工种推行以岗定级。针对检修工、运行工岗位每年采用积分制晋升，从学历、技能等级、工作经验、能力等方面综合评分，合计达 10 分且上年度考核结果良好及以上方可晋升。其中，取得高级技师等级的一次可获得 6 分，强化了技术引领。此外，公司每年度进行考核评定，打破原来一次评定一成不变的做法，激励技能人才比学赶超的积极性。

二是优化技能人才绩效考核机制。公司围绕"一企一策""全员考核"的思路，建立以计划管理与任务推进为主的绩效管理体系，构建合理的技能人才绩效考核机制。首先，在结合岗位职责、重要程度、任职资格进行工作分析的基础上，明确各岗位的工作目标，结合主客观定性量化考核要求，把各项考核指标细化到点、落实到人。同时，通过加强考核周期的系统化管理，实施年初计划、年底考核，并根据生产特点不同，实行风电场月度考核、水电站季度考核管理模式，实现"以目标与结果为导向，过程中纠偏与修正"的全流程绩效管理，把绩效管理融入日常工作。其次，加强考核结果应用，从根本上消除"你有、我有、大家有"的平均主义思想，明确"奖优罚劣、多劳多得"的分配导向，实现"收入能增能减"。将个人绩效结果与薪酬调整、职级晋升以及培训发展等方面联动，真正体现内部绩效考核机制的激励性和差异化，为"人员能进能出"创造重要的条件。

三是完善技能人才奖励激励机制。针对有特殊贡献并获得国家、省（部）或市级荣誉表彰的，或工作业绩特别突出的技能人才，经认定可以横向提薪 1 档；若同时满足上年度考核优秀的，可以纵向越级晋升。同时，公司设置"特别贡献奖"，每年根据公司运营效益等实际情况提取一定比例奖金，对技能人才及所在部门技术改造、技术创新、技术成果等进行奖励，持续提升和激励技能人才岗位创新动力。

（三）强化"三项保障"，增强技能人才归属感

一是保障技能人才工资水平合理调整。企业工资分配遵循按劳分配原则，实行同岗同酬，同时考虑员工成长空间及个体差异，新的分配制度中员工职位等级与薪资等级一一对应，不同的职位等级匹配不同的奖金系数。每个薪资等

级在横向上再分为8个档位。每年基于考核结果，建立个人调薪的"积分制"模式，公司年度考核结束后次月，依据考核结果进行计分调薪：优秀计2分，良好计1.5分，合格计1分，累计分值每满4分，薪资晋升1档，保证优秀员工的薪资增长相对更快（2年上调1档），同时也保障合格的员工至少每4年能上调1档。

二是保障工资分配向技能人才倾斜。为了体现技能人才的技术价值，在技术序列、生产序列人员的岗位工资、奖金系数设计等方面均较职能序列人员有所倾斜，新入职本科学历技能人员年工资水平较同等条件职能序列人员高3 600元，技术一级的技能人员工资水平超过同职级职能人员的30%。

三是保障技能人才特殊岗位补助。针对技术序列、生产序列人员岗位特点，设立生产人员津贴、高温津贴、驻站（场、岛）津贴、噪声补贴、登高补贴等生产性津补贴。

点评

E企业对生产序列员工结合技能成熟度、承担责任大小等划分7个职位等级，值长、主值、副值、运行值班工、检修维修工、水工等工种推行以岗定级。针对检修工、运行工岗位每年采用积分制晋升，结合学历、技能等级、工作经验和能力，以及年度考核结果等因素综合考评晋升，实行年度考核评定，能上能下。在考核方面，不仅结合主客观定性量化考核要求，把各项考核指标细化到点、落实到人，还结合生产特点不同，实行风电场月度考核、水电站季度考核的差别化管理模式，实现全流程绩效管理。针对技术序列、生产序列人员设立的生产人员津贴、高温津贴、驻站（场、岛）津贴、噪声补贴、登高补贴等生产性津补贴也很具有行业特点。

交通运输业

案例 7　F 企业　构建与企业发展协同的技术工人薪酬分配制度

F 企业主要经营范围为城市公共汽车客运、出租汽车客运、汽车修理、汽车租赁、场站建设及管理、驾驶培训等，职工 2 万多人。

一、技能人才队伍基本情况

F 企业以驾驶员、保修工为主的技能人才共计超过 1.5 万人，占全部从业人员的 72.4%。其中驾驶员约 1.4 万人，平均年龄 45 岁，保修工约 0.16 万人，平均年龄超过 40 岁。

二、技术工人薪酬改革做法

（一）保修工薪酬改革：基于岗位价值和技能要素

一是建立保修工八级技师制度。公司建立的"八级技师评定制度"在保证技能人才职业发展通道畅通的同时还与技能人才的工资待遇挂钩。技师等级的评定以技能人才在本行业工作年限以及相应的技术能力为评定条件：工作年限在 1 年以上的技能人才通过理论和实际操作考试后可以评定为初级技师（一级或二级），初级技师具备独立完成车辆维修和保养的工作能力；工作年限在 3

年以上的初级技师通过理论和实际操作考试后可以评定为中级技师（三级或四级），中级技师具备熟练完成车辆维修和保养、常见故障判断和处理的工作能力；工作年限在 8 年以上的中级技师通过理论和实际操作考试以及专业答辩考试后可以评定为高级技师（五级或六级），高级技师能处理车辆维修过程中的疑难技术问题，能对初级和中级技师进行技术指导；工作年限在 15 年以上，技术精湛，经常参加公司组织的技术攻关、工艺改造，能解决工作中的技术难题，群众评价较好的高级技师通过理论和实际操作考试及专业答辩考试后可以评定为特级技师（七级或八级），特级技师汽车维修技术精湛，具备制定相应的工艺流程和技术标准的能力。为促进技能人才比学赶超的积极性，公司每两年进行一次等级评定。同时严格控制升级、降级人员比例，每次升级比例不高于技能人才总数的 8%，降级比例不低于 2%，净升级比例为 6%。目前，初级技师占比约 44%，中级技师占比约 45%，高级技师占比约 10%，特级技师占比约 1%。技能等级能升能降，打破了一次评定上等级就一劳永逸、一成不变的做法，激励技能人才不断提高技术技能水平。

二是建立多元化薪酬分配体系。保修工工资实行技能等级工资与计件工资相结合的分配方式，旨在提高员工业务技能和爱岗敬业意识，提高车辆维修质量和服务水平，降低车辆故障率和维修成本。根据八级技能等级制度制定各岗位不同等级的岗位技能工资和绩效工资标准，重点向技能水平高、技术等级高的人员倾斜，使技能要素直接参与薪酬分配。针对技能人才设立多样化的津补贴，对薪酬分配进行补充。津补贴项目包括班组长津贴、兼职补贴、学历补贴、加班补贴等，补贴标准不等。工资加上津补贴后，技能人才中 56 人收入超过车间副主任的收入水平。

三是创建创新工作室，鼓励技能人才创新创效。工作室是以管理人员、技术骨干和有绝活的职工为领军人物，结合班组成员成立的技术团队，团队紧扣公交车辆维修保养生产中的技术难点开展技术攻关和小发明、小创造、小革新、小设计、小建议"五小"活动，并以工作室核心成员为主进行技艺传承、带徒传技等技能人才培养，同时促进高技能人才的培养。每个工作室立足各部门实际情况，选取不同选题方向。公司对工作室取得的成果进行推广，并给予一定的奖励,对开展工作卓有成效的工作室向上一级工会进行推荐。

四是完善高技能人才奖励制度。对在工作中有突出贡献,获得公司先进个人、先进集体、标兵等荣誉称号的集体和个人,公司给予一次性奖励。鼓励技能人才参与公司的工艺改进、技术创新、效率提升等,促进技术成果转化。对具有工艺专长、技术精湛、专业敬业、在工作中有突出贡献、长期坚守在生产服务一线岗位的工人代表,严格审核并积极申报区、市工匠称号,对获得工匠称号的工人代表,给予一定的物质奖励。

(二) 驾驶员薪酬制度改革:基于团队业绩

F企业自2019年实施了以"全员开好一台公交车"为理念的全员绩效改革,并以激励提升岗位技能,以团队业绩调节个体技能水平推进了驾驶员绩效改革。

驾驶员薪酬绩效由岗位技能工资和岗位绩效系数构成。岗位技能工资又分为安全里程工资、星级工资、操作技能工资,分别反映了驾驶员个体行车安全技能、优质服务水平,以及驾驶作业宽幅。其中:

安全里程工资根据驾驶员行车安全累计里程和行车安全累计年限,设定八个等级,每年评定一次,与驾驶员个人、线路当月安全营运情况联动,反映了驾驶员安全驾驶技能水平。

星级工资是根据驾驶员服务水准和工作态度确定的,共设定五个等级,每月评定一次,体现了驾驶员为乘客提供服务的水平和对所在线路声誉的贡献程度。

操作技能工资反映驾驶员个人作业水平宽幅,根据驾驶员驾驶车型的技术和种类,设定六个等级。营运公司根据群众出行需求及时更换车型,以实现对车辆的精准投放以及对运营成本的宏观把控。操作技能等级越高,对线路业绩的贡献越大。

岗位绩效系数是以驾驶员所在线路为单位,由线路客运量、保障基本出行情况、成本与目标值的比较情况确定的,反映了线路团队工作业绩。岗位绩效系数对个人岗位技能工资进行调节,体现多劳者多得、技高者多得的价值分配导向，合理评价技能要素对团队业绩的贡献。

点评

F 企业针对驾驶员和保修工两类不同的技能操作岗位，区分劳动特点、技能要求分别制定不同的薪酬单元和考核指标，鼓励两类技能操作人员立足本职工作，做出成绩。针对驾驶员实行岗位技能工资和岗位绩效系数相结合，岗位技能工资又分为安全里程工资、星级工资、操作技能工资，分别反映了驾驶员个体行车安全技能、优质服务水平和驾驶作业宽幅；针对保修工，建立了"八级技师评定制度"，并实行技能等级工资与计件工资相结合，有利于提高保修工的维修技能及车辆维修质量，降低车辆故障率和维修成本。F 企业结合岗位职能和岗位特点分类建立技能人才薪酬体系，对其他城市公共交通类企业有借鉴意义。

案例 8　G 企业　注重能力与贡献　建立体现岗位特色的分配制度

G 企业是一家客货综合运输航空公司，年承运旅客近千万、运输货邮超 7 万吨。公司维修技能人员共有 853 人，本科及以上学历的员工占 41.2%。公司根据机务维修技能人员在保障飞行安全中的价值、贡献和工作特点，建立了体现合理按劳分配的现代企业分配制度，促进机务维修技能人员不断提高技术水平，不断培育民航机务维修工匠精神。

一、机务维修技能人员培训培养体系

（一）构建维修能力胜任培训体系

G 企业根据维修岗位实际工作职责，搭建基于能力胜任的机务维修技能人员培训体系，实现培训标准、培训实施、能力验证和能力保持的内循环。其中能力保持可以从定期检验、岗位知识持续评估等方面开展，以此来检验维修人员的能力是否能够继续胜任岗位，并通过有针对性的培训及时弥补能力不足，保证上岗人员能够持续地胜任岗位工作。

（二）搭建特色机务维修技能人才培养机制

为持续发掘高潜力、高价值维修人才，加强维修人才培养和管理，G企业制定了特色维修人才选拔与培养制度。

该制度主要分为四大模块。一是构建人才模型，设计维修技能人员管理与技术发展的双通道和6条职业发展路线以及不同路线能力维度。二是人才测试评估，从技术级别、绩效考核、课题研究项目、安全积分等维度进行测试评估，找准差距。三是人才技能提升，通过培训课程体系，推动技能人才提升管理类和岗位类知识与技能水平。四是人才岗位实践，通过项目制形式，结合技能人才匹配岗位进行实践。

二、健全考评考核体系

G企业的组织架构、职位体系、定岗定编、岗位评价、薪酬分配、绩效管理等工作协调配套，形成维修体系岗位价值矩阵、维修岗位任职资格制度、维修工时精益管理和数字化绩效考核四位一体的有机整体，相互支持联动。

G企业薪酬改革按照维修技能体系独有的特点，构建维修体系岗位"5×7"价值矩阵（见下表），明确维修体系不同工种岗位价值，体现技高者多得的价值分配导向。以岗位业务特点为基础，设置不同考核指标，多方面考察人员工作业务能力，激发员工提升个人技能的积极性。

制定《维修序列员工任职资格管理制度》，明确基本条件、专业知识标准、专业技能标准、能力素质标准和组织贡献标准五个岗位技术评审维度；根据飞机引进、航班计划变更、人员调动等公司运营情况产生的维修生产实际需求模型，指导机务维修技能人员的技能按公司需求发展。

利用数字化维修管理系统平台，搭建维修工时管理制度，体现按劳分配、多劳多得导向，实现维修工时系统全流程数字化。以每项维修工作价值为基准联动薪酬标准，建立基于维修人员工时产出的薪酬体系，体现了企业需求和员工产出的直接关联。

表　　　　　　　　　　维修体系岗位价值矩阵

岗级	工程技术	质量安全	维修生产	维修计划控制	生产支援	培训管理	服务保障
5	系统工程师			排故工程师		培训教员	
4			航线工程师 定检工程师				
3	基础工程师 ……	质量审核工程师 ……	附件工程师 ……	维修控制工程师 ……	航材工程师 ……		
2		适航联络员	航线维修机械师	维修控制员	航材控制员	培训管理员	人事行政专员
1		档案管理员	维修勤务员	附件计划员	库存管理员		综合业务专员

G企业还构建了机务维修技能人员绩效评价雷达图。根据维修人员工作记录，基于工作量体现人员熟练程度；按照维修工作特殊分工，从勤务、拆装、排故、操作测试、检验等维度提取实现维修技能人员工作能力雷达图统计；基于维修工作绩效数据与该岗位应达到的标准数据的分析，检验维修技能人员岗位匹配性，明确当前需提升内容。

三、重构机务维修技能人员薪酬体系

按照《航空公司机务维修人员薪酬推荐体系》精神和有关规定，结合G企业机务业务情况，重构体现多劳多得、体现技能价值导向的特色技能人才分配制度。

改革中，新增错时激励薪酬部分，体现非正常工作时间内执勤给个人生活和身心健康带来的影响；新增环境激励薪酬部分，体现机务维修技能人员工作环境给个人工作带来的影响。

调整后，航线维修人员薪酬由以下五部分构成，即：

总薪酬＝基本工资＋错时激励＋环境补贴＋绩效考核＋维修工时

1. 基本工资主要按本人技术标准等级计发，配套《G企业维修序列任职资格评定实施细则》。基本工资部分涵盖每天上午八点至下午五点的正常工作时间。

2. 错时激励部分是指非正常工作时间执勤的激励工资，按执勤时间和技标准等级计发，并对晚上十点至凌晨五点的工作激励工资予以加倍。

3. 环境补贴部分是指考虑航线维修人员工作环境的补贴工资，应当根据以执行航线维修工作为目的的所有执勤时间按天计发。维修工作环境等级划分为非常恶劣、恶劣、差三档。

4. 绩效考核部分根据个人工作绩效，配套《维修工程部个人绩效管理办法》。

5. 维修工时部分主要由航线维修人员（取得相应授权）通过维管系统进行工时统计。考虑基层和外站激励，对班组长、外站负责人、因公派驻在外等航线人员按月给予不同程度的工时补贴。

航空公司其他维修人员，包括维修管理人员和定期检修人员、部附件维修人员也同步调整了薪酬分配办法。

自 2021 年 9 月维修技能人员薪酬体系运行以来，G 企业维修整体满意度显著提升，得益于薪酬构架调整导向，成为首家实现将超时疲劳不安全因素降低到可控水平的民航企业。同时，突出薪酬构架向低级别一线维修人员倾斜，使其薪酬平均涨幅在 30%～40%，降低了人员流失率；将基于维修工作量的工时工资作为一线维修人员薪酬的重要组成部分，占全部工资的 25%～30%，体现按劳分配，激励多干多得。

点评

G 企业秉持人才与公司共赢的理念，着力完善员工能力与贡献的评价和培养体系，并根据机务维修技能人员在保障飞行安全中的价值、贡献和工作特点，建立了体现合理按劳分配的现代企业分配制度，促进机务维修技能人员不断提高技术水平。特别是建立了维修体系岗位价值矩阵、维修岗位任职资格制度、维修工时精益管理和数字化绩效考核四项相互支持联动的工作体系，不仅考察了人员工作业务能力，还能更好地激发员工提升个人技能的积极性。其数字化维修管理系统平台等技术手段也为各项工作的实施提供了有效支撑。根据中国民用航空局下发的《航空公司机务维修人员薪酬推荐体系》的精神和有关规定，企业重构体现多劳多得、体现技能价值导向的特色技能人才分配制度，其效果已经初步显现，实现了企业和劳动者的"双赢"。同时，也显示了发布行业或职业薪酬指引这种工作方式正得到更普遍的接受和认可。

电子制造业

案例9 H企业 全方位人才培养评价机制与激励体系有效衔接

一、企业经营和技能人才队伍概况

H企业为上市公司,主营通信产品制造和先进移动通信设备及应用产品、智慧医疗产品等研发制造和销售。目前下属某工厂有职工近3 000人,本科以上学历的员工占23%。技术岗位人员占46%,一线操作人员占54%。

二、技能人才发展培养评价体系

多年来,H企业形成了适应公司和行业发展,综合体现员工贡献及能力的、相对公平的人才评价及薪酬体系。

(一)构建专业和管理双通道发展体系

为了给员工创造最广阔的多元化成长晋升平台,公司基于人才的发展特点,建立了员工专业和管理双通道发展体系,员工既可以选择在管理层级上不断突破和晋升,也可以选择在专业技术路线上不断提升。

专业序列划分从P1一级(员)到P11特聘专家级,共11个级别,其中:P4专业一级/四级(员)与管理序列M4拉长横向对接,P7专业四级与M7经理级横向对接，在履行一定的评估程序后可以转岗到对应的管理岗位发展；P11特聘专家级与管理序列的M11集团助理副总级或经营单元负责人级对应衔接。

（二）全路径培养体系

为了大力培养人才，公司成立"H企业培训学堂"，由董事长担任学堂负责人，成为公司人才培育、考核、留用、晋升的专业权威平台，将培训贯穿于员工的职业发展生涯，形成公司（基于人才战略、职业发展、企业文化）、子公司（基于业务发展需求）、部门（基于岗位能力需求）各司其职的三级人才培养体系，针对不同岗位、不同层次的员工提供有针对性的、全方位的培训内容。

新进员工在入职培训后，进入员工技能培训场所，经过人岗匹配训练、理论培训、实操培训、技能考核等环节，根据需求和个人表现分配到车间，在职期间公司持续提供提升技能水平的培训课程。

为了促进员工快速成长，获得行业认可，得到专业规范的技术提升培训，公司与技工学校、职业训练学院合作开展"企业新型学徒项目"。项目首次采取"企校双师带徒、工学交替培养"方式，第一期开设有工业机器人（中级）、电子设备装接工（中级）、维修技术员（中级）、电子元器件检验员（高级）4个培训工种，共240名学员参训。学员结业后，可获得行业认可的中高级技能证书。

为打造"大型通信电子产品精益生产制造商"品牌，H企业培训学堂联合工艺提升改善小组组织开展工艺提升培训项目，主要通过外部专家顾问团队的培训、诊断、辅导、改善、输出规范、实际落地检验成果，提升技术人员的理论知识水平和实操技能，促进员工个人发展，全面提升公司制造工艺水平，助力公司产业升级。

为满足企业内部的柔性生产、员工岗位合理调配需要，公司推动多能工及全技工培养体系。多能工划分为普通和资深两大层级，明确在规定时间内需要掌握的管理岗位技能数量、设备类型以及技能考核合格或优秀的数量要求，不同产品产线的多能工认证标准有所不同。

(三)全方位人才评价体系

为了公平公正、全面评估员工的能力,公司导入以任职资格和职业技能评定为核心的人才评价体系,从关注员工的个体表现转变为个体与职位匹配度的评价。通过多年的运行已经建立专业族、研发族、营销族、生产族等多个职位族 107 个岗位的任职资格评价标准和 163 个岗位的职业技能评定标准,不仅为培训提供依据,同时引导提高个人与组织绩效,推动公司的发展。

目前,公司正积极优化和改进技能等级认定体系,向地方政府申请技能等级自主认定资格。届时经公司内部评价合格的技能人才也可获得相应的国家认可的资格证书,公司也将给予相应的职业技能津贴,进一步促进职业技能等级与薪酬分配衔接。

三、共创共享的激励体系

企业为员工构建基于短期、中期、长期的价值分配体系,强化以价值创造为导向的绩效理念与文化,建立员工与经营管理层之间的利益共享、风险共担、合作共赢的机制。公司最初搭建宽幅薪酬体系并确立年终分红机制,后来实行股权改革,上市后吸收各部门员工代表持股。

(一)构建基于岗位价值差别的宽幅薪酬体系

在外部咨询公司的指导下,基于职位评估形成公司的职位矩阵,强调以岗位和贡献定薪酬,以职位族为基础,搭建了公司的宽幅薪酬体系,制订了公司的薪酬曲线。在同一职级内的不同部门、不同职位,执行不同的职位工资标准。

(二)实施外在激励与内在激励相结合的全方位激励体系

实施以员工为中心,兼顾员工的内在需求和外在需求,同时实现物质激励和精神激励相统一的综合性、全方位的薪酬体系。全面薪酬激励包括外在激励和内在激励。外在激励可分为货币薪酬和非货币性薪酬。

其中，货币薪酬包括基于职级岗位价值的职位工资、体现技能水平评价结果的技能工资、与个人考核结果和实际贡献挂钩的绩效工资，以及多种作业津贴和年终奖金。部分优秀高技能人才还可以持有股权或参与企业年终分红。非货币性薪酬包括公司提供的培训、员工宿舍、工作餐和多种公司福利项目，也包括带薪休假和病事假期间的工资待遇。

除上述外在的物质性激励外，企业在改善工作环境、建立营造团结奋进的企业文化和工作氛围以及发挥个人才干、提供成长发展机会等方面持续输出。

公司不断完善薪酬福利制度和创新激励方式，不断增加中长期激励。开展了系列股权激励计划，从公司高管、基层管理者到核心骨干员工、技术人才，均纳入公司中长期股权激励计划，将公司利益和激励对象的个人利益有效地结合在一起，为员工带来更高效、更持久的回报。

点评

H企业为各类员工提供覆盖全职业生涯的职业技能培训体系，其中多能工培训认证既符合人才个人成长的内在需求，也有利于满足企业柔性化生产的需要。针对各类工种岗位制定详细具体的职业技能评定标准。配合实施岗位精细化管理，公司从多个维度进行员工职业技能评价，有效补充了国家标准的不足，同时也为企业培养了人才，其评价与激励工作基础扎实、衔接紧密，对同行业企业有一定的借鉴意义。

案例10 I企业 畅通横纵两条通道 实施技能人才多元激励

一、企业经营和技能人才队伍基本情况

I企业是气动元件制造商，工种包括数控、机加工、精修工匠、组装、铸造等，生产支持产业自动化的主要设备。目前，用工总量约6 000人，其中生产操作类占比72%。公司高级工及高技能人才占比8%；高技能领军人才有5人，占比0.08%。

二、主要做法

（一）建立技能人才培养发展和评价体系

一是搭建人才梯队"五通道"。I 企业大力开展人才梯队建设，搭建了管理梯队、技术梯队、业务梯队、技能梯队和营销梯队五条通道，为各类员工提供成长发展路径。其中技能梯队指能够将自身的技能实体化并创造出价值的人才，具体细分为操作类、设备维保类、工艺编程类三大类。

二是拓宽技能人才职业发展通道。技能人才有横向和纵向两条发展通道。纵向看，技能人才等级分为技能 1 级到技能 6 级（每级别细分为 5 个小级）、技师、高级技师、首席技师，技能人才可以通过提升技能等级纵向拓展职业发展空间。横向看，I 企业为技能人才规划了"双向式"发展通道。符合条件的技能岗位人才可以转到设备维保、生产技术合理化等技术岗位，技术岗位划分为技术 5 级到技术 1 级；技能人才也可按照岗位梯队晋升。公司技能、技术等级与国家职业技能等级都有明确的对应关系（见下表），例如高级技师、技术 3 级均等同于国家职业技能等级 2 级（技师）。

表　　I 企业技能、技术等级与国家职业技能等级对应关系

国家职业技能等级	I 企业技能等级	I 企业技术等级
5 级（初级工）	技能 4 级、技能 5 级	
4 级（中级工）	技能 6 级	技术 5 级
3 级（高级工）	技师	技术 4 级
2 级（技师）	高级技师	技术 3 级
1 级（高级技师）		技术 2 级

三是建立技能人才等级评价和晋升机制。公司每年对各梯队开展晋升考核、评审。各部门根据梯队人员规划进行申报，选拔人才一方面看能力、业绩和工作态度，另一方面看公司发展与岗位的需求，最终由各梯队评审委员会通过综合权衡、考核答辩等方式确定，于每年 1 月发布各梯队晋升名单。考核评审的组织具体包括技能委员会、管理委员会以及各梯队人才委员会，评价标准

包括实际操作、理论知识、业绩考核结果、合理化项目、课题完成情况等。有些工种的技能评定内容包括产量纪录。通过考核评审，技能人才可实现向管理岗位、技术岗位贯通发展。

（二）以岗位胜任力及工作业绩为导向实施人才激励

一是动态调整工资水平。员工的工资单元分为基本工资（宽带薪酬）、技能工资、绩效工资和年终奖，并按照规定设置噪声、粉尘等津贴。各个序列起薪标准每年都会根据工艺、自动化设备等变化进行调整。

二是工资分配向一线技能劳动者倾斜。一方面，公司每年涨薪都向一线技能劳动者倾斜，推动整体技能人员工资上涨约12%。另一方面，公司按照国家相关文件，对一线人员设立特殊津贴，对于噪声、粉尘等岗位给予50~300元不等的补贴，对于倒班员工每天给予30~40元倒班补贴。

三是丰富技能人才激励方法。目前主要的激励方法有：（1）技能、技术等级的提高和晋升。（2）根据本人技能水平、发展潜质和工作业绩，跨发展通道晋升。（3）参加公司组织的某大学机器人学院机械相关专业的大专及本科进修，凭借学历提升来晋升。（4）担任公司内部技能、技术人才培养兼职讲师，传授技能、技术经验，得到公司认可。

四是创新技能人才激励体系。（1）对各种大赛参赛选手进行激励。一方面，参加各级政府部门组织的技能竞赛的人员，根据竞赛文件规定取得相应的职业资格等级和荣誉。另一方面，公司制定竞赛奖励办法，对获得不同级别的技能大赛奖项的人员给予一次性奖励。对获得国家级技能大赛、市级技能大赛、区级技能大赛和公司级技能大赛优异成绩的，分别给予不同额度的一次性奖励。（2）对获得社会认可的高技能人才进行激励，包括对获得五一劳动奖章、特殊技师津贴以及劳动模范、首席技师工作室、职工创新工作室、岗位标兵等各类称号的员工进行奖励。

五是灵活运用机制政策实现技能人才激励。针对团队合作的合理化项目，分为四档给予物质奖励，其中个人另申请专利的额外给予奖励。对于带徒弟的技能人才，现有机制中虽未明确奖励机制，但公司会评选园丁奖，并每月给予获奖人员奖励。

点评

　　Ⅰ企业统筹考虑管理、技术、业务、技能、营销五类人才队伍建设工作,为技能人才构建了横向和纵向两条职业发展通道,配套实施的技能人才职业技能等级和评价标准也较为完善;公司各序列的起薪标准每年都根据工艺、自动化设备等变化进行调整,每年涨薪都对一线技能劳动者给予倾斜,并设立特殊津贴保障一线技能劳动者的权益;公司以岗位胜任力及工作业绩为导向,引导员工努力提升技能水平和提高工作业绩,设计实施了包括更高技能、技术等级提升,担任公司内部技能、技术人才培养兼职讲师,各种大赛获奖选手的奖励机制、高技能人才奖励机制等在内的激励手段,项目丰富,激励的指向性比较明晰。

其他制造业

案例11　J企业　构建基于岗位能力业绩和职业胜任力的薪酬体系

J企业是一家智能制造集团化企业,搭建以胜任力模型为基础的职级管理模式,树立以技高者多得、多劳多得的激励导向,加速了人才队伍建设。集团内的技能人才主要指产品及零备件的生产、检验,生产装备的维修保养以及仓储、装卸、货运等岗位的劳动者。

一、建立技能人才职业发展通道

(一) 搭建岗位层级体系

根据技能人才知识深度与广度、技能掌握的熟练程度、岗位能力要求、行为标准高低等,纵向分级,划分成6个层级、17个职级(见下表)。层级依据岗位能力要求高低划分;职级是个人专业能力及业务水平匹配岗位的体现,也是确定员工薪资标准的依据之一。

目前,J企业将33个工种细分为76个岗位,考虑生产、操作、辅助、保障岗位(工种)的技能水平要求,对不同岗位设置差异化岗位层级通道。根据岗位价值差异,岗位层级、职级分布都有所不同。

表　　　　　　　　　　J 企业岗位层级体系

职级	岗位层级	层级描述
17	首席技师	精通本专业多个领域的专业知识与技能,能够洞悉本领域的发展方向,指导本领域内的重大、复杂问题的解决,工作成果可成为标杆推广
16		
15		
14	高级技师	精通本专业某一领域的专业知识和技能,熟悉其他领域的知识,能够解决重大疑难问题
13		
12		
11	技师	具有本专业一个以上领域全面的知识和良好的技能,在某一方面是专家,能够带领和指导他人
10		
9		
8		
7		
6	高级工	具有本专业某一领域全面的知识和技能,并在工作中多次实践,能够独当一面开展工作,就本领域的业务运作提出合理化建议,并能够带领和指导他人
5		
4	中级工	具备本专业基础的和必要的专业知识、技能,能够按照规范及要求开展基本工作
3		
2	初级工	具备本专业基础的和必要的专业知识、技能,能够按照规范及要求开展基本工作,从事复杂工作时需要他人指导与支持
1		

(二) 明确岗位任职资格标准

岗位任职资格标准包括文化认同及工作态度、基本资格、专业能力、价值贡献、潜在能力五个方面的要求,员工必须满足岗位任职资格标准才能评定相对应的岗位层级。

1. 文化认同及工作态度根据公司核心价值观结合"十要十不要"的准则,进行综合评估。

2. 基本资格是指学历、专业年限和绩效表现。学历是指最高学历;专业年限是指现岗位相关的工作经验;绩效表现是指员工绩效考核结果、述职评议结果、奖惩情况等。

3. 专业能力是指专业技能和专业知识。专业技能是指员工完成工作所需掌握的操作技能，是员工能否完成工作的直接因素，专业知识是指员工完成工作所需掌握的理论基础，是获得相应技能的基础和重要保证。

4. 价值贡献是指达到相应层级必须实现的工作结果，如项目收益、成本改善成果等。获得国家级、省级、集团级、公司级技术能手、技能工匠或在技能竞赛中获奖的技能人才是评选更高层级的附加条件，强化了技能导向。

5. 潜在能力是指某一特定岗位人员的能力是否符合同岗位上一层级或储备岗位的任职资格要求。

(三) 人才结构规划

人才岗位层级越高，岗位价值越大，承担的工作难度、复杂程度、技能要求更高，根据人才梯队培养的目标引导，明确集团技能人才岗位层级规划上限比例。

二、建立多元化薪酬分配体系

(一) 实行岗位绩效工资制为主的薪酬体系

全面推行岗位绩效工资制宽带薪酬体系。倡导职级工资与绩效工资并行，同时以津贴为补充体现差异性，以专项贡献为牵引体现各类专项奖励。其中，职级工资是根据岗位重要性、技术难度和工作环境等因素，经过岗位价值评估，将所有工种确定若干岗位（如主机手、助手、辅助工），每个岗位匹配对应薪资。员工的技能水平与岗位重要程度共同决定岗位工资水平，在本工种没有发生变动的前提下，员工也可以通过技能水平提升继续增加职级工资，鼓励技能人才在本岗位上精耕细作、钻研技术。绩效工资是基于劳动有效产出的浮动工资收入，纳入绩效宽带薪酬范围内，其中工时单价充分考虑不同岗位、工种的技能水平和产品质量要求，实行阶梯式工时单价，完成目标产值后叠加超产激励，激励员工超额完成生产任务，多劳多得。津贴基于个体的差异性，主要包含学历、工龄、满勤、中夜班等方面。

（二）向优秀高技能人才发放技能津贴和专项奖励

倡导扎根在基层，奉献在一线，培养造就一批具有工匠精神和高超技艺、精湛技能的高技能人才，促进集团高技能人才队伍建设。每年度开展技能工匠评选，评选出来的技能工匠匹配年度和月度工匠奖金，奖金最高可达数十万元，且在人才培养、职位晋升等工作中均向其倾斜。除日常的工资和工匠奖励外，还可获得专项技术工作奖励和工艺攻关专项奖励，在技术创新中总结提炼的专利成果享受知识产权保护。

（三）建立师带徒的奖励机制，促进技能传承

制定《导师管理办法》，明确导师的权利义务、考核标准和奖惩标准，对正常履行导师职责的，按月发放导师津贴，年终评选优秀导师。徒弟在技能大赛中获奖的，也另行对导师进行奖励，建立"徒弟成才、师傅受益"的连带机制，促进高技能和绝技绝活的代际传承。为强化车间一线操作技术骨干人员的储备，调动导师积极性，增加主机手培养激励，按照培养周期及培养结果给予导师额外奖励。

（四）鼓励一岗多能、一专多才，增强技能价值导向

给予"多能工"相应的津贴，鼓励员工多学技术，通过"多能工"培养，带动员工学习和工作的热情，创造勤学上进、一岗多能、比学赶帮超的良好局面，打造一专多才的专家型操作员队伍。

（五）实行全员创新奖励制度，激发技能人才积极性

制定《微创新管理办法》，每月征集创新建议，经相关部门筛选、验证、组织评审，每月兑现奖励，每年召开创新奖励大会，进行成果发布和颁奖。

三、举办技能比武活动，开展载体建设

致力弘扬工匠精神，打造技术过硬、学习能力强、敢于争锋的技能型员工

队伍，号召员工在工作中"竞速度、比质量、赛水平"。坚持职业竞赛、岗位练兵等形式，使技能比武成为调动员工学技术、练技能积极性的有效手段，全面提升员工技能素质。每年开展集团级、公司级、部门级技能大赛，且成功承办过省级、市级、区级技能大赛。对技能比武中表现突出者，给予一定的物质奖励，在职级评定中给予加分，在年度先进评比中优先考虑。

充分发挥高技能人才在技术攻关、技能推广、技艺传承等方面的引领及辐射功能，建设技能大师工作室，并着力将工作室建成高技能人才基地、技术难题解决基地、现场创新基地。树立高技能人才标杆榜样，激励员工向高向上发展。

点评

J企业搭建了6个层级、17个职级的技能岗位层级体系，明确了岗位任职资格标准。任职资格标准既包括应知应会、技能水平、历史表现和贡献等常见的、反映过去已经达到的能力和成绩等客观因素，也包括企业价值观念等主观意识因素，还融合了面向未来发展的人才潜在能力的评估结果，为技能人才提供了充分的成长空间。同时，该企业还配套建立了宽带薪酬体系，技能人才的工资水平由岗位重要程度和技能水平共同决定，各工资单元的激励重点既有差别又系统考虑，对技能人才的成长、发展和努力方向具有清晰的导向作用。

案例12　K企业　健全技能价值导向薪酬体系促进员工提升技能水平

K企业是一家以酒业为核心，涉及智能制造、食品包装、现代物流、金融投资、健康产业等领域的特大型国有企业集团。

一、技能人才队伍基本情况

公司高技能人才的数量和质量均处于行业领先地位，现有各类技能人才超万人，其中，高技能人才占比超过50%。此外，公司拥有享受国务院特殊津贴的专家、全国技术能手、省技术能手等在内的领军技能人才120余人。

二、技能人才薪酬分配的主要做法

（一）建立健全强调技能价值导向的薪酬分配体系

公司技能人才薪酬分配原则主要基于岗位、技能、业绩水平三个方面，薪酬构成主要包括岗位工资、绩效工资、技能津贴、一次性技能奖励、加班工资五个部分，其中绩效工资、技能津贴、一次性技能奖励三个部分均和技能人才的技能水平直接或间接挂钩。

绩效工资方面，针对15 000余名一线技能工人均从事酿酒生产或辅助生产相关工作，酿酒生产过程周期长、工艺流程复杂、个人绩效较难衡量的情况，采取分车间、分班组考核绩效产出的方式，按技能人才团队来分配绩效奖金包，技能水平越高、出产优质酒越多的车间和班组得到的绩效奖金就越多。

技能津贴方面，根据技能人才持有的技能等级证书，分高级工、技师、高级技师三类，按月发放技能津贴，前提是技能等级证书要和技能岗位的工作内容相关，鼓励技能人才在技能岗位上精进技艺、磨炼技能。

技能人才荣誉奖励方面，公司对取得突出科技创新、突出技能贡献的工匠、大师称号的，进行公开表彰并给予数额不等的具有充分激励性的一次性技能奖励（最高奖励10万元）。此外，每年度会对优秀技能人才进行年度慰问，以此来树立标杆、打造榜样，鼓励技能人才走技能成才之路。

（二）设置技能人才专属晋升通道

集团下属某子公司拥有机械制造产业和高分子材料产业两大产业集群，单独建立了技能人才职业晋升通道，包括普通员工、主操作手、副主任技师、主任技师，根据不同职业等级匹配相应的薪酬。同时，分类精细化管理技能人才，出台了《经营类技术技能人才管理办法》和《工程类技术技能人才管理办法》，根据两类技术技能人才管理办法，符合条件的经营类技术技能人才获聘后按照其聘任标准每月给予相应的技能补贴；符合条件的工程类技术技能人才，可以参与子公司主任或副主任技师评聘，获聘后享受技术技能中层管理干部待遇，其薪酬根据获聘等级实施年薪制管理。集团自 2015 年起实施了重点岗位技术技能人才终身累计贡献奖励，制定了《重点岗位终身积累贡献奖励实施办法》，获聘技术技能人才经考核后可根据其聘任档次每年累计一定金额的奖励，在其达到法定退休年龄办理完退休手续后一次性发放（人才本人、配偶、子女因重大疾病造成经济困难的，可以提前支取 50%）。

（三）搭建施展才华舞台，开展多项表彰奖励

公司打造了层次丰富的技能人才成长和选拔平台，及时发现具有高超技能水平和技能天赋的潜力技能人才，并及时给予相应薪酬奖励。平台主要包括 K 企业工匠苗圃、技能大师工作室、劳模工作室、科技攻关活动、技能竞赛活动等。K 企业工匠苗圃建立在技能人才工作现场，以师带徒、"1 带 N"的形式培训技能人才，并制定了规范、严格的日常管理方案和选人细则，现已建成 16 个工匠苗圃，包括白酒酿造、勾兑、酒体设计等方面。公司每年度对工匠苗圃优秀技能带头人、优秀成员进行表彰奖励。技能大师工作室和高技能人才培训基地以专业技能领头人为中心进行创建，以团队优势实施重点攻关、重点突破，承担新工艺、新产品的研究开发工作，在项目攻关中实现技能人才的"传帮带"，对于技能团队取得的突出成果，公司按照相关规定给予技能团队表彰奖励。技能竞赛活动围绕生产经营的关键环节进行，以酒业为例，举办上甑、蒸馏、尝评、制曲、勾调等劳动技能竞赛和岗位练兵 170 余场，参赛职工10 000 余人次。对在竞赛中成绩拔尖的技能人才，公司会进行公开表彰奖励，还会积极推荐其参评公司内外部的各类评优评先，在有技能岗位晋升机会时，会给予优先考虑。

三、多措并举鼓励企业员工提升技能水平

公司出台了系列制度文件，鼓励员工提升技能水平、学历水平。一是建立奖优罚劣的制度体系。公司制定了《员工教育培训管理制度》《员工教育培训考核办法》等系列管理制度，奖励表彰培训成果显著的单位和个人，处罚培训考核成绩不合格的责任单位和责任人。二是鼓励员工自我提升。教育培训经费

按员工工资总额的2.5%提取,为技能人才教育培训的高质量实施提供资金支持。公司出台《员工在职学习教育管理规定》,对因工作需要取得与本岗位工作要求相关的国家承认的相应职称、技能等级资格证书的,报销报名费、书本费等相关费用。三是公司设有工勤假,对于参加技能提升考试的员工,可在考前带薪脱产备考,全力以赴准备技能提升考试。四是组织开展各类技能提升培训活动,培训内容涵盖白酒酿造、酒体尝评、机电维修等数十个职业工种,已经连续10余年组织开展酿酒技能人才集中培训活动,单次参训人数最多1 400余人,累计培养出酒类高技能人才4 000余人。

点评

K企业高度重视技能人才培养,在制度、经费、带薪假、培训课程师资等各方面给予了保障;薪酬结构包括岗位工资、绩效工资、技能津贴、一次性技能奖励、加班工资,按技能人才团队来分配绩效奖金包,客观有效地反映技能人才的岗位价值、绩效贡献和技术技能。所属子公司根据所处行业特点和需要,对获聘主任或副主任技师的工程类技术技能人才,出台了灵活、独特的激励办法。特别是集团实施了重点岗位技术技能人才终身累计贡献奖励,获聘技术技能人才经考核后可根据其聘任档次每年累计一定金额的奖励,待退休后一次性发放,并在本人或家人重病造成经济困难时允许提前支取,这一点可以给予许多企业启发。

附录1 薪酬参考数据

表1-1 全国分职业中类企业从业人员工资价位（2019年） 单位：万元/年

序号	职业中类名称	分位值				
		10%	25%	50%	75%	90%
1	企事业单位负责人	3.76	5.10	7.86	13.91	24.90
2	工程技术人员	3.38	4.32	6.10	9.50	14.90
3	农业技术人员	2.66	3.50	4.71	6.70	9.63
4	卫生专业技术人员	2.80	3.60	5.09	7.80	12.08
5	经济和金融专业人员	3.45	4.38	6.21	9.88	15.89
6	教学人员	2.64	3.36	4.50	6.88	10.62
7	文学艺术、体育专业人员	3.09	4.08	5.98	9.19	14.40
8	新闻出版、文化专业人员	3.35	4.42	6.37	10.09	15.95
9	其他专业技术人员	3.35	4.32	6.09	9.12	14.08
10	办事人员	3.08	3.92	5.39	8.00	12.20
11	安全和消防人员	2.61	3.27	4.20	5.85	8.17
12	其他办事人员和有关人员	3.20	4.08	5.74	8.25	12.42
13	批发与零售服务人员	2.65	3.40	4.50	6.59	9.84
14	交通运输、仓储和邮政业服务人员	2.89	3.77	5.10	7.03	9.60
15	住宿和餐饮服务人员	2.55	3.12	4.06	5.43	7.41
16	信息传输、软件和信息技术服务人员	3.36	4.58	6.94	10.92	17.28
17	金融服务人员	4.34	6.79	10.24	15.33	22.57
18	房地产服务人员	2.64	3.39	4.52	6.42	9.56

续表

序号	职业中类名称	分位值				
		10%	25%	50%	75%	90%
19	租赁和商务服务人员	2.43	3.07	4.06	5.63	7.88
20	技术辅助服务人员	3.11	3.96	5.43	7.97	12.01
21	水利、环境和公共设施管理服务人员	2.21	2.59	3.36	4.39	6.00
22	居民服务人员	2.40	3.00	3.86	5.02	7.27
23	修理及制作服务人员	3.20	4.00	5.47	7.73	10.34
24	文化、体育和娱乐服务人员	2.45	3.25	4.31	6.10	9.36
25	健康服务人员	2.46	3.08	3.98	5.40	7.32
26	其他社会生产和生活服务人员	2.59	3.40	4.20	5.93	8.76
27	农业生产人员	2.15	2.76	3.70	4.56	6.08
28	林业生产人员	2.40	3.02	3.62	4.40	5.44
29	畜牧业生产人员	2.68	3.36	4.20	5.14	6.82
30	农、林、牧、渔业生产辅助人员	2.83	3.47	4.00	4.81	6.25
31	其他农、林、牧、渔业生产及辅助人员	2.23	3.07	3.86	4.81	6.00
32	农副产品加工人员	2.76	3.35	4.14	5.35	7.09
33	食品、饮料生产加工人员	2.85	3.62	4.65	6.47	8.31
34	纺织、针织、印染人员	3.12	3.75	4.68	5.76	7.18
35	纺织品、服装和皮革、毛皮制品加工制作人员	2.90	3.60	4.43	5.48	6.75
36	木材加工、家具与木制品制作人员	2.81	3.53	4.53	5.97	7.50
37	纸及纸制品生产加工人员	3.00	3.60	4.79	6.22	8.18
38	印刷和记录媒介复制人员	3.18	3.70	5.05	7.07	9.48
39	文教、工美、体育和娱乐用品制作人员	2.76	3.32	4.35	5.84	7.33
40	化学原料和化学制品制造人员	3.02	3.80	4.97	6.69	8.71
41	医药制造人员	2.88	3.60	4.71	5.89	7.92
42	化学纤维制造人员	3.56	4.46	5.57	6.80	7.81
43	橡胶和塑料制品制造人员	3.09	3.72	4.80	6.15	7.66
44	非金属矿物制品制造人员	2.86	3.60	4.42	5.76	7.51
45	采矿人员	3.00	4.01	5.76	8.17	11.23
46	金属冶炼和压延加工人员	3.12	4.08	5.33	6.73	8.46
47	机械制造基础加工人员	3.23	4.08	5.47	7.09	8.89

附录 1
薪酬参考数据

续表

序号	职业中类名称	分位值				
		10%	25%	50%	75%	90%
48	金属制品制造人员	3.08	4.10	5.23	6.68	8.55
49	通用设备制造人员	3.34	4.24	5.52	7.22	9.28
50	专用设备制造人员	3.22	3.96	4.93	6.79	9.19
51	汽车制造人员	3.41	4.23	5.78	7.68	10.40
52	铁路、船舶、航空设备制造人员	2.82	3.77	5.95	9.08	13.85
53	电气机械和器材制造人员	3.10	4.02	5.19	6.63	8.26
54	计算机、通信和其他电子设备制造人员	3.32	4.16	5.40	6.59	7.92
55	仪器仪表制造人员	2.86	3.72	4.81	6.33	8.00
56	电力、热力、气体、水生产和输配人员	3.15	4.18	5.84	8.96	13.00
57	建筑施工人员	3.19	3.90	5.04	6.60	8.60
58	运输设备和通用工程机械操作人员及有关人员	3.60	4.55	5.94	7.88	10.53
59	生产辅助人员	2.93	3.72	4.93	6.59	8.81
60	其他生产制造及有关人员	2.80	3.60	4.68	6.18	8.08

表 1-2　全国分岗位等级企业从业人员工资价位（2019 年）　单位：万元/年

岗位等级		分位值				
		10%	25%	50%	75%	90%
管理类	高层管理岗	4.56	6.24	10.59	20.52	38.12
	中层管理岗	3.90	5.28	7.95	13.56	22.82
	基层管理岗	3.40	4.40	6.33	10.25	17.38
	管理类员工岗	3.00	3.84	5.26	7.83	12.07
技术类	高级职称	4.12	5.98	9.60	16.24	26.50
	中级职称	3.60	4.80	7.00	11.20	17.22
	初级职称	3.24	4.11	5.62	8.24	12.33
技能类	高级技能及以上	3.57	4.89	6.88	9.75	13.56
	中级技能	3.24	4.12	5.70	8.00	11.37
	初级技能	2.76	3.58	4.68	6.40	8.74

表 1-3　　全国分职业中类企业从业人员工资价位（2020年）单位：万元/年

序号	职业中类名称	分位值				
		10%	25%	50%	75%	90%
1	企事业单位负责人	3.84	5.30	8.20	14.55	26.19
2	工程技术人员	3.57	4.58	6.53	10.18	15.94
3	农业技术人员	2.38	3.07	4.25	6.00	9.23
4	卫生专业技术人员	2.88	3.69	5.35	7.87	12.00
5	经济和金融专业人员	3.57	4.56	6.60	10.76	17.42
6	教学人员*	2.42	3.20	4.49	7.08	10.41
7	文学艺术、体育专业人员	3.02	4.05	5.55	8.83	13.82
8	新闻出版、文化专业人员	3.43	4.47	6.24	9.77	15.59
9	其他专业技术人员	3.58	4.74	6.80	10.09	15.64
10	办事人员	3.12	3.98	5.58	8.39	13.07
11	安全和消防人员	2.64	3.37	4.36	6.03	8.48
12	其他办事人员和有关人员	3.24	4.20	6.00	8.92	13.72
13	批发与零售服务人员	2.71	3.48	4.64	6.80	10.31
14	交通运输、仓储和邮政业服务人员	3.00	3.91	5.32	7.37	10.13
15	住宿和餐饮服务人员	2.52	3.15	4.08	5.47	7.41
16	信息传输、软件和信息技术服务人员	3.48	4.76	7.13	11.01	17.34
17	金融服务人员	4.83	7.16	10.86	16.11	23.90
18	房地产服务人员	2.73	3.54	4.69	6.56	9.80
19	租赁和商务服务人员	2.45	3.13	4.18	5.79	8.12
20	技术辅助服务人员	3.11	3.99	5.40	7.76	11.38
21	水利、环境和公共设施管理服务人员	2.23	2.64	3.43	4.54	6.33
22	居民服务人员	2.40	3.00	4.08	5.25	7.47
23	电力、燃气及水供应服务人员	3.09	4.08	5.92	9.12	13.24
24	修理及制作服务人员	3.26	4.13	5.73	8.00	10.53
25	文化、体育和娱乐服务人员	2.50	3.12	4.22	6.14	9.49
26	健康服务人员	2.50	3.20	4.34	5.95	8.50
27	农业生产人员	2.10	2.70	3.60	4.54	5.76
28	林业生产人员	2.14	3.00	3.88	4.94	6.91
29	畜牧业生产人员	2.46	3.12	4.06	5.40	7.11
30	农、林、牧、渔业生产辅助人员	2.24	3.12	4.18	5.34	7.00
31	其他农、林、牧、渔业生产及辅助人员	2.16	2.84	3.72	5.03	6.39

附录 1
薪酬参考数据

续表

序号	职业中类名称	分位值				
		10%	25%	50%	75%	90%
32	农副产品加工人员	2.80	3.50	4.56	5.86	7.67
33	食品、饮料生产加工人员	2.79	3.55	4.71	6.76	9.80
34	纺织、针织、印染人员	3.12	3.80	4.81	6.00	7.39
35	纺织品、服装和皮革、毛皮制品加工制作人员	2.93	3.62	4.48	5.58	6.87
36	木材加工、家具与木制品制作人员	2.90	3.65	4.71	6.08	7.91
37	纸及纸制品生产加工人员	3.12	3.86	5.01	6.59	8.58
38	印刷和记录媒介复制人员	3.30	3.96	5.27	7.42	10.11
39	文教、工美、体育和娱乐用品制作人员	2.98	3.65	4.64	5.92	7.57
40	石油加工和炼焦、煤化工生产人员	3.27	4.32	6.15	9.27	12.42
41	化学原料和化学制品制造人员	3.07	4.03	5.40	7.20	9.59
42	医药制造人员	2.97	3.69	4.82	6.24	8.37
43	化学纤维制造人员	3.50	4.67	5.96	7.19	8.62
44	橡胶和塑料制品制造人员	3.30	4.11	5.14	6.41	8.04
45	非金属矿物制品制造人员	2.96	3.65	4.61	6.15	8.11
46	采矿人员	2.97	4.15	5.78	8.56	11.65
47	金属冶炼和压延加工人员	3.31	4.20	5.43	7.00	9.00
48	机械制造基础加工人员	3.37	4.33	5.86	7.63	9.60
49	金属制品制造人员	3.45	4.51	5.65	7.15	8.80
50	通用设备制造人员	3.50	4.48	5.82	7.50	9.79
51	专用设备制造人员	3.39	4.20	5.54	7.34	10.55
52	汽车制造人员	3.48	4.40	6.00	8.12	10.94
53	铁路、船舶、航空设备制造人员	3.15	4.14	6.09	8.31	14.58
54	电气机械和器材制造人员	3.34	4.21	5.40	6.93	8.71
55	计算机、通信和其他电子设备制造人员	3.35	4.48	5.79	7.12	8.68
56	仪器仪表制造人员	2.83	3.84	4.75	6.38	8.21
57	电力、热力、气体、水生产和输配人员	3.28	4.44	6.22	9.60	13.78
58	建筑施工人员	3.24	4.03	5.38	6.88	9.10
59	运输设备和通用工程机械操作人员及有关人员	3.70	4.81	6.39	8.57	11.78
60	生产辅助人员	2.95	3.77	5.05	6.80	9.14
61	其他生产制造及有关人员	2.90	3.72	4.86	6.37	8.35

＊本调查所称"教学人员"是指在企业中从事各级各类教育工作的专业人员。

表 1-4　　全国分岗位等级企业从业人员工资价位（2020年）　单位：万元/年

岗位等级		分位值				
		10%	25%	50%	75%	90%
管理类	高层管理岗	4.63	6.36	10.72	20.59	38.74
	中层管理岗	4.07	5.52	8.40	14.40	24.71
	基层管理岗	3.47	4.52	6.60	10.81	18.50
	管理类员工岗	3.02	3.91	5.46	8.24	12.89
技术类	高级职称	4.20	6.24	10.26	17.74	28.00
	中级职称	3.80	5.03	7.44	12.08	18.75
	初级职称	3.37	4.28	5.96	8.77	13.23
技能类	高级技能及以上	3.50	4.80	7.02	10.26	14.56
	中级技能	3.41	4.32	6.04	8.68	12.58
	初级技能	2.84	3.70	4.98	6.91	9.78

表 1-5　　全国分职业中类企业从业人员工资价位（2021年）　单位：万元/年

序号	职业中类名称	分位值				
		10%	25%	50%	75%	90%
1	企事业单位负责人	4.13	5.70	8.80	15.58	27.96
2	工程技术人员	3.74	4.91	7.10	10.87	16.92
3	农业技术人员	2.64	3.45	4.94	7.00	10.00
4	卫生专业技术人员	3.07	3.99	5.71	8.41	12.54
5	经济和金融专业人员	3.77	4.92	7.20	11.64	18.82
6	教学人员*	2.68	3.52	4.92	7.20	11.47
7	文学艺术、体育专业人员	3.30	4.35	6.32	10.34	16.70
8	新闻出版、文化专业人员	3.77	5.02	6.99	10.64	16.73
9	其他专业技术人员	3.66	4.96	7.38	11.04	16.18
10	办事人员	3.36	4.32	6.00	9.00	14.04
11	安全和消防人员	2.85	3.66	4.84	6.71	9.25
12	其他办事人员和有关人员	3.36	4.55	6.40	9.68	15.53
13	批发与零售服务人员	2.88	3.69	4.99	7.39	11.15
14	交通运输、仓储和邮政业服务人员	3.23	4.20	5.68	7.96	10.89
15	住宿和餐饮服务人员	2.75	3.41	4.41	5.99	7.98

附录1
薪酬参考数据

续表

序号	职业中类名称	分位值				
		10%	25%	50%	75%	90%
16	信息传输、软件和信息技术服务人员	3.79	5.22	8.11	12.57	19.73
17	金融服务人员	5.01	7.53	11.34	16.80	25.00
18	房地产服务人员	2.86	3.60	4.80	6.75	9.76
19	租赁和商务服务人员	2.52	3.23	4.32	6.00	8.49
20	技术辅助服务人员	3.29	4.23	5.75	8.17	11.69
21	水利、环境和公共设施管理服务人员	2.29	2.76	3.64	4.98	6.66
22	居民服务人员	2.52	3.27	4.28	5.74	7.87
23	电力、燃气及水供应服务人员	3.30	4.54	6.84	10.07	13.77
24	修理及制作服务人员	3.44	4.46	6.14	8.47	11.17
25	文化、体育和娱乐服务人员	2.70	3.48	4.65	6.39	10.18
26	健康服务人员	2.64	3.52	4.70	6.44	8.99
27	农业生产人员	2.19	2.80	3.60	4.80	6.00
28	林业生产人员	2.26	3.00	4.16	5.03	6.35
29	畜牧业生产人员	2.74	3.52	4.44	5.91	7.53
30	农、林、牧、渔业生产辅助人员	2.31	3.00	4.20	5.64	7.39
31	其他农、林、牧、渔业生产加工人员	2.40	3.39	4.20	5.34	7.22
32	农副产品加工人员	3.00	3.66	4.70	6.10	7.87
33	食品、饮料生产加工人员	3.13	4.05	5.36	7.45	10.51
34	纺织、针织、印染人员	3.27	4.07	5.15	6.47	8.00
35	纺织品、服装和皮革、毛皮制品加工制作人员	3.16	3.88	4.90	6.15	7.67
36	木材加工、家具与木制品制作人员	3.03	3.80	4.96	6.54	8.08
37	纸及纸制品生产加工人员	3.27	4.20	5.41	7.10	9.67
38	印刷和记录媒介复制人员	3.55	4.45	5.90	8.00	10.59
39	文教、工美、体育和娱乐用品制作人员	3.24	4.13	5.20	6.51	8.53
40	石油加工和炼焦、煤化工生产人员	3.48	4.60	6.34	9.26	13.06
41	化学原料和化学制品制造人员	3.55	4.49	5.96	8.04	10.57
42	医药制造人员	3.17	4.00	5.37	7.14	9.38
43	化学纤维制造人员	3.66	4.81	6.45	8.03	9.53

续表

序号	职业中类名称	分位值				
		10%	25%	50%	75%	90%
44	橡胶和塑料制品制造人员	3.80	4.67	5.76	7.23	8.80
45	非金属矿物制品制造人员	3.20	4.00	5.06	6.60	8.62
46	采矿人员	2.93	4.52	6.13	9.36	12.88
47	金属冶炼和压延加工人员	3.81	4.92	6.32	8.49	10.69
48	机械制造基础加工人员	3.70	4.80	6.33	8.38	10.68
49	金属制品制造人员	3.84	4.76	6.13	7.86	9.66
50	通用设备制造人员	3.80	4.84	6.13	8.08	10.54
51	专用设备制造人员	3.60	4.50	6.09	8.33	11.95
52	汽车制造人员	3.72	4.80	6.41	8.74	11.49
53	铁路、船舶、航空设备制造人员	3.65	4.58	6.97	10.45	14.50
54	电气机械和器材制造人员	3.50	4.33	5.75	7.41	9.42
55	计算机、通信和其他电子设备制造人员	4.09	5.06	6.43	7.91	9.69
56	仪器仪表制造人员	3.46	4.01	5.38	7.18	9.20
57	电力、热力、气体、水生产和输配人员	3.60	4.73	6.68	10.48	14.94
58	建筑施工人员	3.36	4.26	5.65	7.50	9.95
59	运输设备和通用工程机械操作人员及有关人员	4.02	5.25	6.80	9.50	13.00
60	生产辅助人员	3.20	4.14	5.50	7.45	10.00
61	其他生产制造及有关人员	3.09	3.96	5.29	6.95	9.04

* 本调查所称"教学人员"是指在企业中从事各级各类教育工作的专业人员。

表1-6　　全国分岗位等级企业从业人员工资价位（2021年）单位：万元/年

岗位等级		分位值				
		10%	25%	50%	75%	90%
管理类	高层管理岗	4.86	6.80	11.50	21.84	40.90
	中层管理岗	4.24	5.84	8.80	15.09	25.60
	基层管理岗	3.68	4.96	7.20	11.96	20.00
	管理类员工岗	3.26	4.21	5.92	8.83	13.87

附录 1

薪酬参考数据

续表

岗位等级		分位值				
		10%	25%	50%	75%	90%
技术类	高级职称	4.52	6.60	10.84	18.72	29.88
	中级职称	4.00	5.40	8.06	13.00	19.98
	初级职称	3.60	4.62	6.36	9.52	14.15
技能类	高级技能及以上	3.82	5.39	7.79	11.12	15.62
	中级技能	3.60	4.77	6.60	9.50	13.47
	初级技能	3.05	3.96	5.35	7.56	10.48

附注：

1. 主要统计指标解释

分位值 是指将数据由低到高排序，在数列中处于相应百分比位置的数据。它表示有相应比例的数据低于或等于该数值。

企业从业人员 是指在本企业工作并取得劳动报酬的人员。

工资价位 是指企业从业人员在报告期内的工资水平，包括基本工资、奖金、津贴和补贴、加班加点工资和特殊情况下支付的工资等。它在一定程度上体现了劳动力市场价格水平。

职业 指从业人员为获取主要生活来源所从事的社会工作类别。

管理类岗位等级 指在管理岗位工作的人员在本企业岗位序列中的层级位置，包括高层管理岗、中层管理岗、基层管理岗和管理类员工岗。其中，高层管理岗是指处于企业最高领导层的岗位，包括董事长、总经理及副职等同级别的高层负责人；中层管理岗是指在企业一级部门或内设机构处于领导层的岗位，包括人力资源部门负责人、研发部门负责人等部门主要负责人及副职等同级别的中层负责人；基层管理岗是指在企业二级及以下部门或机构处于领导层的岗位，包括二级及以下部门/机构主要负责人及副职等同级别的基层负责人；管理类员工岗是指处于企业管理执行层的普通员工岗位。

技术类岗位等级 指获得国家或专业评审机构认可的专业技术职称等级，包括高级职称、中级职称、初级职称。

技能类岗位等级 指按国家职业技能标准或行业企业评价规范设置的职业技能等级，包括初级技能、中级技能、高级技能及以上。

2. 调查方法

调查以全国为总体，采用分层 PPS 抽样方法，以地区和行业门类为层，层内样本按照与企业从业人员人数成比例的概率抽取。

各地区按照统一的制度方法组织收集被调查企业人工成本、从业人员工资报酬等数据，使用统一的信息系统对数据进行录入、审核，然后传输至人社部进行统一汇总计算。

3. 职业划分标准

本调查的职业按《中华人民共和国职业分类大典（2015 年版）》的职业中类划分。

表 1-7 内蒙古自治区分岗位等级从业人员工资价位（2019 年） 单位：元/年

岗位/技术/技能等级		工资低位数 10%	工资下四分位数 25%	工资中位数 50%	工资上四分位数 75%	工资高位数 90%
管理类	高层管理岗	43 668.80	60 000.00	114 890.97	245 363.20	465 854.21
	中层管理岗	40 800.00	59 796.00	100 000.00	189 490.57	300 682.20
	基层管理岗	36 000.00	50 000.00	84 000.00	164 394.61	246 006.55
	管理类员工岗	30 000.00	41 712.00	62 160.21	99 304.36	147 911.96
技术类	高级职称	45 871.96	65 271.00	101 838.00	174 447.00	281 171.94
	中级职称	40 214.40	58 272.00	91 800.00	144 486.00	192 481.41
	初级职称	35 500.00	47 400.00	72 539.19	120 000.00	168 482.67
技能类	高级技能	58 854.31	72 887.16	93 323.26	125 012.30	160 513.04
	中级技能	48 000.00	63 023.65	86 637.86	124 081.79	163 405.45
	初级技能	33 400.00	43 200.00	62 924.90	91 635.69	124 420.46

表 1-8 内蒙古自治区分岗位等级从业人员工资价位（2020 年） 单位：元/年

管理岗位、专业技术职称、职业技能等级		工资低位数	工资下四分位数	工资中位数	工资上四分位数	工资高位数
管理类	高层管理岗	36 000.00	48 000.00	65 940.00	117 612.00	225 419.11
	中层管理岗	33 600.00	42 132.00	60 000.00	95 714.00	177 396.00
	基层管理岗	30 000.00	38 220.00	52 100.00	79 611.86	146 380.00
	管理类员工岗	27 600.00	36 000.00	46 086.00	65 000.00	98 154.57
技术类	高级职称	36 000.00	48 600.00	76 570.00	122 591.18	201 768.00
	中级职称	34 000.00	40 800.00	60 000.00	99 358.00	163 235.02
	初级职称	30 000.00	37 220.00	50 000.00	70 000.00	120 000.00
技能类	高级技能	50 551.00	65 700.00	88 444.06	133 482.35	176 269.03
	中级技能	36 678.59	48 456.00	72 990.47	120 597.33	166 293.03
	初级技能	27 600.00	36 000.00	49 200.00	70 375.05	105 596.41

附录 1

薪酬参考数据

表 1-9　　辽宁省分行业分职业技能等级工资报酬水平（2019 年）单位：万元/年

行业门类	工资报酬平均水平					
	高级技师	技师	高级技能	中级技能	初级技能	没有取得资格证书
农、林、牧、渔业	5.95	5.60	5.29	4.90	4.63	4.15
采矿业	10.94	10.12	8.63	7.23	6.10	4.33
制造业	9.57	8.34	7.94	5.80	4.82	4.48
电力、热力、燃气及水生产和供应业	10.82	9.50	8.26	7.31	6.57	5.39
建筑业	7.42	6.74	6.21	5.33	4.80	4.33
批发和零售业	7.32	6.80	6.19	5.77	4.81	4.23
交通运输、仓储和邮政业	8.28	7.80	7.01	5.90	5.14	4.84
住宿和餐饮业	6.30	5.96	5.52	5.05	4.03	3.72
信息传输、软件和信息技术服务业	10.24	8.83	8.01	6.87	6.51	6.11
房地产业	8.87	8.16	7.58	5.26	4.06	4.19
租赁和商务服务业	3.98	5.92	6.26	5.61	4.47	3.87
科学研究和技术服务业	6.95	6.49	6.12	5.40	4.49	4.25
水利、环境和公共设施管理业	8.03	7.63	6.61	5.84	3.96	3.72
居民服务、修理和其他服务业	7.29	6.71	6.23	4.79	4.09	3.82
卫生和社会工作	5.74	6.19	5.84	4.75	4.51	4.14
文化、体育和娱乐业	6.47	6.08	5.74	5.41	4.94	3.71

表 1-10　　辽宁省分行业及岗位等级企业从业人员工资价位（2020 年）单位：元/年

序号	行业门类及岗位等级	分位值				
		10%	25%	50%	75%	90%
	采矿业					
1	管理岗位等级	30 000	37 541	64 530	96 600	159 224
	专业技术职称	29 052	42 000	76 710	119 520	152 150
	职业技能等级	30 000	36 000	48 833	69 292	88 464
	制造业					
2	管理岗位等级	28 560	34 572	49 128	87 692	156 000
	专业技术职称	29 946	37 200	55 460	89 829	126 825
	职业技能等级	26 520	33 375	40 698	56 390	77 331

续表

序号	行业门类及岗位等级	分位值				
		10%	25%	50%	75%	90%
3	电力、热力、燃气及水生产和供应业					
	管理岗位等级	36 000	46 274	70 530	114 516	235 805
	专业技术职称	31 416	42 960	57 650	118 547	186 720
	职业技能等级	30 120	38 252	50 748	75 429	127 596
4	建筑业					
	管理岗位等级	28 800	33 600	39 720	55 000	86 000
	专业技术职称	27 500	33 600	38 400	49 152	71 386
	职业技能等级	25 800	31 200	37 141	48 000	61 930
5	批发和零售业					
	管理岗位等级	27 600	34 572	45 360	65 748	113 620
	专业技术职称	31 000	37 200	45 996	60 000	95 465
	职业技能等级	25 773	31 597	37 800	51 988	76 996
6	交通运输、仓储和邮政业					
	管理岗位等级	30 000	35 289	49 082	74 748	135 387
	专业技术职称	31 957	37 800	57 600	96 000	150 345
	职业技能等级	29 200	34 572	44 524	61 423	87 279
7	住宿和餐饮业					
	管理岗位等级	30 000	33 000	37 980	57 612	85 667
	专业技术职称	24 120	30 991	33 800	44 256	56 004
	职业技能等级	24 000	28 300	33 600	42 000	52 999
8	信息传输、软件和信息技术服务业					
	管理岗位等级	33 000	37 980	60 401	117 591	195 797
	专业技术职称	33 600	42 281	56 400	87 683	139 200
	职业技能等级	33 960	43 320	64 640	91 300	130 032
9	房地产业					
	管理岗位等级	26 124	33 600	47 820	73 800	155 793
	专业技术职称	30 000	34 572	49 200	78 000	134 520
	职业技能等级	21 720	26 400	34 584	45 600	64 776

续表

序号	行业门类及岗位等级	分位值				
		10%	25%	50%	75%	90%
	租赁和商务服务业					
10	管理岗位等级	27 600	34 572	44 400	60 723	108 000
	专业技术职称	30 000	34 572	45 246	58 152	94 560
	职业技能等级	24 332	30 000	36 000	45 840	63 016
	科学研究和技术服务业					
11	管理岗位等级	32 496	34 800	49 128	95 406	180 000
	专业技术职称	31 627	38 604	56 400	96 000	161 830
	职业技能等级	30 380	34 572	42 000	58 800	80 006
	水利、环境和公共设施管理业					
12	管理岗位等级	26 320	34 572	58 953	93 900	164 040
	专业技术职称	32 400	34 572	42 360	67 786	99 400
	职业技能等级	25 748	31 200	38 400	47 410	64 475
	居民服务、修理和其他服务业					
13	管理岗位等级	25 000	32 316	38 418	60 000	112 800
	专业技术职称	30 000	34 572	45 288	65 736	121 816
	职业技能等级	21 720	24 904	33 600	42 000	59 195
	文化、体育和娱乐业					
14	管理岗位等级	29 832	34 985	45 600	67 560	124 943
	专业技术职称	27 040	32 496	53 295	75 588	105 709
	职业技能等级	24 000	30 000	34 800	40 800	57 645

表1-11　吉林省分岗位等级的工资报酬水平（2019年）　　单位：元/年

序号	岗位等级	10%	25%	50%	75%	95%
1	高级管理岗	42 778	60 000	107 460	183 255	500 000
2	中层管理岗	37 200	48 792	71 116	131 679	321 344
3	基层管理岗	30 936	37 391	48 336	73 318	152 220
4	管理类员工岗	25 200	33 012	43 680	66 371	149 788
5	高级职称	40 150	57 346	96 000	151 470	331 859

续表

序号	岗位等级	10%	25%	50%	75%	95%
6	中级职称	33 220	44 124	66 000	99 186	183 114
7	初级职称	30 000	36 500	49 524	73 578	132 000
8	没有取得专业技术职称	29 790	36 348	46 220	70 772	134 359
9	高级技师	39 154	49 274	63 780	100 199	158 534
10	技师	39 804	55 116	83 421	118 281	168 549
11	高级技能	41 743	52 419	80 026	111 462	161 059
12	中级技能	28 200	39 499	54 694	82 959	137 005
13	初级技能	21 360	26 788	41 301	58 800	106 800
14	没有取得资格证书	24 061	31 200	41 445	56 200	93 705

表1-12 吉林省分岗位等级的工资报酬水平（2020年） 单位：元/年

	岗位等级	10%	25%	50%	75%	90%
管理类	高层管理岗（高级管理岗）	37 200	60 000	105 724	210 562	383 743
	中层管理岗（一级部门管理岗）	36 000	52 431	83 360	158 626	270 078
	基层管理岗（二级部门管理岗）	27 600	40 257	60 000	116 935	171 913
	管理类员工岗（其他管理岗）	21 360	30 600	42 400	70 200	111 096
技术类	高级职称	36 000	58 480	96 676	162 449	248 434
	中级职称	29 397	39 200	67 151	103 646	166 811
	初级职称	24 000	36 000	55 000	93 660	140 067
	没有取得专业技术职称	22 254	33 600	48 132	79 297	126 931
技能类	高级技师	35 978	48 694	77 174	117 310	150 222
	技师	40 800	57 247	94 100	117 597	147 710
	高级技能	43 572	59 526	84 808	104 363	127 781
	中级技能	32 697	43 334	63 716	90 316	120 954
	初级技能	18 000	30 000	41 520	63 084	93 600
	没有取得资格证书	18 950	28 500	39 600	58 453	84 000

附录 1

薪酬参考数据

表 1-13　江苏省部分行业技能人才工资价位（2019 年）　　单位：元/年

行业门类	技能等级	分位值				
		10%	25%	50%	75%	90%
制造业	高级技能	51 953	58 131	78 292	133 459	182 139
	中级技能	42 325	50 628	69 365	95 884	146 780
	初级技能	39 452	45 700	57 316	71 589	89 233
电力、热力、燃气及水生产和供应业	高级技能	111 884	130 966	156 527	189 025	216 870
	中级技能	66 951	104 658	120 664	146 144	191 254
	初级技能	37 999	52 824	83 258	118 215	147 220
批发和零售业	高级技能	54 281	73 629	98 176	142 165	189 051
	中级技能	37 833	55 998	82 901	103 000	133 122
	初级技能	31 180	38 700	49 419	67 987	93 204
信息传输、软件和信息技术服务业	高级技能	88 075	117 110	155 327	215 494	278 993
	中级技能	84 236	104 422	124 654	150 059	182 726
	初级技能	40 855	54 000	74 794	104 963	141 019
房地产业	高级技能	56 400	76 595	95 640	130 308	158 692
	中级技能	36 000	44 200	57 000	79 925	131 147
	初级技能	31 200	36 000	44 200	60 815	77 297

表 1-14　江苏省不同岗位等级从业人员工资价位（2019 年）　　单位：元/年

岗位等级		分位值				
		10%	25%	50%	75%	90%
管理类	高层管理岗	60 000	87 691	162 000	322 004	578 474
	中层管理岗	52 874	74 663	127 545	225 729	373 005
	基层管理岗	51 535	72 500	108 903	188 001	302 072
	管理类员工岗	36 163	48 472	70 972	114 183	181 140
技术类	高级职称	58 912	100 000	148 320	234 190	343 984
	中级职称	49 522	68 116	103 021	161 938	230 665
	初级职称	41 300	54 000	79 440	119 770	173 306
技能类	高级技能	54 000	69 073	99 585	147 104	197 524
	中级技能	42 260	58 000	89 045	126 103	175 611
	初级技能	35 320	44 280	59 544	81 600	121 029

表 1-15　江苏省部分行业技能人才工资价位（2020 年）　　单位：元/年

行业门类	技能等级	分位值				
		10%	25%	50%	75%	90%
制造业	高级技能	52 254	63 076	85 208	131 383	176 351
	中级技能	45 827	57 821	70 524	94 262	130 672
	初级技能	40 076	48 000	64 090	80 744	104 995
电力、热力、燃气及水生产和供应业	高级技能	75 840	131 685	172 945	207 285	235 112
	中级技能	49 977	68 950	125 487	162 134	217 176
	初级技能	41 126	56 080	79 097	127 169	165 962
批发和零售业	高级技能	59 398	90 072	123 923	165 179	222 215
	中级技能	41 573	60 087	85 200	110 284	139 015
	初级技能	35 459	43 567	55 200	73 200	94 360
信息传输、软件和信息技术服务业	高级技能	81 962	116 200	153 727	194 234	244 879
	中级技能	77 805	100 333	127 955	156 426	193 870
	初级技能	39 660	50 169	68 474	119 099	177 984

表 1-16　江苏省不同岗位等级从业人员工资价位（2020 年）　　单位：元/年

岗位等级		分位值				
		10%	25%	50%	75%	90%
管理类	高层管理岗	61 542	97 000	180 012	346 400	602 683
	中层管理岗	58 526	84 000	132 988	226 664	382 594
	基层管理岗	51 359	73 160	118 800	200 147	302 190
	管理类员工岗	39 584	52 216	74 053	113 845	190 240
技术类	高级职称	66 069	104 220	159 838	233 066	339 297
	中级职称	50 660	71 221	109 425	167 467	235 151
	初级职称	42 000	55 740	81 600	121 195	175 407
技能类	高级技能	54 008	69 617	106 495	150 170	196 222
	中级技能	46 696	62 599	94 089	142 991	208 745
	初级技能	35 000	45 600	64 100	92 717	147 815

附录1 薪酬参考数据

表1-17　安徽省分职业中类企业从业人员工资价位（2019年）单位：万元/年

序号	职业中类名称	分位值				
		10%	25%	50%	75%	90%
1	企事业单位负责人	3.50	4.56	6.00	8.61	13.17
2	工程技术人员	3.08	3.90	5.08	7.20	9.96
3	卫生专业技术人员	2.76	3.60	5.04	6.77	9.59
4	法律、社会和宗教专业人员	3.35	4.22	5.66	8.32	9.99
5	教学人员	2.65	3.24	4.18	5.80	7.42
6	文学艺术、体育专业人员	2.66	3.44	4.67	6.18	7.80
7	新闻出版、文化专业人员	3.39	4.81	5.60	7.56	9.57
8	其他专业技术人员	3.22	4.11	5.00	7.20	9.75
9	办事人员	2.88	3.60	4.43	5.82	8.24
10	安全和消防人员	2.40	3.06	3.55	4.93	6.28
11	其他办事人员和有关人员	3.07	3.74	4.80	6.74	9.02
12	批发与零售服务人员	2.39	3.00	3.97	5.51	7.83
13	交通运输、仓储和邮政业服务人员	2.80	3.60	4.67	5.83	7.68
14	住宿和餐饮服务人员	2.40	2.93	3.60	4.61	6.05
15	信息传输、软件和信息技术服务人员	3.30	4.47	6.36	9.46	11.89
16	房地产服务人员	2.16	2.80	3.77	5.00	6.95
17	技术辅助服务人员	2.60	3.55	4.67	5.93	8.15
18	居民服务人员	2.16	2.69	3.36	4.08	5.40
19	电力、燃气及水供应服务人员	3.48	4.16	5.21	7.62	10.12
20	修理及制作服务人员	2.98	3.80	4.90	6.48	8.06
21	文化、体育和娱乐服务人员	2.61	3.13	3.97	5.52	7.00
22	健康服务人员	2.89	3.63	4.07	5.20	6.03
23	农、林、牧、渔业生产辅助人员	2.30	3.15	4.01	5.26	6.95
24	其他农、林、牧、渔业生产加工人员	3.00	4.01	4.68	6.09	7.09
25	农副产品加工人员	2.54	3.09	3.60	5.43	6.55
26	食品、饮料生产加工人员	2.76	3.54	4.43	5.41	6.67
27	纺织、针织、印染人员	2.56	3.47	4.42	5.70	7.16

续表

序号	职业中类名称	分位值				
		10%	25%	50%	75%	90%
28	纺织品、服装和皮革、毛皮制品加工制作人员	2.70	3.34	4.05	4.86	5.73
29	木材加工、家具与木制品制作人员	3.04	3.80	4.63	5.22	5.96
30	纸及纸制品生产加工人员	2.98	3.52	4.37	5.50	6.24
31	印刷和记录媒介复制人员	3.07	3.57	4.00	6.30	7.80
32	文教、工美、体育和娱乐用品制造人员	2.72	3.27	3.96	5.14	6.03
33	石油加工和炼焦、煤化工生产人员	3.60	4.13	4.63	5.39	7.30
34	化学原料和化学制品制造人员	3.30	4.34	5.54	6.84	8.01
35	医药制造人员	2.76	3.44	3.90	5.01	6.26
36	化学纤维制造人员	2.76	3.20	3.52	5.84	8.47
37	橡胶和塑料制品制造人员	3.26	3.80	4.73	5.59	6.97
38	非金属矿物制品制造人员	3.20	4.00	4.78	6.00	7.49
39	采矿人员	4.27	5.16	5.80	8.42	11.95
40	金属冶炼和压延加工人员	3.61	4.36	5.40	7.70	9.42
41	机械制造基础加工人员	2.15	3.67	4.96	6.57	8.45
42	金属制品制造人员	3.22	3.96	4.38	5.39	6.52
43	通用设备制造人员	3.26	4.12	4.84	6.14	7.71
44	专用设备制造人员	3.03	3.53	4.20	5.47	6.46
45	汽车制造人员	2.76	3.58	4.85	6.29	7.71
46	铁路、船舶、航空设备制造人员	4.00	5.80	8.20	10.34	14.24
47	电气机械和器材制造人员	2.98	3.78	4.71	6.03	8.26
48	计算机、通信和其他电子设备制造人员	2.88	3.81	4.79	6.21	7.46
49	仪器仪表制造人员	2.90	3.33	3.97	4.95	5.84
50	电力、热力、气体、水生产和输配人员	3.60	4.57	6.17	9.84	12.21
51	建筑施工人员	2.99	3.70	4.80	6.02	7.83
52	运输设备和通用工程机械操作人员及有关人员	2.92	3.96	5.24	6.86	8.84
53	生产辅助人员	2.54	3.36	4.32	5.71	7.54
54	其他生产制造及有关人员	2.91	3.56	4.34	5.60	7.12

表 1-18　安徽省分岗位等级企业从业人员工资价位（2019年）　单位：万元/年

岗位等级		分位值				
		10%	25%	50%	75%	90%
管理类	高层管理岗	4.20	5.46	7.57	12.07	19.00
	中层管理岗	3.82	4.80	6.00	9.31	12.40
	基层管理岗	3.01	3.84	5.24	8.61	10.60
	管理类员工岗	2.68	3.50	4.41	5.81	8.20
技术类	高级职称	3.28	5.14	8.06	10.90	14.42
	中级职称	3.26	4.12	5.58	8.30	11.06
	初级职称	3.00	3.80	5.00	6.60	9.24
技能类	高级技能	2.98	4.13	5.58	7.55	9.63
	中级技能	2.68	3.84	5.08	6.85	9.03
	初级技能	2.56	3.37	4.51	5.66	7.52

表 1-19　安徽省分职业中类企业从业人员工资价位（2020年）　单位：万元/年

序号	职业中类	分位值				
		10%	25%	50%	75%	90%
1	企事业单位负责人	3.55	4.62	6.00	9.24	14.59
2	科学研究人员	3.68	4.45	6.30	13.00	19.50
3	工程技术人员	3.36	4.20	5.43	7.22	10.30
4	卫生专业技术人员	2.50	3.37	4.80	7.01	10.28
5	经济和金融专业人员	3.47	4.20	5.56	7.98	12.39
6	法律、社会和宗教专业人员	4.30	5.90	9.80	9.89	9.99
7	教学人员	2.52	3.36	4.56	5.99	8.54
8	文学艺术、体育专业人员	2.47	3.48	4.51	6.00	7.83
9	新闻出版、文化专业人员	3.46	4.08	5.97	8.01	10.60
10	其他专业技术人员	2.88	4.20	5.68	7.80	9.75
11	办事人员	3.00	3.60	4.59	6.16	9.35
12	安全和消防人员	1.92	2.64	3.99	5.40	8.18
13	其他办事人员和有关人员	3.00	3.60	4.62	6.24	8.97
14	批发与零售服务人员	2.53	3.37	4.22	5.89	7.81
15	交通运输、仓储和邮政业服务人员	2.86	3.60	4.80	6.29	8.45

续表

序号	职业中类	分位值				
		10%	25%	50%	75%	90%
16	住宿和餐饮服务人员	2.46	3.00	3.65	4.56	5.98
17	信息传输、软件和信息技术服务人员	3.45	4.32	6.10	8.16	11.50
18	金融服务人员	4.20	6.31	9.82	13.98	20.32
19	房地产服务人员	2.28	3.00	3.60	4.90	7.00
20	租赁和商务服务人员	2.11	2.52	3.45	4.60	6.14
21	技术辅助服务人员	3.19	3.75	4.86	6.21	8.10
22	水利、环境和公共设施管理服务人员	1.80	2.25	3.00	4.02	5.04
23	居民服务人员	2.28	2.70	3.60	4.50	6.00
24	电力、燃气及水供应服务人员	3.68	4.63	6.20	8.43	11.64
25	修理及制作服务人员	3.12	3.92	5.36	6.64	8.41
26	文化、体育和娱乐服务人员	2.39	3.00	3.74	5.14	6.56
27	农业生产人员	2.30	3.00	3.50	4.10	4.62
28	林业生产人员	2.80	3.00	4.00	5.00	6.82
29	畜牧业生产人员	3.23	3.39	4.26	6.25	6.93
30	其他农、林、牧、渔业生产加工人员	2.01	2.40	3.20	4.13	4.80
31	农副产品加工人员	2.75	3.40	4.21	5.46	6.75
32	食品、饮料生产加工人员	2.70	3.38	4.14	4.97	6.71
33	烟草及其制品加工人员	10.06	11.43	12.61	13.50	15.15
34	纺织、针织、印染人员	2.74	3.62	4.37	5.15	6.60
35	纺织品、服装和皮革、毛皮制品加工制作人员	2.84	3.46	4.08	4.99	6.06
36	木材加工、家具与木制品制作人员	2.67	3.35	4.53	5.59	6.28
37	纸及纸制品生产加工人员	2.99	3.70	4.28	5.80	7.03
38	印刷和记录媒介复制人员	3.34	3.60	4.22	5.37	7.42
39	文教、工美、体育和娱乐用品制造人员	3.48	3.93	4.39	5.55	6.58
40	化学原料和化学制品制造人员	3.95	4.65	5.82	7.33	8.54
41	医药制造人员	2.77	3.40	4.33	5.44	6.78
42	橡胶和塑料制品制造人员	3.29	3.80	4.78	6.13	7.54

附录 1

薪酬参考数据

续表

序号	职业中类	分位值				
		10%	25%	50%	75%	90%
43	非金属矿物制品制造人员	3.20	3.75	4.90	6.12	8.00
44	采矿人员	4.86	5.16	6.19	8.93	11.66
45	金属冶炼和压延加工人员	4.02	4.90	6.11	7.40	8.96
46	机械制造基础加工人员	2.98	4.13	5.37	7.08	8.94
47	金属制品制造人员	3.45	3.92	4.42	5.69	7.80
48	通用设备制造人员	3.31	3.80	4.78	6.20	8.12
49	汽车制造人员	3.32	4.00	5.27	7.10	8.71
50	计算机、通信和其他电子设备制造人员	3.09	3.80	4.90	6.61	8.00
51	仪器仪表制造人员	3.31	3.80	4.13	5.54	6.80
52	电力、热力、气体、水生产和输配人员	3.60	5.16	6.51	11.24	16.33
53	建筑施工人员	3.20	3.93	4.92	6.00	7.80
54	运输设备和通用工程机械操作人员及有关人员	3.60	4.47	5.60	7.00	9.59
55	生产辅助人员	2.94	3.66	4.79	6.16	8.07
56	其他生产制造及有关人员	3.00	3.73	4.64	5.99	8.02

表 1-20　安徽省分岗位等级企业从业人员工资价位（2020 年）单位：万元/年

岗位等级		分位值				
		10%	25%	50%	75%	90%
管理类	高层管理岗	3.91	5.30	7.27	11.41	20.00
	中层管理岗	3.80	4.81	6.23	9.19	13.88
	基层管理岗	3.29	4.02	5.40	7.55	12.33
	管理类员工岗	2.76	3.58	4.56	6.05	9.00
技术类	高级职称	3.52	5.00	7.82	12.84	20.81
	中级职称	3.51	4.47	5.93	8.30	12.45
	初级职称	3.36	4.10	5.41	7.18	9.82
技能类	高级技能	3.83	5.29	7.02	9.53	12.48
	中级技能	3.30	4.11	5.44	7.35	10.06
	初级技能	2.76	3.60	4.80	6.15	8.30

表 1-21　　福建省分岗位等级从业人员工资价位（2019 年）　　单位：万元/年

岗位等级		分位值				
		10%	25%	50%	75%	90%
管理类	高层管理岗	4.52	6.20	9.80	16.44	29.93
	中层管理岗	4.26	5.51	7.64	12.00	19.35
	基层管理岗	3.49	4.35	5.60	7.90	12.00
	管理类员工岗	3.12	4.02	5.20	6.91	9.52
技术类	高级职称	4.70	5.83	9.16	12.12	17.45
	中级职称	3.40	4.68	6.48	9.71	13.46
	初级职称	3.28	4.27	5.62	7.80	10.41
技能类	高级技能	4.14	4.93	6.61	9.36	12.50
	中级技能	3.24	4.35	5.50	7.33	10.03
	初级技能	2.76	3.70	4.68	6.00	8.33

表 1-22　　福建省分岗位等级企业从业人员工资价位（2020 年）　　单位：万元/年

岗位等级		分位值				
		10%	25%	50%	75%	90%
管理类	高层管理岗	4.88	6.38	9.60	15.33	29.65
	中层管理岗	4.26	5.50	7.49	11.43	18.96
	基层管理岗	3.36	4.40	5.76	8.00	12.08
	管理类员工岗	3.24	4.20	5.40	7.23	10.06
技术类	高级职称	4.15	5.79	8.85	13.28	21.01
	中级职称	3.72	4.85	6.40	10.71	15.60
	初级职称	3.39	4.35	5.76	8.04	11.37
技能类	高级技能	3.54	4.62	6.36	9.12	12.50
	中级技能	3.36	4.37	5.71	7.85	10.42
	初级技能	3.01	3.91	5.09	6.62	9.17

表 1-23　　江西省分职业类别（中类）的工资价位（2019 年）　　单位：元/年

序号	职业	工资价位				
		10%	25%	50%	75%	90%
1	企事业单位负责人	38 400	48 584	63 540	90 900	143 868
2	科学研究人员	28 000	40 630	54 000	83 650	104 900

附录 1
薪酬参考数据

续表

序号	职业	工资价位				
		10%	25%	50%	75%	90%
3	工程技术人员	31 200	39 033	51 668	70 800	98 650
4	农业技术人员	28 000	38 000	48 754	60 000	73 377
5	飞机和船舶技术人员	25 700	27 000	42 360	52 000	79 200
6	卫生专业技术人员	29 270	38 400	48 354	66 965	87 360
7	经济和金融专业人员	34 200	41 142	53 940	80 207	119 030
8	法律、社会和宗教专业人员	30 238	40 112	50 400	74 520	102 000
9	教学人员	25 136	31 858	38 796	49 200	62 000
10	文学艺术、体育专业人员	26 400	33 875	42 600	53 280	70 000
11	新闻出版、文化专业人员	31 400	39 710	53 400	66 086	96 012
12	其他专业技术人员	32 553	37 522	48 875	69 533	96 000
13	办事人员	28 400	36 000	45 162	60 000	85 600
14	安全和消防人员	24 000	30 000	38 400	53 090	70 000
15	其他办事人员和有关人员	30 742	36 000	46 750	65 000	88 000
16	批发与零售服务人员	25 200	32 000	41 450	54 678	72 000
17	交通运输、仓储和邮政业服务人员	28 060	36 346	45 900	57 565	74 400
18	住宿和餐饮服务人员	24 000	28 000	34 400	43 300	57 200
19	信息传输、软件和信息技术服务人员	32 120	42 000	55 140	72 954	95 927
20	金融服务人员	42 300	56 067	80 970	110 515	161 125
21	房地产服务人员	26 000	32 500	43 440	65 500	95 100
22	租赁和商务服务人员	22 800	28 920	37 930	50 200	64 768
23	技术辅助服务人员	31 117	37 490	47 764	60 300	78 197
24	水利、环境和公共设施管理服务人员	20 400	23 800	28 816	36 989	46 800
25	居民服务人员	25 000	30 600	36 250	45 828	56 000
26	电力、燃气及水供应服务人员	32 776	40 305	55 200	69 059	87 380
27	修理及制作服务人员	26 100	36 360	47 600	64 130	80 100
28	文化、体育和娱乐服务人员	25 480	32 200	42 320	52 600	83 617
29	健康服务人员	24 962	31 840	38 500	60 000	69 318
30	农业生产人员	21 620	24 900	28 000	36 020	48 775
31	林业生产人员	24 000	32 000	45 400	50 400	56 350

续表

序号	职业	工资价位				
		10%	25%	50%	75%	90%
32	畜牧业生产人员	35 884	39 700	44 960	56 520	74 526
33	渔业生产人员	29 000	38 600	50 922	76 190	78 330
34	农、林、牧、渔业生产辅助人员	22 800	32 547	42 025	46 400	56 803
35	其他农、林、牧、渔业生产加工人员	25 800	27 600	31 872	42 000	56 201
36	农副产品加工人员	25 473	34 083	40 446	48 496	59 746
37	食品、饮料生产加工人员	23 520	30 000	40 400	48 117	52 934
38	纺织、针织、印染人员	28 800	34 960	43 111	52 686	60 620
39	纺织品、服装和皮革、毛皮制品加工制作人员	28 450	34 350	41 068	48 006	54 008
40	木材加工、家具与木制品制作人员	30 000	37 395	46 000	54 660	63 056
41	纸及纸制品生产加工人员	24 705	32 995	38 447	47 400	55 260
42	印刷和记录媒介复制人员	28 800	33 600	40 087	48 375	59 848
43	文教、工美、体育和娱乐用品制造人员	30 256	33 899	38 250	48 600	59 119
44	石油加工和炼焦、煤化工生产人员	27 014	40 886	54 850	67 826	69 944
45	化学原料和化学制品制造人员	23 769	31 000	41 520	52 000	61 800
46	医药制造人员	30 077	36 000	44 400	54 430	64 320
47	橡胶和塑料制品制造人员	29 273	36 000	42 700	52 516	65 764
48	非金属矿物制品制造人员	24 809	35 563	44 125	52 621	69 271
49	采矿人员	33 162	39 381	48 000	57 000	69 700
50	金属冶炼和压延加工人员	35 721	42 000	48 950	59 751	78 395
51	机械制造基础加工人员	28 860	36 000	48 000	60 860	79 206
52	金属制品制造人员	32 825	40 567	45 441	57 456	70 305
53	通用设备制造人员	33 200	38 805	46 013	56 645	77 211
54	专用设备制造人员	30 101	35 960	41 856	61 000	73 413
55	汽车制造人员	30 295	38 382	46 223	54 780	65 658
56	铁路、船舶、航空设备制造人员	40 140	41 942	44 940	49 792	51 344
57	电气机械和器材制造人员	29 900	35 100	41 658	51 000	59 508
58	计算机、通信和其他电子设备制造人员	30 338	36 192	45 360	54 451	59 900
59	仪器仪表制造人员	19 200	19 213	20 405	42 000	50 000
60	废弃资源综合利用人员	33 621	35 520	42 000	60 891	61 354

附录 1
薪酬参考数据

续表

序号	职业	工资价位				
		10%	25%	50%	75%	90%
61	电力、热力、气体、水生产和输配人员	30 250	39 616	51 800	70 682	110 475
62	建筑施工人员	31 474	38 400	47 800	60 000	82 200
63	运输设备和通用工程机械操作人员及有关人员	35 000	42 000	53 560	66 652	83 000
64	生产辅助人员	27 600	35 968	44 800	56 664	70 874
65	其他生产制造及有关人员	29 860	36 000	43 857	55 033	68 874

表 1-24 江西省分岗位等级的工资价位（2019 年） 单位：元/年

序号	岗位等级		工资价位				
			10%	25%	50%	75%	90%
1	管理类	高层管理岗	46 800	59 682	79 440	120 000	200 000
2		中层管理岗	40 000	50 000	64 500	88 900	135 350
3		基层管理岗	31 611	41 005	53 100	72 549	110 294
4		管理类员工岗	29 400	36 100	46 233	60 684	86 063
5	技术类	高级职称	36 162	49 400	69 029	100 000	148 870
6		中级职称	35 812	44 605	60 000	87 008	123 294
7		初级职称	32 400	39 122	50 599	71 100	97 050
8	技能类	高级技师	30 000	44 096	56 489	73 414	104 200
9		技师	33 348	39 400	51 600	72 000	102 551
10		高级技能	33 600	39 352	49 943	69 893	92 025
11		中级技能	32 450	36 600	48 820	63 864	83 000
12		初级技能	29 500	36 036	44 980	55 200	72 394

表 1-25 江西省分职业类别（中类）工资价位（2020 年） 单位：元/年

序号	职业	工资价位				
		10%	25%	50%	75%	90%
1	企事业单位负责人	42 000	53 000	69 600	101 202	168 000
2	科学研究人员	27 050	37 800	50 630	71 814	144 000
3	工程技术人员	34 500	42 500	54 000	70 957	103 600
4	飞机和船舶技术人员	42 800	44 360	46 200	60 960	147 714

续表

序号	职业	工资价位				
		10%	25%	50%	75%	90%
5	法律、社会和宗教专业人员	42 113	51 450	60 000	102 000	143 447
6	教学人员	25 320	32 000	39 600	55 970	72 000
7	文学艺术、体育专业人员	30 800	38 100	46 920	56 400	66 800
8	新闻出版、文化专业人员	31 200	39 094	51 627	66 000	79 963
9	其他专业技术人员	33 200	39 800	49 711	71 500	83 640
10	办事人员	30 500	37 660	48 000	62 690	92 000
11	安全和消防人员	23 456	32 000	42 000	53 548	75 428
12	其他办事人员和有关人员	32 592	38 840	47 500	61 300	92 070
13	批发与零售服务人员	26 400	33 360	42 600	55 816	74 725
14	交通运输、仓储和邮政业服务人员	30 000	37 680	47 000	58 000	72 000
15	住宿和餐饮服务人员	24 120	29 348	36 000	45 835	58 478
16	信息传输、软件和信息技术服务人员	34 740	42 000	56 194	79 459	109 863
17	金融服务人员	44 825	59 526	84 344	115 000	163 798
18	房地产服务人员	28 000	36 000	47 074	61 600	82 800
19	租赁和商务服务人员	24 360	30 400	38 659	50 100	63 018
20	技术辅助服务人员	32 288	39 800	49 500	61 800	78 869
21	水利、环境和公共设施管理服务人员	20 770	24 468	31 000	40 000	50 400
22	居民服务人员	25 982	32 720	41 157	47 766	60 000
23	电力、燃气及水供应服务人员	33 000	42 120	58 601	102 906	160 597
24	修理及制作服务人员	30 406	38 400	47 449	61 441	81 529
25	文化、体育和娱乐服务人员	23 000	28 560	40 540	48 067	57 640
26	健康服务人员	29 034	36 940	43 290	47 040	59 615
27	农业生产人员	23 700	26 851	32 600	38 810	47 678
28	林业生产人员	32 000	35 970	49 956	57 707	76 580
29	畜牧业生产人员	20 160	28 007	43 980	51 002	67 909
30	渔业生产人员	32 256	39 300	42 658	51 122	57 800
31	农、林、牧、渔业生产辅助人员	27 600	39 000	45 045	48 708	59 980
32	其他农、林、牧、渔业生产加工人员	30 514	33 265	37 830	42 230	46 430
33	农副产品加工人员	29 000	35 000	42 000	53 920	78 053

附录 1

薪酬参考数据

续表

序号	职业	工资价位				
		10%	25%	50%	75%	90%
34	食品、饮料生产加工人员	24 000	33 900	43 152	50 584	60 912
35	纺织、针织、印染人员	30 800	36 950	47 421	55 010	67 217
36	纺织品、服装和皮革、毛皮制品加工制作人员	30 000	36 468	42 500	49 250	54 528
37	木材加工、家具与木制品制作人员	33 200	40 000	48 851	62 052	75 754
38	纸及纸制品生产加工人员	26 400	34 207	40 296	41 976	48 000
39	印刷和记录媒介复制人员	27 490	30 720	39 630	53 653	72 000
40	文教、工美、体育和娱乐用品制造人员	23 800	28 000	35 820	42 920	48 000
41	石油加工和炼焦、煤化工生产人员	33 921	39 399	65 841	80 790	91 872
42	化学原料和化学制品制造人员	25 262	33 000	42 560	53 182	68 945
43	医药制造人员	31 500	36 000	46 156	55 409	64 059
44	橡胶和塑料制品制造人员	27 000	37 200	44 768	51 600	57 600
45	非金属矿物制品制造人员	30 424	38 400	44 330	55 881	77 871
46	采矿人员	34 158	43 663	50 025	59 800	76 190
47	金属冶炼和压延加工人员	36 699	41 593	48 000	61 425	71 019
48	机械制造基础加工人员	32 651	39 780	49 000	61 680	83 111
49	金属制品制造人员	27 539	37 773	45 870	54 671	61 985
50	通用设备制造人员	33 064	42 122	49 500	60 000	82 010
51	专用设备制造人员	32 500	35 460	44 555	62 250	71 000
52	汽车制造人员	28 800	38 000	46 000	61 961	78 447
53	电气机械和器材制造人员	28 500	37 384	44 416	53 136	62 067
54	计算机、通信和其他电子设备制造人员	32 476	40 228	46 321	56 400	64 120
55	仪器仪表制造人员	19 206	19 600	20 836	45 393	47 240
56	废弃资源综合利用人员	36 750	41 796	48 438	67 360	121 138
57	电力、热力、气体、水生产和输配人员	32 800	39 650	54 870	83 541	132 625
58	建筑施工人员	32 000	38 910	50 580	64 000	82 200
59	运输设备和通用工程机械操作人员及有关人员	34 904	43 000	54 000	66 415	78 000
60	生产辅助人员	27 060	36 000	46 600	59 684	77 801
61	其他生产制造及有关人员	30 180	36 781	45 750	58 121	74 664

表1-26　江西省分岗位等级工资价位（2020年）　　　　单位：元/年

序号	岗位等级	工资价位				
		10%	25%	50%	75%	90%
1	高层管理岗	49 346	60 000	86 000	130 000	228 113
2	中层管理岗	42 000	52 514	67 200	94 432	150 000
3	基层管理岗	35 860	42 800	56 515	81 361	131 440
4	管理类员工岗	30 682	38 257	49 343	66 254	100 800
5	高级职称	42 300	52 950	78 820	120 000	176 244
6	中级职称	37 354	48 000	60 400	88 800	134 427
7	初级职称	34 500	42 125	54 000	72 000	107 087
8	高级技师	34 680	51 100	70 015	92 592	128 560
9	技师	34 525	47 763	60 000	84 000	118 917
10	高级技能	35 100	42 600	54 150	71 019	100 588
11	中级技能	34 104	42 012	51 408	68 400	94 842
12	初级技能	32 239	39 740	47 991	59 799	78 360

表1-27　山东省技能岗位工资价位（2019年）　　　　单位：万元/年

序号	职业代码	技能岗位名称	分位值				
			10%	25%	50%	75%	90%
1	4010100	采购人员	3.15	3.92	5.09	7.16	10.56
2	4010200	销售人员	2.60	3.27	4.14	5.65	8.48
3	4020100	轨道交通运输服务人员	9.55	10.57	11.56	12.44	13.23
4	4020200	道路运输服务人员	3.58	4.68	6.52	9.18	10.57
5	4020500	装卸搬运和运输代理服务人员	2.80	3.83	5.54	7.87	9.80
6	4020600	仓储人员	2.88	3.52	4.38	5.96	8.20
7	4020700	邮政和快递服务人员	4.51	6.13	8.08	9.95	12.23
8	4030100	住宿服务人员	2.52	3.03	3.60	4.44	5.63
9	4030200	餐饮服务人员	2.95	3.56	4.39	5.89	7.97
10	4040100	信息通信业务人员	3.94	6.14	7.81	10.01	12.86
11	4050100	银行服务人员	6.44	8.40	10.72	13.98	19.06
12	4050400	保险服务人员	2.61	4.67	7.10	10.89	17.36
13	4060100	物业管理服务人员	2.46	3.00	3.57	4.49	6.13

附录1

薪酬参考数据

续表

序号	职业代码	技能岗位名称	分位值				
			10%	25%	50%	75%	90%
14	4070200	商务咨询服务人员	3.19	4.32	5.63	6.93	8.99
15	4070400	旅游及公共游览场所服务人员	2.55	2.87	3.43	4.26	5.31
16	4070500	安全保护服务人员	2.17	2.57	3.46	5.57	7.67
17	4070600	市场管理服务人员	2.75	3.61	5.50	8.40	12.71
18	4090800	环境卫生服务人员	1.96	2.29	2.86	3.74	4.95
19	4120100	汽车摩托车修理技术服务人员	3.42	4.12	5.55	7.38	8.82
20	6010400	畜禽制品加工人员	3.13	3.58	4.31	4.46	5.22
21	6040200	纺纱人员	3.24	3.80	4.48	5.39	6.26
22	6040300	织造人员	3.48	3.85	4.77	6.00	6.94
23	6040600	印染人员	3.34	3.94	4.87	6.09	7.61
24	6050100	纺织品和服装剪裁缝纫人员	2.89	3.37	3.99	4.71	5.56
25	6070100	制浆造纸人员	3.65	4.83	5.85	6.76	8.36
26	6110100	化工产品生产通用工艺人员	3.67	4.52	6.07	8.60	12.21
27	6110200	基础化学原料制造人员	4.22	5.42	7.36	8.10	8.87
28	6140100	橡胶制品生产人员	3.30	3.96	5.28	6.05	7.90
29	6160100	矿物采选人员	4.10	5.71	7.58	10.48	13.79
30	6160200	石油和天然气开采与储运人员	6.93	9.34	10.79	12.24	13.93
31	6170100	炼铁人员	3.67	5.60	7.12	8.15	9.62
32	6170900	金属轧制人员	3.63	4.02	5.37	6.49	7.24
33	6180100	机械冷加工人员	3.59	4.47	5.63	6.78	8.40
34	6180200	机械热加工人员	3.43	4.22	5.60	7.24	8.88
35	6180300	机械表面处理加工人员	3.81	4.37	5.27	6.46	7.57
36	6180400	工装工具制造加工人员	4.10	4.40	6.08	6.84	7.89
37	6200100	通用基础件装配制造人员	3.87	4.52	6.02	7.84	9.79
38	6220100	汽车零部件、饰件生产加工人员	3.66	4.32	6.16	8.29	10.05
39	6250100	电子元件制造人员	4.03	4.11	4.24	4.93	5.42
40	6280100	电力、热力生产和供应人员	4.15	5.09	7.09	10.89	15.77
41	6280300	水生产、输排和水处理人员	3.80	5.15	6.74	9.64	10.49
42	6290100	房屋建筑施工人员	2.82	3.75	5.00	6.92	7.38

续表

序号	职业代码	技能岗位名称	分位值				
			10%	25%	50%	75%	90%
43	6290200	土木工程建筑施工人员	3.56	4.44	6.97	9.15	10.80
44	6290300	建筑安装施工人员	2.36	3.76	5.53	7.60	9.39
45	6300100	专用车辆操作人员	4.04	5.37	6.95	9.99	12.05
46	6300500	通用工程机械操作人员	4.43	5.52	7.22	10.47	12.99
47	6310100	机械设备修理人员	3.74	4.73	5.96	7.90	10.73
48	6310300	检验试验人员	3.43	4.06	5.04	6.43	8.05
49	6310500	包装人员	3.00	3.44	4.21	5.34	6.72
50	6310600	安全生产管理人员	1.91	2.52	3.83	5.88	9.83

表1-28　山东省技能类职业人力资源市场工资价位（2020年）　单位：万元/年

分类	序号	职业代码	职业名称	分位值				
				10%	25%	50%	75%	90%
商业、服务业人员	1	4010100	采购人员	3.60	4.26	5.60	7.40	10.72
	2	4010201	营销员	3.07	3.79	5.04	7.58	11.48
	3	4010203	商品营业员	2.56	3.12	3.80	4.60	5.78
	4	4010204	收银员	2.70	3.08	3.67	4.25	5.20
	5	4019900	其他批发与零售服务人员	2.80	3.31	4.05	5.20	7.23
	6	4020104	铁路行包运输服务员	10.97	11.66	12.47	13.34	14.29
	7	4020201	道路客运汽车驾驶员	3.94	4.86	6.33	7.84	9.48
	8	4020202	道路货运汽车驾驶员	3.62	4.44	5.85	7.66	10.40
	9	4020203	道路客运服务员	2.39	2.87	3.56	4.66	6.21
	10	4020501	装卸搬运工	3.92	4.97	6.51	9.28	11.01
	11	4020601	仓储管理员	3.30	3.96	4.87	6.24	8.33
	12	4020602	理货员	2.82	3.52	4.33	6.37	9.80
	13	4029900	其他交通运输、仓储和邮政业服务人员	6.46	10.71	11.85	12.98	14.14
	14	4030201	中式烹调师	3.12	3.84	5.20	7.00	9.88
	15	4030205	餐厅服务员	2.60	3.12	3.81	4.88	6.58
	16	4039900	其他住宿和餐饮服务人员	2.96	3.60	3.99	5.03	6.75

附录 1
薪酬参考数据

续表

分类	序号	职业代码	职业名称	分位值				
				10%	25%	50%	75%	90%
商业、服务业人员	17	4040103	信息通信业务员	5.13	7.57	9.67	12.42	16.01
	18	4050101	银行综合柜员	6.70	8.39	10.30	12.89	16.07
	19	4050102	银行信贷员	7.25	9.76	13.23	17.64	23.75
	20	4050103	银行客户业务员	7.33	9.12	11.26	15.38	22.54
	21	4059900	其他金融服务人员	5.74	8.20	10.26	13.11	17.13
	22	4060101	物业管理员	2.40	2.94	3.84	4.80	6.65
	23	4070501	保安员	2.38	2.87	3.78	5.40	7.54
	24	4090801	保洁员	2.08	2.40	3.12	4.01	5.03
	25	4109900	其他居民服务人员	3.60	4.32	4.32	5.22	11.52
	26	4120101	汽车维修工	3.25	4.00	5.44	7.27	8.87
生产运输工人	27	6010401	畜禽屠宰加工工	2.08	3.61	4.95	6.02	7.04
	28	6040201	纺纱工	3.40	3.87	4.88	6.14	6.99
	29	6040303	织布工	3.71	4.20	5.23	6.64	7.59
	30	6050103	缝纫工	3.19	3.60	4.49	5.48	6.42
	31	6110102	化工单元操作工	4.16	5.41	7.14	10.39	14.75
	32	6140101	橡胶制品生产工	4.11	4.66	5.36	6.55	8.34
	33	6160104	矿井开掘工	5.84	7.65	9.35	11.57	14.53
	34	6160105	井下采矿工	3.98	6.81	9.26	11.87	14.89
	35	6160207	石油开采工	9.90	10.67	11.52	12.46	13.77
	36	6180101	车工	4.20	4.98	5.87	6.91	8.64
	37	6180112	冲压工	4.03	4.55	5.38	6.55	7.99
	38	6180204	焊工	3.91	5.06	6.63	8.28	9.96
	39	6200101	装配钳工	4.10	5.22	6.80	9.87	12.71
	40	6220101	汽车生产线操作工	4.23	4.95	6.25	8.89	13.32
	41	6250107	电声器件制造工	4.04	4.10	4.15	4.64	5.04
	42	6289900	其他电力、热力、气体、水生产和输配人员	4.73	6.08	10.34	13.63	16.49
	43	6300100	专用车辆驾驶员	3.91	5.10	6.73	8.80	10.97

续表

分类	序号	职业代码	职业名称	分位值				
				10%	25%	50%	75%	90%
生产运输工人	44	6300501	起重装卸机械操作工	5.28	6.59	9.38	12.41	14.45
	45	6310102	机修钳工	4.05	5.11	5.80	7.29	9.36
	46	6310103	电工	3.85	4.94	6.35	8.41	10.97
	47	6310109	工程机械维修工	4.07	5.40	7.24	9.49	12.48
	48	6310305	质检员	3.54	4.21	5.20	6.50	8.22
	49	6310500	包装工	3.25	3.92	4.74	6.07	7.47
	50	6319900	其他生产辅助人员	3.34	4.14	5.47	7.52	10.44

表1-29 山东省分岗位等级人力资源市场工资价位（2020年） 单位：万元/年

岗位等级		分位值				
		10%	25%	50%	75%	90%
管理类	高层管理岗	4.50	6.10	10.12	21.18	41.40
	中层管理岗	4.21	5.87	9.51	17.64	28.85
	基层管理岗	3.85	5.35	8.66	14.91	21.92
	管理类员工岗	3.12	4.09	5.71	8.91	13.36
技术类	高级职称	6.73	9.35	12.45	17.93	25.46
	中级职称	4.56	6.60	9.79	13.92	19.16
	初级职称	3.65	4.56	6.66	10.62	14.89
	没有取得专业技术职称	3.49	4.42	6.37	9.52	13.54
技能类	高级技师	5.00	7.22	11.01	13.85	17.20
	技师	4.50	5.68	9.00	12.54	15.27
	高级技能	4.87	6.90	9.45	11.84	13.96
	中级技能	3.92	5.27	7.45	11.02	13.81
	初级技能	3.14	4.08	5.41	7.64	11.00
	没有取得资格证书	2.99	3.86	5.16	7.14	10.05

附录 1
薪酬参考数据

表 1-30　湖北省分职业中类企业从业人员工资价位（2019 年）　单位：万元/年

序号	职业中类名称	分位值				
		10%	25%	50%	75%	90%
1	企事业单位负责人	3.60	4.80	7.14	13.12	23.10
2	科学研究人员	2.69	3.37	4.74	7.19	10.21
3	工程技术人员	3.64	5.01	8.81	14.40	21.66
4	农业技术人员	2.64	3.29	4.44	7.21	10.20
5	飞机和船舶技术人员	3.24	4.82	5.04	8.16	12.00
6	卫生专业技术人员	3.05	3.60	5.08	7.59	12.30
7	经济和金融专业人员	3.49	4.56	7.10	11.00	15.02
8	法律、社会和宗教专业人员	4.20	4.85	6.60	9.71	13.90
9	教学人员	2.73	3.26	4.88	6.19	9.39
10	文学艺术、体育专业人员	2.60	4.36	5.75	9.96	17.98
11	新闻出版、文化专业人员	4.08	5.03	7.11	10.08	13.32
12	其他专业技术人员	3.57	4.56	5.96	8.99	12.93
13	办事人员	3.12	4.00	5.85	9.66	14.85
14	安全和消防人员	3.00	3.53	4.06	5.17	7.80
15	其他办事人员和有关人员	3.21	4.23	6.04	10.12	13.54
16	批发与零售服务人员	2.72	3.33	4.24	6.30	9.06
17	交通运输、仓储和邮政业服务人员	2.86	3.72	5.14	7.15	9.54
18	住宿和餐饮服务人员	2.53	3.00	3.72	4.69	6.03
19	信息传输、软件和信息技术服务人员	3.90	5.42	7.87	10.06	13.91
20	金融服务人员	5.16	6.20	9.60	12.96	16.95
21	房地产服务人员	2.55	3.39	4.20	5.13	7.15
22	租赁和商务服务人员	2.40	2.76	3.65	5.05	6.45
23	技术辅助服务人员	2.95	3.54	4.52	6.75	10.69
24	水利、环境和公共设施管理服务人员	2.20	2.50	3.00	4.20	5.42
25	居民服务人员	2.30	2.52	3.71	4.80	5.40
26	电力、燃气及水供应服务人员	3.00	3.60	5.23	6.49	8.48
27	修理及制作服务人员	3.10	3.74	4.80	6.86	8.71

续表

序号	职业中类名称	分位值				
		10%	25%	50%	75%	90%
28	文化、体育和娱乐服务人员	2.36	3.25	3.91	4.08	5.01
29	健康服务人员	3.12	3.31	4.06	5.52	6.56
30	其他社会生产和生活服务人员	2.70	2.90	3.24	3.76	3.93
31	农业生产人员	2.29	2.41	3.40	3.76	4.32
32	林业生产人员	2.80	3.12	5.77	7.19	8.70
33	畜牧业生产人员	2.52	4.50	6.11	6.93	7.62
34	渔业生产人员	2.76	2.89	3.05	4.12	5.96
35	农、林、牧、渔业生产辅助人员	2.40	3.00	3.75	3.96	6.01
36	其他农、林、牧、渔业生产加工人员	2.42	3.03	3.51	4.11	4.92
37	农副产品加工人员	3.00	3.36	3.60	4.50	5.72
38	食品、饮料生产加工人员	3.00	3.62	4.78	5.96	7.45
39	纺织、针织、印染人员	2.93	3.54	4.52	5.04	6.88
40	纺织品、服装和皮革、毛皮制品加工制作人员	2.93	3.44	4.08	6.47	7.45
41	木材加工、家具与木制品制作人员	2.79	3.60	4.41	6.42	8.00
42	纸及纸制品生产加工人员	3.05	3.60	4.20	4.81	6.47
43	印刷和记录媒介复制人员	3.96	4.51	4.91	7.28	9.71
44	文教、工美、体育和娱乐用品制造人员	2.83	3.52	4.08	4.85	6.24
45	石油加工和炼焦、煤化工生产人员	4.69	4.89	6.63	10.60	11.24
46	化学原料和化学制品制造人员	3.39	4.00	4.85	6.14	7.61
47	医药制造人员	3.34	3.50	4.29	5.40	6.62
48	化学纤维制造人员	2.75	2.90	3.76	4.21	4.60
49	橡胶和塑料制品制造人员	2.88	3.54	4.93	6.91	7.78
50	非金属矿物制品制造人员	3.47	4.04	4.94	6.00	8.57
51	采矿人员	3.55	4.72	7.17	8.89	10.57
52	金属冶炼和压延加工人员	3.21	3.76	5.00	6.55	8.63
53	机械制造基础加工人员	3.28	4.13	5.13	7.12	9.50
54	金属制品制造人员	3.50	4.21	5.84	7.63	10.58

续表

序号	职业中类名称	分位值				
		10%	25%	50%	75%	90%
55	通用设备制造人员	3.51	4.22	5.46	8.08	10.19
56	专用设备制造人员	2.92	3.36	4.20	5.14	7.39
57	汽车制造人员	3.54	4.06	5.17	6.36	7.72
58	铁路、船舶、航空设备制造人员	4.08	5.17	9.47	10.78	11.99
59	电气机械和器材制造人员	3.83	4.39	4.68	5.46	6.40
60	计算机、通信和其他电子设备制造人员	3.90	4.38	4.98	5.82	8.33
61	仪器仪表制造人员	2.55	2.81	3.16	3.58	3.82
62	废弃资源综合利用人员	3.28	4.65	5.12	5.38	5.61
63	电力、热力、气体、水生产和输配人员	3.46	4.46	7.55	13.46	21.62
64	建筑施工人员	3.11	3.35	4.59	6.28	9.07
65	运输设备和通用工程机械操作人员及有关人员	3.64	4.29	5.76	8.50	11.34
66	生产辅助人员	3.07	3.72	5.00	7.13	9.87
67	其他生产制造及有关人员	3.14	3.76	5.15	6.73	8.14

表1-31　湖北省分岗位等级企业从业人员工资价位（2019年）　单位：万元/年

岗位等级		分位值				
		10%	25%	50%	75%	90%
管理类	高层管理岗	4.10	5.48	8.45	16.08	33.37
	中层管理岗	3.83	5.07	7.47	14.09	24.42
	基层管理岗	3.56	4.80	6.80	13.19	17.57
	管理类员工岗	3.11	3.90	5.30	8.45	12.92
技术类	高级职称	4.63	8.73	12.84	25.50	32.76
	中级职称	3.65	5.50	8.22	13.75	21.08
	初级职称	3.36	4.43	6.00	9.88	14.28
技能类	高级技能及以上	3.51	4.63	6.43	9.38	12.14
	中级技能	3.28	4.32	5.88	8.41	9.87
	初级技能	2.94	3.70	4.70	6.42	9.06

表1-32　　湖北省分职业中类企业从业人员工资价位（2020年）　单位：万元/年

序号	职业中类名称	分位值				
		10%	25%	50%	75%	90%
1	企事业单位负责人	3.53	4.50	6.10	9.60	16.36
2	科学研究人员	2.64	3.29	4.80	5.76	7.96
3	工程技术人员	3.24	4.10	5.51	8.12	12.79
4	农业技术人员	2.68	3.80	4.28	5.24	6.66
5	飞机和船舶技术人员	3.53	3.60	8.92	11.94	14.00
6	卫生专业技术人员	2.88	3.52	4.45	6.20	8.82
7	经济和金融专业人员	3.15	3.87	5.03	7.46	12.14
8	法律、社会和宗教专业人员	3.50	4.12	4.58	7.18	12.06
9	教学人员*	2.50	3.22	3.35	4.96	6.31
10	文学艺术、体育专业人员	2.60	3.26	4.50	5.58	8.52
11	新闻出版、文化专业人员	3.18	3.84	5.49	7.85	11.45
12	其他专业技术人员	3.01	4.18	4.72	5.80	7.56
13	办事人员	2.88	3.60	4.68	6.32	10.16
14	安全和消防人员	2.74	3.26	3.75	4.96	6.30
15	其他办事人员和有关人员	2.64	3.80	5.34	7.96	12.48
16	批发与零售服务人员	2.59	3.20	4.06	5.55	7.64
17	交通运输、仓储和邮政业服务人员	2.76	3.31	4.21	5.57	7.62
18	住宿和餐饮服务人员	2.40	2.80	3.36	4.26	5.53
19	信息传输、软件和信息技术服务人员	3.39	4.12	5.61	9.41	13.78
20	金融服务人员	3.82	5.80	8.55	12.29	17.09
21	房地产服务人员	2.64	3.36	4.26	5.45	7.05
22	租赁和商务服务人员	2.40	2.88	3.60	4.72	6.45
23	技术辅助服务人员	3.00	3.56	4.34	6.00	8.40
24	水利、环境和公共设施管理服务人员	2.20	2.52	3.06	4.16	5.10
25	居民服务人员	2.23	2.62	3.41	4.50	6.26
26	电力、燃气及水供应服务人员	3.49	4.77	7.10	8.60	12.42
27	修理及制作服务人员	3.03	3.60	4.33	5.62	7.32

附录 1

薪酬参考数据

续表

序号	职业中类名称	分位值				
		10%	25%	50%	75%	90%
28	文化、体育和娱乐服务人员	2.40	2.90	3.50	4.19	5.00
29	健康服务人员	2.40	3.02	3.88	5.07	5.90
30	其他社会生产和生活服务人员	3.13	3.21	3.31	3.40	3.85
31	农业生产人员	2.13	2.57	3.09	3.69	4.32
32	林业生产人员	2.55	2.80	3.26	4.20	5.42
33	畜牧业生产人员	3.60	4.04	4.07	6.00	7.14
34	渔业生产人员	2.26	3.80	4.80	5.14	6.50
35	农、林、牧、渔业生产辅助人员	3.00	3.26	3.70	5.37	7.97
36	其他农、林、牧、渔业生产加工人员	3.40	3.60	3.80	5.20	5.79
37	农副产品加工人员	2.48	3.06	3.63	4.68	6.02
38	食品、饮料生产加工人员	2.55	3.22	4.00	5.50	7.10
39	烟草及其制品加工人员	5.36	9.44	9.98	15.41	20.73
40	纺织、针织、印染人员	2.67	3.24	4.02	4.51	5.22
41	纺织品、服装和皮革、毛皮制品加工制作人员	3.14	3.77	5.40	6.00	6.69
42	木材加工、家具与木制品制作人员	3.29	3.80	4.10	4.50	6.00
43	纸及纸制品生产加工人员	2.74	3.51	4.53	5.64	7.71
44	印刷和记录媒介复制人员	2.08	2.77	4.34	4.88	6.32
45	文教、工美、体育和娱乐用品制造人员	2.88	3.25	3.73	4.88	6.24
46	石油加工和炼焦、煤化工生产人员	3.78	4.43	4.71	5.33	6.84
47	化学原料和化学制品制造人员	3.50	4.05	4.86	6.36	7.88
48	医药制造人员	3.59	4.04	5.10	6.50	7.56
49	化学纤维制造人员	2.88	3.17	3.56	4.05	4.68
50	橡胶和塑料制品制造人员	3.23	3.60	4.50	5.80	7.55
51	非金属矿物制品制造人员	3.07	3.60	4.56	6.35	8.54
52	采矿人员	3.00	4.10	4.93	6.80	9.12
53	金属冶炼和压延加工人员	3.23	3.87	4.59	5.52	6.24
54	机械制造基础加工人员	3.15	3.70	4.74	6.22	7.67

续表

序号	职业中类名称	分位值				
		10%	25%	50%	75%	90%
55	金属制品制造人员	2.70	3.51	4.40	6.14	7.84
56	通用设备制造人员	3.18	4.07	5.39	6.12	7.44
57	专用设备制造人员	3.00	3.98	4.59	4.80	4.90
58	汽车制造人员	3.39	3.85	4.73	6.14	8.68
59	铁路、船舶、航空设备制造人员	3.75	4.72	6.80	10.00	14.67
60	电气机械和器材制造人员	2.36	3.45	4.27	5.73	7.59
61	计算机、通信和其他电子设备制造人员	2.59	3.29	4.17	4.96	5.80
62	仪器仪表制造人员	2.25	3.11	4.19	5.76	6.87
63	废弃资源综合利用人员	2.42	2.69	2.90	5.00	12.22
64	电力、热力、气体、水生产和输配人员	3.46	5.14	5.82	6.55	11.79
65	建筑施工人员	3.12	3.52	4.41	6.01	8.54
66	运输设备和通用工程机械操作人员及有关人员	3.43	4.20	5.14	7.20	8.66
67	生产辅助人员	2.88	3.50	4.45	5.80	7.84
68	其他生产制造及有关人员	2.76	3.46	4.34	5.90	7.42

*本调查所称"教学人员"是指在企业中从事各级各类教育工作的专业人员。

表1-33　　**湖北省分岗位等级企业从业人员工资价位（2020年）**　单位：万元/年

岗位等级		分位值				
		10%	25%	50%	75%	90%
管理类	高层管理岗	4.08	5.40	7.56	12.24	23.24
	中层管理岗	3.60	4.56	6.10	9.20	15.41
	基层管理岗	3.22	4.08	5.40	7.71	13.42
	管理类员工岗	2.82	3.60	4.60	6.36	10.33
技术类	高级职称	4.20	6.00	9.20	15.88	26.21
	中级职称	3.46	4.44	5.60	8.40	13.83
	初级职称	3.15	3.80	4.92	6.94	10.73
技能类	高级技能及以上	3.71	4.85	6.59	9.55	12.56
	中级技能	3.36	4.01	5.42	7.46	10.41
	初级技能	2.75	3.40	4.24	5.80	8.12

附录1
薪酬参考数据

表1-34　　湖南省分岗位等级企业从业人员工资价位（2020年）　单位：万元/年

岗位等级		分位值				
		10%	25%	50%	75%	90%
管理类	高层管理岗	4.20	5.36	7.20	11.62	19.00
	中层管理岗	3.60	4.50	6.00	8.85	14.40
	基层管理岗	2.98	3.80	5.00	7.20	11.99
	管理类员工岗	2.59	3.50	4.20	5.79	8.29
技术类	高级职称	3.80	4.94	7.20	12.30	19.61
	中级职称	3.50	4.33	6.00	9.12	13.16
	初级职称	2.93	3.72	4.81	6.60	9.41
技能类	高级技能	3.00	4.50	6.11	8.82	11.87
	中级技能	3.36	3.92	5.00	7.09	9.75
	初级技能	2.41	3.22	4.35	5.86	8.21

表1-35　　广东省分技能等级工资价位（2019年）　单位：元/月

序号	岗位等级	工资价位				
		10%	25%	50%	75%	90%
1	职业技能岗	2 942	3 893	5 261	7 495	10 736
2	高级技师	4 232	5 462	7 379	11 851	14 020
3	技师	4 145	5 287	7 107	9 830	13 810
4	高级技能	4 121	5 073	6 711	9 729	13 442
5	中级技能	3 100	4 200	5 622	7 966	10 960
6	初级技能	2 750	3 539	4 703	6 477	8 857

表1-36　　广西壮族自治区分岗位等级企业从业人员工资价位（2019年）　单位：万元/年

岗位等级		分位值				
		10%	25%	50%	75%	90%
管理类	高层管理岗	3.60	4.80	6.70	11.48	20.20
	中层管理岗	3.36	4.20	5.53	8.35	13.83
	基层管理岗	3.00	3.62	4.84	7.06	11.72
	管理类员工岗	2.37	3.10	3.98	5.45	7.97

续表

岗位等级		分位值				
		10%	25%	50%	75%	90%
技术类	高级职称	3.46	4.60	6.83	11.50	18.74
	中级职称	3.00	3.80	5.16	7.80	12.11
	初级职称	2.67	3.50	4.50	6.00	8.81
技能类	高级技能	3.38	4.89	6.89	9.60	13.43
	中级技能	2.60	3.60	4.86	6.80	9.62
	初级技能	2.28	3.00	3.98	5.50	7.40

表1-37　　　　广西壮族自治区分岗位等级企业从业人员工资价位（2020年）　　　　单位：万元/年

岗位等级		分位值				
		10%	25%	50%	75%	90%
管理类	高层管理岗（高级管理岗）	3.77	5.04	6.90	11.98	21.11
	中层管理岗（一级部门管理岗）	3.46	4.36	5.97	8.71	14.40
	基层管理岗（二级部门管理岗）	2.88	3.73	4.95	7.16	11.05
	管理类员工岗（其他管理岗）	2.50	3.28	4.20	5.80	8.20
技术类	高级职称	3.27	4.49	6.60	11.83	21.25
	中级职称	3.00	4.08	5.88	8.19	13.00
	初级职称	2.62	3.60	4.60	6.15	9.00
技能类	高级技能及以上	3.50	5.16	7.29	10.21	14.40
	中级技能	3.00	3.84	5.34	7.21	10.00
	初级技能	2.40	3.12	4.11	5.50	7.46

表1-38　　　重庆市分职业类别从业人员工资价位（2019年）　　　单位：元/年

序号	职业	工资价位水平				
		10%	25%	50%	75%	90%
1	企事业单位负责人	39 960	54 000	80 381	129 100	211 730
2	科学研究人员	37 580	47 838	57 144	63 800	91 641
3	工程技术人员	37 600	49 595	65 068	92 593	133 761
4	农业技术人员	27 600	41 000	57 316	60 333	90 200
5	飞机和船舶技术人员	40 000	42 000	77 592	92 200	102 121

附录 1
薪酬参考数据

续表

序号	职业	工资价位水平				
		10%	25%	50%	75%	90%
6	卫生专业技术人员	35 399	43 944	58 080	76 680	110 000
7	经济和金融专业人员	33 600	43 520	60 800	96 669	140 830
8	法律、社会和宗教专业人员	55 000	60 000	68 000	98 000	160 120
9	文学艺术、体育专业人员	34 270	39 457	51 600	69 519	85 712
10	新闻出版、文化专业人员	41 160	48 578	58 398	68 200	79 125
11	其他专业技术人员	32 256	40 400	61 246	108 467	190 813
12	办事人员	33 600	40 745	51 360	70 000	99 958
13	其他办事人员和有关人员	30 000	35 600	47 265	66 110	91 061
14	批发与零售服务人员	27 200	33 658	42 000	57 501	86 249
15	交通运输、仓储和邮政业服务人员	29 676	36 240	46 800	59 872	73 113
16	住宿和餐饮服务人员	24 100	28 008	35 461	44 728	54 167
17	信息传输、软件和信息技术服务人员	42 000	52 910	69 147	89 428	115 069
18	金融服务人员	47 789	66 318	94 991	142 971	183 264
19	房地产服务人员	24 042	31 200	38 400	51 304	65 400
20	租赁和商务服务人员	23 520	28 193	35 600	42 600	57 702
21	技术辅助服务人员	35 879	39 007	48 016	61 416	93 107
22	居民服务人员	26 000	29 000	34 400	38 800	48 000
23	电力、燃气及水供应服务人员	36 147	47 966	53 202	60 827	80 820
24	修理及制作服务人员	30 000	38 300	49 395	69 579	95 770
25	文化、体育和娱乐服务人员	26 800	34 980	40 502	44 283	51 739
26	健康服务人员	30 396	33 709	38 431	40 092	41 650
27	农业生产人员	24 000	30 000	31 200	33 600	36 375
28	林业生产人员	33 040	37 093	38 000	38 780	41 460
29	畜牧业生产人员	25 086	27 600	33 423	43 627	50 000
30	农、林、牧、渔业生产辅助人员	26 670	30 000	39 500	52 235	84 000
31	其他农、林、牧、渔业生产加工人员	28 145	30 456	33 600	41 112	44 544
32	农副产品加工人员	26 400	30 580	33 200	36 400	62 755
33	食品、饮料生产加工人员	31 600	34 900	42 460	54 873	65 337
34	纺织、针织、印染人员	36 350	41 957	46 184	53 218	67 698

续表

序号	职业	工资价位水平				
		10%	25%	50%	75%	90%
35	印刷和记录媒介复制人员	32 400	38 600	42 573	54 072	67 721
36	石油加工和炼焦、煤化工生产人员	32 666	36 125	40 979	81 884	96 670
37	化学原料和化学制品制造人员	33 885	44 681	56 906	72 769	83 440
38	医药制造人员	26 400	32 652	42 935	56 820	86 520
39	化学纤维制造人员	59 602	65 730	75 213	98 630	110 677
40	橡胶和塑料制品制造人员	33 000	37 420	43 474	53 364	75 706
41	非金属矿物制品制造人员	28 000	34 400	47 016	58 386	77 055
42	采矿人员	34 900	47 716	60 960	74 106	92 174
43	机械制造基础加工人员	31 200	38 035	48 318	61 200	74 689
44	金属制品制造人员	30 804	35 570	55 633	69 113	77 839
45	通用设备制造人员	24 092	31 109	43 200	58 968	79 797
46	专用设备制造人员	31 002	36 000	42 000	53 076	75 188
47	汽车制造人员	31 560	35 407	43 984	54 584	65 100
48	铁路、船舶、航空设备制造人员	27 965	30 000	33 970	55 509	62 000
49	电气机械和器材制造人员	34 600	35 758	44 695	64 800	74 400
50	计算机、通信和其他电子设备制造人员	34 899	38 480	44 726	54 000	69 779
51	仪器仪表制造人员	24 688	29 559	42 108	69 054	104 510
52	废弃资源综合利用人员	55 443	60 416	62 529	65 102	67 945
53	电力、热力、气体、水生产和输配人员	38 159	44 692	54 838	65 856	99 085
54	建筑施工人员	36 000	44 600	52 000	65 000	77 000
55	运输设备和通用工程机械操作人员及有关人员	37 720	45 000	54 879	82 574	93 523
56	生产辅助人员	26 500	34 195	45 060	56 367	73 480
57	其他生产制造及有关人员	25 660	32 930	43 774	56 808	72 222

表1-39 重庆市分岗位等级企业从业人员工资价位（2019年） 单位：元/年

岗位等级	工资价位水平				
	10%	25%	50%	75%	90%
一、管理岗位	36 000	46 090	67 275	109 775	180 808
1. 高层管理岗	50 800	72 000	120 000	196 100	321 320

附录 1 薪酬参考数据

续表

岗位等级	工资价位水平				
	10%	25%	50%	75%	90%
2. 中层管理岗	42 000	56 400	81 240	121 774	184 248
3. 基层管理岗	36 000	46 977	62 778	91 519	162 657
4. 管理类员工岗	31 420	38 880	49 956	70 000	105 000
二、专业技术岗	35 400	45 276	61 596	90 864	134 832
1. 高级职称	45 240	66 996	106 356	157 836	228 924
2. 中级职称	41 652	51 876	74 520	108 288	157 320
3. 初级职称	36 000	45 528	61 800	86 628	131 520
三、职业技能岗	26 004	33 036	42 192	57 276	80 004
1. 高级技师	48 000	54 000	71 640	101 808	164 820
2. 技师	40 440	48 204	65 904	91 236	138 168
3. 高级技能	40 800	53 988	71 388	98 028	131 796
4. 中级技能	30 576	42 000	59 004	80 616	105 720
5. 初级技能	24 720	33 480	44 532	60 600	85 536

表 1-40　重庆市分职业中类企业从业人员工资价位（2020 年）　单位：元/年

序号	职业中类名称	分位值				
		10%	25%	50%	75%	90%
1	企事业单位负责人	40 800	54 166	80 002	128 695	220 000
2	科学研究人员	36 000	48 000	82 200	118 734	162 967
3	工程技术人员	35 100	45 406	63 600	91 000	128 554
4	农业技术人员	28 000	48 000	98 852	110 970	131 738
5	飞机和船舶技术人员	38 400	42 000	90 240	106 574	301 727
6	卫生专业技术人员	33 028	43 243	59 107	78 014	118 556
7	经济和金融专业人员	36 000	47 586	64 891	98 658	154 894
8	法律、社会和宗教专业人员	50 004	60 000	78 000	117 578	183 073
9	教学人员	31 327	38 000	49 868	72 876	109 627
10	文学艺术、体育专业人员	28 080	38 200	53 779	72 000	103 433
11	新闻出版、文化专业人员	36 950	43 800	60 000	72 226	96 000

续表

序号	职业中类名称	分位值				
		10%	25%	50%	75%	90%
12	其他专业技术人员	33 600	41 200	66 827	101 926	142 685
13	办事人员	31 448	39 600	50 400	69 556	98 396
14	安全和消防人员	24 000	28 272	40 000	59 850	81 377
15	其他办事人员和有关人员	33 960	45 000	61 355	85 704	114 172
16	批发与零售服务人员	26 400	34 320	46 946	68 149	98 030
17	交通运输、仓储和邮政业服务人员	27 600	38 400	51 686	68 037	90 169
18	住宿和餐饮服务人员	24 000	28 800	35 035	45 245	58 298
19	信息传输、软件和信息技术服务人员	39 600	53 811	69 980	94 126	126 988
20	金融服务人员	55 250	79 962	118 224	162 916	211 688
21	房地产服务人员	26 400	33 600	42 290	56 534	79 800
22	租赁和商务服务人员	24 000	30 000	38 869	51 297	71 136
23	技术辅助服务人员	34 000	39 000	50 119	72 120	91 200
24	水利、环境和公共设施管理服务人员	22 200	24 000	29 700	39 600	54 000
25	居民服务人员	24 000	27 982	36 800	48 000	57 654
26	电力、燃气及水供应服务人员	30 950	39 540	60 970	103 270	123 950
27	修理及制作服务人员	28 600	39 166	50 700	71 400	91 782
28	文化、体育和娱乐服务人员	25 600	32 500	40 369	48 395	60 697
29	健康服务人员	23 280	36 000	54 000	90 000	108 000
30	农林牧渔水利业生产工人	29 871	30 233	32 905	35 471	50 684
31	农业生产人员	23 770	27 500	30 000	40 000	55 512
32	林业生产人员	26 200	32 048	37 165	38 210	40 651
33	畜牧业生产人员	22 200	23 000	32 300	50 849	58 000
34	农、林、牧、渔业生产辅助人员	25 000	30 600	36 798	47 380	54 769
35	其他农、林、牧、渔业生产加工人员	26 731	29 797	35 330	59 880	89 837
36	农副产品加工人员	21 600	26 800	31 934	39 710	60 000
37	食品、饮料生产加工人员	30 000	35 652	44 714	61 231	72 821

附录 1
薪酬参考数据

续表

序号	职业中类名称	分位值				
		10%	25%	50%	75%	90%
38	纺织品、服装和皮革、毛皮制品加工制作人员	23 000	26 260	32 037	41 254	54 240
39	木材加工、家具与木制品制作人员	21 800	24 300	29 172	50 000	69 000
40	印刷和记录媒介复制人员	24 504	32 140	37 500	59 343	75 445
41	文教、工美、体育和娱乐用品制造人员	32 000	34 000	41 000	73 675	78 169
42	石油加工和炼焦、煤化工生产人员	36 000	38 865	44 556	88 364	98 798
43	化学原料和化学制品制造人员	40 000	48 179	58 507	71 037	87 120
44	医药制造人员	33 360	42 000	56 000	74 824	96 439
45	化学纤维制造人员	65 411	69 730	78 889	103 362	117 841
46	橡胶和塑料制品制造人员	32 980	38 945	46 410	51 458	68 604
47	非金属矿物制品制造人员	28 000	38 400	50 095	64 386	75 604
48	金属冶炼和压延加工人员	30 330	39 028	53 647	70 913	88 788
49	机械制造基础加工人员	32 068	40 600	54 502	69 072	84 040
50	金属制品制造人员	22 172	46 178	56 261	67 162	83 297
51	通用设备制造人员	27 100	31 401	46 800	62 336	88 224
52	专用设备制造人员	30 333	35 500	42 000	60 679	86 458
53	汽车制造人员	30 100	37 200	44 697	60 013	72 280
54	铁路、船舶、航空设备制造人员	31 821	34 908	37 600	51 100	60 806
55	电气机械和器材制造人员	32 023	37 697	49 762	63 652	77 195
56	计算机、通信和其他电子设备制造人员	34 481	41 706	46 570	53 633	70 181
57	仪器仪表制造人员	23 432	33 788	58 226	104 960	134 326
58	废弃资源综合利用人员	40 500	55 513	68 221	69 931	74 589
59	电力、热力、气体、水生产和输配人员	36 334	45 773	62 858	87 594	120 023
60	建筑施工人员	32 000	41 000	55 000	70 700	85 812
61	运输设备和通用工程机械操作人员及有关人员	37 573	46 927	60 000	84 521	97 026
62	生产辅助人员	28 000	36 000	46 382	61 620	83 222
63	其他生产制造及有关人员	28 000	34 800	44 400	59 347	76 142

表1-41　重庆市分岗位等级企业从业人员工资价位（2020年）　　单位：元/年

序号	岗位等级		分位值				
			10%	25%	50%	75%	90%
1	管理类	高层管理岗	49 500	66 338	102 000	180 000	307 703
		中层管理岗	42 000	56 050	80 750	122 665	199 927
		基层管理岗	36 000	48 300	67 200	106 800	176 916
		管理类员工岗	31 200	39 656	52 200	72 851	107 358
2	技术类	高级职称	42 000	61 648	106 394	156 800	217 584
		中级职称	38 530	51 600	78 290	115 413	157 260
		初级职称	36 000	45 000	60 238	83 218	121 845
		未取得职称的专业技术人员	33 600	43 110	58 800	82 443	116 099
3	技能类	高级技师	51 431	60 620	78 000	106 042	148 519
		技师	40 800	57 472	75 000	102 880	142 692
		高级技能	38 500	51 600	72 222	100 800	125 939
		中级技能	33 600	42 000	59 000	81 985	110 345
		初级技能	26 357	35 000	46 516	66 000	89 001
		未取得资格证书的技能人员	25 636	33 900	45 483	61 716	82 156

表1-42　　陕西省技能岗位工资价位（2019年）　　单位：元/年

序号	技能岗位	分位值				
		10%	25%	50%	75%	90%
1	采购人员	29 500	33 660	42 000	55 200	82 000
2	销售人员	22 442	28 800	36 890	50 400	78 934
3	道路运输服务人员	29 806	38 400	51 907	62 892	90 966
4	装卸搬运和运输代理服务人员	25 685	31 200	40 800	51 800	66 732
5	仓储人员	21 631	27 645	37 401	47 065	63 621
6	住宿服务人员	22 700	26 163	30 200	37 503	46 446
7	餐饮服务人员	21 600	26 400	34 320	45 600	60 700
8	物业管理服务人员	22 764	30 000	36 800	59 611	74 239
9	旅游及公共游览场所服务人员	26 040	32 389	37 609	42 140	52 860
10	安全保护服务人员	20 000	24 000	31 800	39 756	54 000

附录 1
薪酬参考数据

续表

序号	技能岗位	分位值				
		10%	25%	50%	75%	90%
11	市场管理服务人员	21 600	30 163	43 509	55 818	71 741
12	环境卫生服务人员	18 600	21 600	26 400	32 101	38 741
13	汽车摩托车修理技术服务人员	33 400	39 600	52 046	65 113	78 572
14	酒、饮料及精制茶制造人员	24 000	28 152	36 000	56 901	68 726
15	纺纱人员	24 990	28 705	36 000	40 800	46 192
16	纺织品和服装剪裁缝纫人员	21 060	25 468	32 074	39 200	51 010
17	印刷人员	33 611	41 766	54 412	65 670	83 550
18	化工产品生产通用工艺人员	31 200	36 896	59 100	88 139	102 682
19	基础化学原料制造人员	25 500	26 775	28 649	48 000	61 200
20	水泥、石灰、石膏及其制品制造人员	21 724	36 000	44 000	63 600	82 561
21	矿物采选人员	40 344	54 000	72 603	112 390	164 818
22	石油和天然气开采与储运人员	31 800	46 598	55 000	78 696	126 767
23	机械冷加工人员	33 286	46 465	63 121	79 580	94 180
24	机械热加工人员	29 100	41 000	58 936	73 858	87 168
25	输配电及控制设备制造人员	30 772	34 592	47 240	74 105	91 387
26	电力、热力生产和供应人员	29 316	40 800	51 304	81 705	130 043
27	水生产、输排和水处理人员	25 000	33 200	47 496	74 665	97 585
28	房屋建筑施工人员	24 200	32 400	41 000	52 347	68 261
29	土木工程建筑施工人员	25 200	38 348	49 200	68 600	93 620
30	建筑安装施工人员	27 000	36 000	45 000	58 500	96 000
31	建筑装饰人员	31 427	36 000	39 088	48 487	60 000
32	专用车辆操作人员	33 252	41 718	55 092	67 448	92 619
33	通用工程机械操作人员	36 000	42 000	55 381	72 943	90 454
34	机械设备修理人员	29 151	39 072	53 007	79 275	103 596
35	检验试验人员	29 000	36 000	47 350	64 124	82 647
36	包装人员	21 600	25 950	35 800	45 504	60 467
37	安全生产管理人员	26 400	35 000	42 000	61 200	88 951

表1-43 陕西省不同岗位等级企业从业人员工资价位（2019年） 单位：元/年

岗位等级		分位值				
		10%	25%	50%	75%	90%
管理类	高层管理岗	38 082	49 200	68 844	120 014	232 993
	中层管理岗	35 000	44 400	62 400	104 400	172 647
	基层管理岗	28 800	36 100	47 592	66 143	105 823
	管理类员工岗	25 800	34 250	43 800	61 480	97 810
技术类	高级职称	36 760	51 940	77 482	123 920	205 046
	中级职称	33 168	42 660	60 992	93 948	143 838
	初级职称	30 300	40 500	52 326	78 758	121 585
技能类	高级技师	39 063	52 000	66 000	90 282	125 807
	技师	37 200	45 050	62 844	85 401	112 456
	高级技能	32 241	42 000	59 832	81 567	108 004
	中级技能	26 701	37 000	51 836	73 738	103 352
	初级技能	24 800	32 400	42 700	60 000	87 600

表1-44 陕西省分岗位等级企业从业人员工资价位（2020年） 单位：万元/年

岗位等级		分位值				
		10%	25%	50%	75%	90%
管理类	高层管理岗	3.75	5.00	7.00	12.00	21.84
	中层管理岗	3.40	4.30	5.92	9.25	16.06
	基层管理岗	3.00	3.78	4.95	7.20	11.70
	管理类员工岗	2.80	3.54	4.60	6.55	10.17
技术类	高级职称	4.00	5.54	8.40	13.15	20.63
	中级职称	3.48	4.50	5.86	9.41	14.28
	初级职称	3.01	3.78	4.80	7.00	10.31
技能类	高级技师	3.26	4.78	6.65	8.75	12.00
	技师	3.24	4.55	6.25	8.32	11.96
	高级技能	3.15	4.20	6.40	9.15	11.56
	中级技能	3.00	4.02	5.67	8.36	10.58
	初级技能	2.64	3.19	4.20	5.85	8.83

附录2 相关文件汇编

人力资源社会保障部关于贯彻落实《关于提高技术工人待遇的意见》精神的通知

(2018年4月20日 人社部发〔2018〕24号)

各省、自治区、直辖市及新疆生产建设兵团人力资源社会保障厅(局):

今年3月,中共中央办公厅、国务院办公厅印发《关于提高技术工人待遇的意见》(以下简称《意见》),明确了提高技术工人待遇的指导思想、基本原则和政策措施。党的十九大报告提出要大力弘扬劳模精神和工匠精神,建设知识型、技能型、创新型劳动者大军,营造劳动光荣的社会风尚和精益求精的敬业风气。各级人力资源社会保障部门要按照党的十九大精神和《意见》要求,深刻领会提高技术工人待遇的重要意义,根据《意见》确定的任务分工加强统筹协调,推动各项政策措施落到实处。现就贯彻落实《意见》工作提出如下要求:

一、深刻领会提高技术工人待遇的重要意义

党中央、国务院历来高度重视产业工人队伍建设,特别是党的十八大以来,习近平总书记站在党和国家工作全局的战略高度,就新时期产业工人队伍建设做出一系列重要论述,提出明确要求,为推动新时期产业工人队伍建设改

革提供了基本遵循和行动指南。《意见》的制定出台，是以习近平同志为核心的党中央站在决胜全面建成小康社会、夺取新时代中国特色社会主义伟大胜利的高度，针对加快推进新时期产业工人队伍建设改革，提高保障和改善民生水平作出的重大战略决策，对实施人才强国战略和创新驱动发展战略，实现"两个一百年"奋斗目标、实现中华民族伟大复兴的中国梦具有重要意义。《意见》第一次把提高技术工人待遇上升到全局的高度，摆在党和国家重要的位置，充分体现了中国共产党坚持以人民为中心的发展思想。《意见》抓住了广大工人最关心、最直接、最现实的利益问题，促进改革发展成果更多更公平惠及技术工人，必将进一步增强技术工人的获得感、自豪感、荣誉感，激发他们创新创造的热情，积极投身社会主义现代化建设。各级人力资源社会保障部门要高度重视《意见》的学习和贯彻落实工作，深刻领会《意见》出台的重要意义，提出切实可行的贯彻措施，促进我国建设现代化经济体系，推进实体经济、科技创新、现代金融、人力资源协同发展，为培育一支数量充足、素质优良，拥有现代科技知识、精湛技术技能和较强创新能力的技术工人队伍贡献力量。

二、各级人力资源社会保障部门要发挥牵头作用，推动《意见》贯彻落实

《意见》提出提高技术工人待遇的16条政策措施，均明确由人力资源社会保障部为牵头（或联合牵头）单位，这是党中央、国务院赋予人力资源社会保障部的重要使命，凸显了人力资源社会保障部作为高技能人才队伍建设政府主管部门的重要职责。各级人力资源社会保障部门要重点做好以下工作：一是在同级党委、政府的领导下，按照《意见》的要求，紧密结合本地实际情况，牵头研究制定贯彻落实《意见》的具体措施，要确保《意见》提出的政策和要求落地见效。二是建立多方协调机制，加强统筹协调。要同发展改革、教育、科技、工业和信息化、公安、财政、住房城乡建设、文化旅游、国资、税务、外专等有关部门和工会、共青团、妇联、科协等群团组织紧密配合，按《意见》要求履行好各自职责，要建立部门协调机制和人力资源社会保障部门内部联动机制，细化《意见》任务分工和工作目标，加强工作指导和推动。要广泛听取

各类企业、行业协会、技术工人、社会公众的意见,密切跟踪政策落实情况,加强督查检查,认真总结经验,推动各项政策措施落到实处。三是充分发挥企业主体作用。会同国资委、总工会等单位,召开国有企业贯彻落实《意见》座谈会,总结交流推广提高技术工人待遇的成熟经验,指导国有企业贯彻落实《意见》明确的各项政策措施,发挥其带头示范作用。会同工商联等单位,研商推动本地非国有企业完善提高技术工人待遇水平的具体措施。四是加强宣传解读,通过开展多种形式的宣传报道活动,加强政策解读和舆论引导,积极回应社会关切,及时总结宣传推广交流本地区好的经验做法。

三、做好高技能领军人才服务保障工作

《意见》提出要以为国家作出突出贡献的高技能领军人才为重点支持对象,提高其政治待遇、经济待遇、社会待遇,有利于激励技术工人提升技能水平,在全社会形成尊重劳动、崇尚技能的良好氛围。各级人力资源社会保障部门要以高技能领军人才服务保障工作为重点,为高技能领军人才设立服务窗口,负责协调落实相关待遇政策。一是根据《意见》确定的高技能领军人才范围和本地实际,准确梳理辖区内各类企业高技能领军人才情况,建立完善高技能领军人才数据库,定期更新并向各部门和社会公布。二是对经济结构调整中出现困难的企业高技能领军人才,发挥人力资源社会保障部门职责优势,保障其稳定就业,对其配偶、子女有就业愿望但未就业的,积极提供职业指导和就业前培训,推荐就业岗位。三是积极推动相关部门落实提高高技能领军人才待遇的政策措施,并根据本地实际,不断改进完善。

提高技术工人待遇是一项长期的政治任务,各级人力资源社会保障部门要按照习近平总书记关于"贯彻党中央精神不是喊口号,要结合当地实际、经过深入调研形成符合党中央精神的一系列具体举措,并在实施中早见成效、大见成效"的要求,将此项工作列入重要议事日程,持续推动技术工人待遇水平的提高。各地制定出台的政策措施情况请于今年年底前报我部,对《意见》贯彻落实中出现的问题,请及时向我部反映。

人力资源社会保障部 财政部
关于全面推行企业新型学徒制的意见

(2018年10月12日 人社部发〔2018〕66号)

各省、自治区、直辖市及新疆生产建设兵团人力资源社会保障厅（局）、财政厅（局）：

为贯彻落实党的十九大精神，加快建设知识型、技能型、创新型劳动者大军，按照中共中央、国务院《新时期产业工人队伍建设改革方案》、《关于推行终身职业技能培训制度的意见》（国发〔2018〕11号）有关要求和全国教育大会有关精神，现就全面推行企业新型学徒制提出如下意见：

一、指导思想和目标任务

（一）指导思想。以习近平新时代中国特色社会主义思想为指导，全面贯彻党的十九大和十九届二中、三中全会精神，认真落实党中央、国务院决策部署，以服务就业和经济社会发展为宗旨，适应培育壮大新动能、产业转型升级和现代企业发展需要，大力推进技能人才培养工作，深化产教融合、校企合作，创新中国特色技能人才培养模式，面向各类企业全面推行企业新型学徒制，扩大技能人才培养规模，为促进劳动者更高质量就业，实现经济高质量发展提供有力人才支撑。

（二）目标任务。按照政府引导、企业为主、院校参与的原则，在企业（含拥有技能人才的其他用人单位，下同）全面推行以"招工即招生、入企即入校、企校双师联合培养"为主要内容的企业新型学徒制，进一步发挥企业主体作用，通过企校合作、工学交替方式，组织企业技能岗位新招用和转岗等人员参加企业新型学徒培训，促进企业技能人才培养，壮大发展产业工人队伍。从今年起到2020年底，努力形成政府激励推动、企业加大投入、培训机构积极参与、劳动者踊跃参加的职业技能培训新格局，力争培训50万以上企业新型学徒（以下简称"学徒"）。2021 年起，继续加大工作力度，力争年培训学徒 50 万人左右。

二、企业新型学徒制的主要内容

（三）培养对象和培养模式。学徒培训以与企业签订一年以上劳动合同的技能岗位新招用和转岗等人员为培养对象。企业可结合生产实际自主确定培养对象，采取"企校双制、工学一体"的培养模式，即由企业与技工院校、职业院校、职业培训机构、企业培训中心等教育培训机构（以下简称"培训机构"）采取企校双师带徒、工学交替培养等模式共同培养学徒。

（四）培养主体职责。学徒培养的主要职责由所在企业承担。企业应与学徒签订培养协议，明确培训目标、培训内容与期限、质量考核标准等内容。企业委托培训机构承担学徒的部分培训任务，应与培训机构签订合作协议，明确培训的方式、内容、期限、费用、双方责任等具体内容，保证学徒在企业工作的同时，能够到培训机构参加系统的、有针对性的专业知识学习和相关技能训练。培训机构与企业签订合作协议后，对学徒进行非全日制学籍注册，加强在校学习管理。

（五）培养目标和主要方式。学徒培养目标以符合企业岗位需求的中、高级技术工人为主，培养期限为 1~2 年，特殊情况可延长到 3 年。培养内容主要包括专业知识、操作技能、安全生产规范和职业素养，特别是工匠精神的培育。要以企业为主导确定具体培养任务，由企业与培训机构分别承担。在企业主要通过企业导师带徒方式，在培训机构主要采取工学一体化教学培训方式。积极应用"互联网+"、职业培训包等培训模式。学徒培训期满，可参加职业技能鉴定或结业（毕业）考核，合格者取得相应职业资格证书（或职业技能等级证书、专项职业能力证书、培训合格证书、毕业证书，下同）。鼓励支持有条件的企业自主对学徒进行技能评价。

三、健全政策制度

（六）建立企校双师联合培养制度。企业应选拔优秀高技能人才担任学徒的企业导师。企业导师要着重指导学徒进行岗位技能操作训练，帮助学徒逐步掌握并不断提升技能水平和职业素养，使之能够达到职业技能标准和岗位要求，具备从事相应技能岗位工作的能力。培训机构应为学徒安排具备相应专业知识和操作技能水平的指导教师，负责承担学徒的学校教学任务，强化理论知识学习，做好与企业实践技能的衔接。

（七）学徒培养实行弹性学制和学分制。承担学徒培训任务的培训机构，要结合企业生产和学徒工作生活实际，采取弹性学制，实行学分制管理。鼓励和支持学徒利用业余时间分阶段完成学业。要建立和完善适合弹性学制和学分制的教学质量评价体系和考核制度。

（八）健全企业对学徒培训的投入机制。学徒在学习培训期间，企业应当按照劳动合同法的规定支付工资，且工资不得低于企业所在地最低工资标准。企业按照与培训机构签订的合作协议约定，向培训机构支付学徒培训费用，所需资金从企业职工教育经费中列支；符合有关政策规定的，由政府提供职业培训和职业技能鉴定补贴。承担带徒任务的企业导师享受导师带徒津贴，津贴标准由企业确定，津贴由企业承担。企业对学徒开展在岗培训、业务研修等企业内部发生的费用，符合有关政策规定的，可从企业职工教育经费中列支。

（九）完善财政补贴政策。人力资源社会保障部门会同财政部门对开展学徒培训的企业按规定给予职业培训补贴，补贴资金从就业补助资金列支。补贴标准由各省（区、市）人力资源社会保障部门会同省级财政部门确定，学徒每人每年的补贴标准原则上不低于 4 000 元，并根据经济发展、培训成本、物价指数等情况逐步提高。企业在开展学徒培训前将有关材料报当地人力资源社会保障部门备案，经人力资源社会保障部门审核后列入学徒培训计划，财政部门按规定向企业预支不超过 50% 的补贴资金，培训任务完成后及时拨付其余补贴资金。对参加学徒培训的就业困难人员和毕业年度高校毕业生，按规定落实社保补贴政策。

四、加大组织实施力度

（十）加强组织领导。各级人力资源社会保障部门、财政部门要进一步提高认识，增强责任感和紧迫感，把推行企业新型学徒制作为推行终身职业技能培训制度、加强技能人才队伍建设的重要工作内容，制定工作方案，认真组织实施。要建立人力资源社会保障部门牵头，财政等有关部门密切配合、协同推进的工作机制，加强组织领导，全面推动实施。

（十一）规范组织实施。各省级人力资源社会保障部门、财政部门要制定具体实施办法，实行学徒培训备案审核制度，简化工作流程，探索政策创新。中央企业学徒培训按属地管理原则纳入当地工作范畴，享受当地政策，各级人力资源社会保障部门要主动对接属地中央企业，做好服务保障工作。各省、市、县人力资源社会保障部门要加大工作力度，加强工作力量，做好对各类企业特别是中小微企业学徒培训的管理服务工作，建立与相关企业的联系制度，做好工作指导。

（十二）建立培训质量评估监管机制。对学徒培训实施目录清单管理，制定企业目录、培训机构目录，及时向社会公开并实行动态调整。结合国家"金保工程"二期，建立基于互联网的职业培训公共服务和监管平台，积极推行网上备案审核制度，实现信息联通共享。实施学徒培训实名制信息管理，指导企业建立培训台账，详细记录参训人员的姓名、年龄、性别、身份证号、学历、培训职业（工种）、学校班次、培训时间、考核成绩、技能等级和联系方式等，以备查验。对培训机构和培训过程、培训结果要加强监管，实时监控，严格考核验收。

企业组织学徒培训要向人力资源社会保障部门报送如下备案材料：培训计划、学徒名册、劳动合同复印件等有关材料。完成全部培训任务后企业申请其余补贴资金时需备案以下材料：职业资格证书编号或复印件、不低于10次的培训视频资料、培训机构出具的行政事业性收费票据（或税务发票）等符合财务管理规定的凭证。

（十三）提高服务能力。要切实做好学徒培训经费保障工作，及时足额拨付补贴资金。健全资金管理制度，提高资金使用效益，确保资金使用安全。有条件的地方可安排工作经费，对学徒培训教材开发、师资建设、管理人员培训、管理平台开发等基础工作给予支持。支持承担学徒培训任务工作的培训机构提升培训基础能力。职业技能鉴定机构要提供便捷高效的鉴定服务,相关部门按规定落实职业技能鉴定补贴。

(十四)加强宣传动员。广泛动员企业、培训机构和劳动者积极参与学徒培训,扩大企业新型学徒制影响力和覆盖面。强化典型示范,突出导向作用,大力宣传推行企业新型学徒制的典型经验和良好成效。创新宣传方式,充分运用各类新闻媒体,采取灵活多样的形式,做好推广动员工作,努力营造全社会关心尊重技能人才、重视支持职业技能培训工作的良好社会氛围。

请各省(区、市)及新疆生产建设兵团人力资源社会保障部门、财政部门在每年年底前将企业新型学徒制工作开展情况报送人力资源社会保障部、财政部。

人力资源社会保障部关于在工程技术领域实现高技能人才与工程技术人才职业发展贯通的意见(试行)

(2018年11月25日 人社部发〔2018〕74号)

各省、自治区、直辖市及新疆生产建设兵团人力资源社会保障厅(局),国务院各部委、各直属机构人事劳动保障工作机构,中央企业等人事劳动保障工作机构:

为拓宽人才发展空间,促进人才合理流动,提高技术技能人才待遇和地位,根据党中央、国务院《新时期产业工人队伍建设改革方案》《关于深化职称制度改革的意见》等有关要求,现就在工程技术领域实现高技能人才与工程技术人才职业发展贯通提出如下意见。

一、总体要求

(一)指导思想。

全面贯彻党的十九大和十九届二中、三中全会精神,坚持以习近平新时代中国特色社会主义思想为指导,牢固树立和贯彻落实新发展理念,深入实施人才强国战略,坚决破除束缚人才发展的思想观念和体制机制障碍,最大限度激发各类人才创新创造创业活力,努力形成人人渴望成才、人人努力成才、人人皆可成才、人人尽展其才的良好局面,加快建设知识型、技能型、创新型劳动者大军,为实现"两个一百年"奋斗目标和中华民族伟大复兴中国梦提供坚实人才保障。

(二)基本原则。

1. 坚持遵循规律。适应人才融合发展趋势,遵循社会主义市场经济规律和人才成长规律,建立高技能人才与专业技术人才职业发展通道,促进两类人才深度融合。

2. 坚持问题导向。针对束缚人才发展的思想观念和体制机制问题，打破职业技能评价与专业技术职称评审界限，改变人才发展独木桥、天花板现象，搭建人才成长立交桥。

3. 坚持科学评价。破除身份、学历、资历等障碍，突出品德、能力、业绩评价导向，建立体现两类人才特点的评价机制，让各类人才价值得到充分尊重和体现。两类人才贯通条件大体平衡，适当向高技能人才倾斜。

4. 坚持以用为本。围绕用好用活两类人才，发挥用人主体作用，建立评价与培养使用激励相联系的机制，营造有利于人才成长和发挥作用的制度环境。

二、主要内容

（一）支持工程技术领域高技能人才参评工程系列专业技术职称。

1. 明确参评范围。参加工程系列专业技术职称评审的高技能人才，应为在工程技术领域生产一线岗位，从事技术技能工作，具有高超技艺和精湛技能，能够进行创造性劳动，并作出贡献的技能劳动者。

2. 严格评审条件。高技能人才参加工程系列专业技术职称评审应具备以下基本条件：符合国家规定的工程技术人才职称评价基本标准条件；遵守单位规章制度和生产操作规程；具有高级工以上职业资格或职业技能等级，在现工作岗位上近 3 年年度考核合格。

技工院校中级工班、高级工班、预备技师（技师）班毕业，可分别按相当于中专、大专、本科学历申报评审相应专业职称。

获得高级工职业资格或职业技能等级后从事技术技能工作满 2 年，可申报评审相应专业助理工程师；获得技师职业资格或职业技能等级后从事技术技能工作满 3 年，可申报评审相应专业工程师；获得高级技师职业资格或职业技能等级后从事技术技能工作满 4 年，可申报评审相应专业高级工程师。

3. 突出高技能人才工作特点。高技能人才职称评审应充分体现其职业特点，坚持把职业道德放在评审的首位，引导技能人才爱岗敬业，弘扬工匠精神。要以职业能力和工作业绩评定为重点，注重评价高技能人才执行操作规程、解决生产难题、完成工作任务、参与技术改造革新、传技带徒等方面的能力和贡献，把技能技艺、工作实绩、生产效率、产品质量、技术和专利发明、科研成果、技能竞赛成绩等作为评价条件。改变唯身份、唯论文等倾向，不得将身份、论文等作为高技能人才职称评审的限制性条件。要通过职称评审，评价选拔一批技能精湛、专业知识扎实的工程技术人才，鼓励和支持他们在更宽广的领域钻研业务，解决工程技术难题，促进工程理论知识与技术技能的深度融合。

4. 注重向高技能领军人才倾斜。对长期坚守生产一线且在工程技术岗位从事技术技能工作、具有高超技艺技能和一流业绩水平、为经济发展和国家重大战略实施作出突出贡献的高技能人才，包括获得中华技能大奖、全国技术能手等荣誉，担任国家级技能大师工作室负责人，享受省级以上政府特殊津贴，或各省（自治区、直辖市）人民政府认定的高技能领军人才，可破格申报专业技术职称评审。

（二）鼓励专业技术人才参加职业技能评价。

1. 首次参加职业技能评价（含职业技能鉴定和职业技能等级认定，下同）。专业技术人才在技能岗位工作，可按有关规定申请参加与现岗位相对应职业（工种）的职业技能评价。取得助理工程师、工程师、高级工程师职称，其累计工作年限达到申报条件的，可分别申请参加与现岗位相对应职业（工种）的高级工、技师、高级技师职业技能评价，合格后取得相应职业资格证书或职业技能等级证书。

2. 参加晋级评价。专业技术人才在取得现从事职业（工种）职业资格或职业技能等级1年后，可按累计工作年限申报现从事职业（工种）晋级评价。助理工程师在取得现从事职业（工种）高级工1年后，其累计工作年限达到技师申报条件的，可申报技师考评；工程师在取得现从事职业（工种）技师1年后，其累计工作年限达到高级技师申报条件的，可申报高级技师考评。

3. 注重技能考核。对参加职业技能评价的专业技术人才，应注重技能考核。对具有所申报职业（专业）或相关职业（专业）毕业证书的，可免于理论知识考试。

（三）建立评价与培养使用激励相联系的工作机制。

落实中共中央办公厅、国务院办公厅《关于提高技术工人待遇的意见》要求，鼓励用人单位对在聘的高级工、技师、高级技师在学习进修、岗位聘任、职务职级晋升等方面，比照相应层级工程技术人员享受同等待遇。

三、组织实施

在工程技术领域实现高技能人才与工程技术人才职业发展贯通，促进技能人才与专业技术人才融合发展，是贯彻落实党中央、国务院人才强国战略部署的重要举措，各级人力资源社会保障部门要加强统筹管理，各部门和各有关单位要高度重视，加强领导，精心组织。要健全完善制度，制定具体实施方案，对评价条件、评价程序、评价办法和配套政策等作出具体规定。要严格评价标准，规范评价程序，不得随意降低评价标准条件，不得擅自扩大评价范围。要坚持试点先行，及时总结经验，逐步推开。要完善监管机制，加强指导监督，及时妥善处理工作中遇到的各种新情况新问题。要加强舆论引导，搞好政策解读，引导广大技能人才和专业技术人才积极参与和支持贯通工作，促进人才流动和发展。

人力资源社会保障部关于改革完善技能人才评价制度的意见

(2019年8月19日　人社部发〔2019〕90号)

各省、自治区、直辖市及新疆生产建设兵团人力资源社会保障厅（局），国务院各部委、各直属机构人事劳动保障工作机构，中央军委办公厅秘书局，有关行业组织、中央企业等人事劳动保障工作机构：

建立科学的技能人才评价制度，对于加强职业技能培训，提高劳动者素质，促进劳动者就业创业，激励引导技能人才成长成才具有重要作用。为贯彻落实《关于分类推进人才评价机制改革的指导意见》等文件精神，根据国务院推进"放管服"改革要求，现就改革完善技能人才评价制度提出如下意见。

一、总体要求

（一）指导思想。全面贯彻党的十九大和十九届二中、三中全会精神，以习近平新时代中国特色社会主义思想为指导，认真落实党中央、国务院决策部署，紧紧围绕统筹推进"五位一体"总体布局和协调推进"四个全面"战略布局，牢固树立新发展理念，深入实施人才强国战略、创新驱动发展战略和就业优先战略，加大"放管服"改革力度，加快政府职能转变，深化职业资格制度改革，建立职业技能等级制度，健全完善技能人才评价体系，形成科学化、社会化、多元化的技能人才评价机制，为实施职业技能提升行动，建设知识型、技能型、创新型劳动者大军做好支持服务。

（二）基本原则。

——坚持深化改革。围绕"放管服"改革部署要求，深化技能人才评价机制改革，进一步简政放权，推动政府职能转变，形成适应经济社会发展和技能人才发展需要的评价制度。

——坚持多元评价。完善国家职业资格目录，实行清单式管理，建立职业技能等级制度并做好与职业资格制度的衔接,规范专项职业能力考核,实行多元化技能评价。

——坚持科学公正。科学制定评价标准,注重职业道德,体现工匠精神,突出职业能力导向,强化工作业绩和贡献,推动评价工作科学、客观、公正进行。

——坚持以用为本。推动人才评价与使用激励紧密结合,引导技能人才培养培训,畅通技能人才发展通道,促进提高技能人才待遇水平和社会地位。

(三)主要目标。发挥政府、用人单位、社会组织等多元主体作用,建立健全以职业资格评价、职业技能等级认定和专项职业能力考核等为主要内容的技能人才评价制度,完善宏观管理、标准构建、组织实施、质量监管、服务保障等工作体系,形成有利于技能人才成长和发挥作用的制度环境,促进优秀技能人才脱颖而出,为经济高质量发展提供支撑。

二、改革技能人才评价制度

(四)深化技能人员职业资格制度改革。巩固职业资格改革成果,完善国家职业资格目录。对准入类职业资格,继续保留在国家职业资格目录内。对关系公共利益或涉及国家安全、公共安全、人身健康、生命财产安全的水平评价类职业资格,要依法依规转为准入类职业资格。对与国家安全、公共安全、人身健康、生命财产安全关系不密切的水平评价类职业资格,要逐步调整退出目录,对其中社会通用性强、专业性强、技术技能要求高的职业(工种),可根据经济社会发展需要,实行职业技能等级认定。

(五)建立职业技能等级制度。建立并推行职业技能等级制度,由用人单位和社会培训评价组织按照有关规定开展职业技能等级认定。符合条件的用人单位可结合实际面向本单位职工自主开展,符合条件的用人单位按规定面向本单位以外人员提供职业技能等级认定服务。符合条件的社会培训评价组织可根据市场和就业需要,面向全体劳动者开展。职业技能等级认定要坚持客观、公正、科学、规范的原则,认定结果要经得起市场检验、为社会广泛认可。

(六)规范专项职业能力考核。根据脱贫攻坚、乡村振兴、农村转移劳动力培训等工作需要，开展专项职业能力考核工作。要结合新兴产业发展、地方特色产业需要和就业创业需求，选择市场需求大、可就业创业的最小技能单元（模块）进行专项职业能力考核，作为技能人才评价的重要补充。

三、健全技能人才评价标准

（七）建立健全评价标准。国家确定职业分类，依据职业分类，建立由国家职业技能标准、行业企业评价规范、专项职业能力考核规范等构成的多层次、相互衔接的职业标准体系，作为开展技能人才评价的依据。职业资格评价要依据国家职业技能标准组织开展；职业技能等级认定要依据国家职业技能标准或行业企业评价规范组织开展；专项职业能力考核要依据经备案的考核规范组织开展。推动成熟的行业企业评价规范和专项职业能力考核规范上升为国家职业技能标准。

（八）完善标准开发机制。国家职业技能标准由人力资源社会保障部会同有关行业部门组织制定并颁布。行业企业评价规范由行业组织和用人单位参照《国家职业技能标准编制技术规程》开发。专项职业能力考核规范按照有关规定组织开发。

（九）合理确定技能等级。按照国家职业技能标准和行业企业评价规范设置的职业技能等级，一般分为初级工、中级工、高级工、技师和高级技师五个等级。企业可根据需要，在相应的职业技能等级内划分层次，或在高级技师之上设立特级技师、首席技师等，拓宽技能人才职业发展空间。

四、完善评价内容和方式

（十）突出品德、能力和业绩评价。坚持把品德作为技能人才评价的首要内容，全面考察技能人才的工匠精神、职业道德、职业操守和从业行为，强化社会责任。坚持以能力、业绩、贡献为导向，注重考核岗位工作绩效，强化生产服务成果、创新成果和实际贡献。

（十一）实行分类评价。用人单位和社会培训评价组织要根据不同类型技能人才的工作特点，实行差别化技能评价。在统一的评价标准体系框架基础上,对技术技能型人才的评价,要突出实际操作能力和解决关键生产技术难题要求,并根据需要增加新知识、新技术、新方法等方面的要求。对知识技能型人才的评价,要围绕高新技术发展需要,突出掌握运用理论知识指导生产实践、创造性开展工作要求。对复合技能型人才的评价,应根据产业结构调整和科技进步发展,突出掌握多项技能、从事多工种多岗位复杂工作要求。

(十二)创新评价方式。用人单位和社会培训评价组织可结合实际,按规定综合运用理论知识考试、技能操作考核、业绩评审、竞赛选拔、企校合作等多种鉴定考评方式,克服唯学历、唯职称、唯论文倾向,提高评价的针对性和有效性。用人单位、技工院校坚持就业导向,自主开展职业技能等级认定,或委托社会培训评价组织进行职业技能等级认定。

五、加强监督管理服务

(十二)实行目录管理。建立技能人才评价工作目录管理制度并实行动态调整。动态发布新职业信息和国家职业技能标准。职业资格及实施机构由国家职业资格目录规定。职业技能等级认定工作实行目录管理,向社会公开。中央企业由人力资源社会保障部进行遴选,纳入职业技能等级认定目录,所属子公司、分公司等分支机构由所在地省级人力资源社会保障部门给予工作支持、兑现相应待遇并进行监管;其他用人单位由所在地省级人力资源社会保障部门进行遴选,纳入属地管理。社会培训评价组织由人力资源社会保障部进行遴选,纳入职业技能等级认定目录。

(十四)规范证书发放管理。职业资格证书按规定颁发。职业技能等级证书由用人单位和社会培训评价组织颁发,由人力资源社会保障部制定编码规则,规范证书(或电子证书)样式。按规定发放的职业资格证书和职业技能等级证书纳入人才统计和认定范围,作为落实有关人才政策的依据。

(十五)完善监督管理措施。各地要做好本地区技能人才评价工作的综合管理,通过现场督查、同行监督和社会监督,采取"双随机、一公开"和"互联网+监管"等方式,加强对用人单位和社会培训评价组织及其评价活动的监督管理。建立职业技能等级认定工作质量监控体系,健全用人单位和社会培训评价组织评估机制，定期组织评估，评估结果向社会公开。

（十六）加快政府职能转变。加大技能人才评价工作改革力度，进一步明确政府、市场、用人单位、社会组织等在人才评价中的职能定位，建立权责清晰、管理科学、协调高效的人才评价管理体制。改进政府人才评价宏观管理、政策法规制定、公共服务、监督保障等工作。推进人力资源社会保障部门所属职业技能鉴定中心职能调整，逐步退出具体认定工作，转向加强质量监督、提供公共服务等工作。鼓励支持社会组织、市场机构以及企业、院校等作为社会培训评价组织，提供技能评价服务。

各地区各部门要充分认识技能人才评价制度改革的重要性，将技能人才评价制度改革纳入重要议事日程，加强组织领导，结合实际制定具体办法并指导实施。要做好与职业资格相关政策的衔接过渡，稳慎有序推进改革。各地区各部门各有关方面要加强政策解读和舆论引导，积极回应社会关切，形成全社会关心支持参与技能人才评价制度改革的良好氛围。

人力资源社会保障部办公厅关于支持企业大力开展技能人才评价工作的通知

(2020年11月7日 人社厅发〔2020〕104号)

各省、自治区、直辖市及新疆生产建设兵团人力资源社会保障厅（局），国务院有关部委、直属机构人事劳动保障工作机构，有关行业组织、企业人事劳动保障工作机构：

为深入贯彻习近平总书记关于健全技能人才培养、使用、评价、激励制度的重要指示精神，深化技能人才评价制度改革，现就做好支持企业大力开展技能人才评价工作有关事项通知如下。

一、支持企业自主开展技能人才评价。按照党中央、国务院"放管服"改革要求，加快政府职能转变，充分发挥市场在资源配置中的决定性作用，激发市场主体活力，向用人主体放权，按照"谁用人、谁评价、谁发证、谁负责"的原则，支持各级各类企业自主开展技能人才评价工作，发放职业技能等级证书，推动建立以市场为导向、以企业等用人单位为主体、以职业技能等级认定为主要方式的技能人才评价制度。解决水平评价类技能人员职业资格退出国家职业资格目录后技能人才评价载体缺失、评价工作急需跟进等问题，不断优化政策，畅通技能人才发展通道，努力形成人人渴望成才、人人努力成才、人人皆可成才、人人尽展其才的良好局面。

二、企业自主确定评价范围。符合条件、经备案的企业可面向本企业职工（含劳务派遣、劳务外包等各类用工人员）组织开展职业技能水平评价工作，实施职业技能等级认定，并将人才评价与培养、使用、待遇有机结合。企业可结合生产经营主业，依据国家职业分类大典和新发布的职业（工种），自主确定评价职业（工种）范围。对职业分类大典未列入但企业生产经营中实际存在的技能岗位，可按照相邻相近原则对应到职业分类大典内职业（工种）实施评价。支持企业参与新职业开发工作，推动较为成熟的技能岗位纳入国家职业分类体系。

三、企业自主设置职业技能等级。企业可以国家职业技能标准设置的五级（初级工）、四级（中级工）、三级（高级工）、二级（技师）和一级（高级技师）为基础，自主设置职业技能岗位等级，形成具有自身特色的评价等级结构，建立技能人才成长通道。企业可设置学徒工、特级技师、首席技师等岗位等级，并明确其与国家职业技能标准相应技能等级之间的对应关系；企业还可在技能等级内细分层级。

四、依托企业开发评价标准规范。适应产业发展和技术变革需求，发挥企业技术优势开发职业技能标准或评价规范，建立科学合理、符合生产实际的评价标准体系。企业可根据相应的国家职业技能标准，结合企业工种（岗位）特殊要求，对职业功能、工作内容、技能要求和申报条件等进行适当调整，原则上不低于国家职业技能标准要求。无相应国家职业技能标准的，企业可参照《国家职业技能标准编制技术规程》，自主开发制定企业评价规范。支持较为成熟和影响较大的企业评价规范，按程序申报国家职业技能标准。

五、企业自主运用评价方法。建立以职业能力为导向、以工作业绩为重点、注重工匠精神和职业道德养成的技能人才评价体系。坚持把品德作为评价的首要内容，重点考察劳动者执行操作规程、进行安全生产、解决生产问题和完成工作任务的能力，并注重考核岗位工作绩效，强化生产服务结果、创新成果和实际贡献。要把技能人才评价工作融入日常生产经营活动过程中，灵活运用过程化考核、模块化考核和业绩评审、直接认定等多种方式。探索利用现代信息技术，创新技能评价方式。

六、积极开展职业技能竞赛评价。发挥以赛促训、以赛促评作用，将职业技能竞赛作为技能人才评价的重要方式之一，促进评价工作公开公平公正。鼓励企业按照国家职业技能标准和行业企业评价规范要求，大力开展职业技能竞赛、岗位练兵、技术比武等活动，并将竞赛结果与职业技能等级认定相衔接。支持企业职工参加各级各类职业技能竞赛，对在职业技能竞赛中取得优异成绩的人员，可按规定晋升相应职业技能等级。

七、贯通企业技能人才职业发展。适应人才融合发展趋势，建立职业技能等级认定与专业技术职称评审贯通机制,破除身份、学历、资历等障碍,搭建企业人才成长立交桥。落实在工程技术领域实现高技能人才与工程技术人才职业发展贯通的意见要求,逐步扩大贯通领域,能扩尽扩,能融尽融。

八、提升企业评价服务能力。加强企业评价基础能力建设,发挥已有职业技能鉴定技术优势和组织优势,依托设在企业的职业技能鉴定所站、高技能人才培训基地和技能大师工作室等组织开展评价工作。鼓励备案企业申请为社会培训评价组织,为其他中小企业和社会人员提供人才评价服务。深化产教融合、企校合作,支持企业为院校学生提供人才评价服务,引导院校科学合理设置专业和课程。

九、加强质量督导和服务保障工作。各级人力资源社会保障部门要按照属地原则,加强对本地区企业技能人才评价工作的指导服务和质量督导。要健全工作机制,优化服务流程,简化程序,采取上门服务、现场集中办理、网上申报、告知承诺、网络核验等方式,做好企业技能人才评价工作的备案、质量管理和技术支持服务工作。加强跨地区协作,企业所在地人力资源社会保障部门要加强与企业子公司所在地人力资源社会保障部门的沟通衔接,建立信息互通、结果互认机制。企业按规定颁发的职业技能等级证书,纳入各级人力资源社会保障部门建设的证书查询系统,向社会公开。人力资源社会保障部门要将取得职业技能等级证书的人员纳入人才统计范围,并按规定落实相应人才政策。

各地人力资源社会保障部门在工作中遇到的突出问题,请及时向我部反映。

人力资源社会保障部关于进一步加强高技能人才与专业技术人才职业发展贯通的实施意见

(2020年12月28日　人社部发〔2020〕96号)

各省、自治区、直辖市及新疆生产建设兵团人力资源社会保障厅（局），中央和国家机关各部委、各直属机构人事部门，各中央企业人事部门：

为打通高技能人才与专业技术人才职业发展通道，加强创新型、应用型、技能型人才培养，在总结工程技术领域试点工作基础上，现就进一步加强高技能人才与专业技术人才职业发展贯通提出如下实施意见。

一、总体要求

（一）指导思想

以习近平新时代中国特色社会主义思想为指导，全面贯彻党的十九大和十九届二中、三中、四中、五中全会精神，牢固树立新发展理念，破除束缚人才发展的体制机制障碍，大力弘扬劳模精神、劳动精神、工匠精神，探索建立理论与实践相结合、技术与技能相促进的人才评价使用激励机制，激发高技能人才创新活力，为实施制造强国战略和推动高质量发展提供有力人才支撑。

（二）基本原则

1. 坚持突出重点。适应技术技能人才融合发展趋势，以高技能人才为重点，打破专业技术职称评审与职业技能评价界限，创新技术技能导向的评价机制，拓宽技术技能人才发展通道，促进两类人才融合发展。

2. 坚持问题导向。聚焦人才职业发展中"独木桥"、"天花板"问题，推进职称制度与职业资格、职业技能等级制度有效衔接，支持高技能人才参加职称评审和职业资格考试，鼓励专业技术人才参加职业技能评价，搭建两类人才成长立交桥。

3. 坚持科学评价。进一步破除唯论文、唯学历、唯资历、唯奖项倾向，强化技术技能贡献,突出工作业绩,保持两类人才评价标准大体平衡,适当向高技能人才倾斜,让各类人才价值得到充分尊重和体现。

4. 坚持以用为本。立足实际工作岗位需要,充分发挥用人单位主体作用,促进人才评价与培养使用激励等措施相互衔接,着力提高技能人才待遇水平,营造有利于人才成长和发挥作用的制度环境。

二、主要措施

(一)扩大贯通领域。

以支持高技能人才参加工程系列职称评审为工作重点,将贯通领域扩大为工程、农业、工艺美术、文物博物、实验技术、艺术、体育、技工院校教师等职称系列。支持高技能人才取得经济、会计、统计、审计、翻译、出版、通信、计算机技术与软件等专业技术人员职业资格。各地区、各有关部门可在职业分类基础上,根据实际情况研究制定新兴职业、新兴领域贯通办法,明确高技能人才参加职称评审的专业对应关系。

(二)完善高技能人才职称评价标准。

1. 淡化学历要求。对两类人才贯通的职称系列,具备高级工以上职业资格或职业技能等级的技能人才,均可参加职称评审,不将学历、论文、外语、计算机等作为高技能人才参加职称评审的限制性条件。按照国家有关规定取得高级工职业资格或职业技能等级后从事技术技能工作满2年,可申报评审相应专业助理级职称;取得技师职业资格或职业技能等级后从事技术技能工作满3年,可申报评审相应专业中级职称;取得高级技师职业资格或职业技能等级后从事技术技能工作满4年,可申报评审相应专业副高级职称。高技能人才参加职称评审应在现工作岗位上近3年年度考核合格。

2. 强化技能贡献。高技能人才参加职称评审突出职业能力和工作业绩,注重评价科技成果转化应用、执行操作规程、解决生产难题、参与技术改造革新、工艺改进、传技带徒等方面的能力和贡献。技能竞赛获奖情况、行业工法、操作法、完成项目、技术报告、经验总结、行业标准等创新性成果均可作为职称评审的重要内容。

3. 建立绿色通道。对为国家经济发展和重大战略实施作出突出贡献，具有绝招、绝技、绝活，并长期坚守在生产服务一线岗位工作的高技能领军人才，采取特殊评价办法，建立职称评审绿色通道。获得中华技能大奖、全国技术能手，担任国家级技能大师工作室带头人，享受省级以上政府特殊津贴的高技能人才，或各省（区、市）人民政府认定的"高精尖缺"高技能人才，可直接申报评审正高级或副高级职称。各地区、各有关单位可结合实际情况制定具体办法。

（三）创新高技能人才职称评价机制。

综合采用理论知识考试、技能操作考核、业绩评审、面试答辩、竞赛选拔等多种方式评价高技能人才。支持有条件的地区和单位对高技能人才单独分组、单独评审。支持高技能人才密集、技术实力较强、内部管理规范的规模以上企业自主开展高技能人才职称评审。积极吸纳优秀高技能人才参加相关职称评审委员会、专家库，参与制定评价标准。

（四）鼓励专业技术人才参加职业技能评价。

符合职业技能评价条件的专业技术人才，可按有关规定申请参加相应职业（工种）的职业技能评价。专业技术人才取得助理级、中级、副高级职称，累计工作年限达到申报条件的，可分别申请参加与现岗位相对应职业（工种）的高级工、技师、高级技师职业技能评价。取得职业资格或职业技能等级1年后，可按累计工作年限申报相应职业（工种）晋级评价。专业技术人才参加职业技能评价，注重操作技能考核。具有所申报职业相关专业毕业证书的，可免于理论知识考试。具有相应职业（工种）技能等级水平的优秀人才可直接申报该职业（工种）的职业技能等级评价。用人单位可根据国家职业技能标准和行业企业评价规范，结合本单位实际，制定本单位专业技术人才参加职业技能评价的标准条件。

（五）加强评价制度与用人制度衔接。

高技能人才依据技术技能水平自愿参加职称评审，鼓励取得职称的高技能人才坚守在生产服务一线。探索建立企业内部技能岗位等级与管理、技术岗位序列相互比照，专业技术岗位、经营管理岗位、技能岗位互相衔接机制。各类企业对在聘的高级工、技师、高级技师在学习进修、岗位聘任、职务职级晋升、评优评奖、科研项目申报等方面，比照相应层级专业技术人员享受同等待遇。鼓励用人单位研究制定高技能领军人才职业发展规划，实行高技能领军人才年薪制、股权期权激励，设立高技能领军人才特聘岗位津贴、带徒津贴等，按实际贡献给予高技能人才绩效奖励，切实提高高技能人才待遇水平。

三、有关要求

（一）加强组织领导。建立高技能人才与专业技术人才职业发展通道是提高技能人才待遇和地位的重要举措，是进一步巩固党的执政基础的重要举措。各级人力资源社会保障部门要高度重视，加强领导，聚焦关键问题，形成工作合力，结合实际抓好高技能人才职称评审工作。

（二）强化监督指导。各级人力资源社会保障部门要把两类人才职业发展贯通作为加强高技能人才队伍建设的重要任务来抓，采取切实管用的措施，加大工作力度，指导各地、各有关单位有序开展工作，确保各项政策措施取得实效。

（三）加强宣传引导。各地区、各有关单位要加强宣传引导，做好政策解读，提高用人单位积极性，引导两类人才积极参与。大力宣传两类人才贯通的典型经验，强化引领和示范作用，营造良好氛围。

本意见自印发之日起施行。

附录 2

相关文件汇编

人力资源社会保障部关于贯彻落实习近平总书记对职业教育工作重要指示精神的通知

(2021年4月30日 人社部函〔2021〕49号)

各省、自治区、直辖市及新疆生产建设兵团人力资源社会保障厅(局):

今年4月,习近平总书记对职业教育工作作出重要指示,现就全国人力资源社会保障系统深入学习贯彻落实习近平总书记重要指示精神通知如下。

一、深入学习领会习近平总书记对职业教育工作的重要指示精神,充分认识加强技能人才队伍建设的重大意义

习近平总书记重要指示强调,在全面建设社会主义现代化国家新征程中,职业教育前途广阔、大有可为。习近平总书记的重要指示,深刻阐明了职业教育在全面建设社会主义现代化国家新征程中的地位和作用,深刻阐明了加快培养高素质技术技能人才、能工巧匠、大国工匠的重大意义,为做好当前和今后一个时期技能人才队伍建设工作指明了前进方向,提供了根本遵循。职业教育是国民教育体系和人力资源开发的重要组成部分,是培养技术技能人才、促进就业创业创新、推动中国制造和服务上水平的重要基础。各级人力资源社会保障部门要认真学习、深刻领会习近平总书记重要指示精神,准确把握核心要义,充分认识职业教育在国家人才培养体系中的基础性作用,进一步统一思想,提高认识,增强做好技工教育、职业培训和技能人才工作的责任感和使命感。要坚持全面系统学、联系实际学,与贯彻落实党的十九届五中全会精神和习近平总书记对技能人才工作系列重要指示精神相结合,做到学深悟透、融会贯通,将学习成果转化为推动技能人才队伍建设的实际行动,为全面建设社会主义现代化国家、实现中华民族伟大复兴的中国梦提供有力人才支撑。

二、贯彻落实全国职业教育大会精神，充分发挥部门职能职责，努力推动技能人才工作取得新的发展

各级人力资源社会保障部门要按照习近平总书记的重要指示精神，牢牢把握坚持党的领导，坚持正确办学方向，坚持立德树人的基本原则，推动职业教育事业发展，做好技能人才工作。要结合落实全国职业教育大会各项工作部署，进一步明确当前和今后一个时期职业教育特别是技工教育和职业培训、技能人才工作发展的目标任务、发展方向、工作要求。要切实担负起职责使命，借机借势借力，主动作为，精心谋划，狠抓落实，不断完善技能人才培养、使用、评价、激励制度，奋力开创技能人才工作新局面。

（一）加强技能人才队伍建设力度。各级人力资源社会保障部门要加强与有关部门沟通协调，将技工教育纳入各地职业教育总体规划，加大对技工教育支持力度，指导技工院校坚持党的领导，全面落实立德树人根本任务，坚持以提高质量、促进就业、服务发展为导向，不断提高技能人才培养规模、质量、水平，推动技工院校特色化发展、差异化发展。要全面推行中国特色企业新型学徒制，扎实开展职业技能提升行动质量年活动，推动"互联网+职业技能培训"，全面推行职业培训券模式，不断提升职业技能培训的针对性和实效性。要全面推行社会化职业技能等级认定，建立完善职业资格评价、职业技能等级认定、专项职业能力考核等多元评价机制。要广泛深入持久开展各级各类职业技能竞赛活动，不断完善职业技能竞赛体系，实现以赛促学、以赛促训、以赛促评、以赛促奖。

（二）落实技能人才激励政策。各级人力资源社会保障部门要认真落实《关于提高技术工人待遇的意见》和《技能人才薪酬分配指引》等政策要求，不断提升技能人才政治待遇、经济待遇、社会待遇，提高技能人才职业荣誉感和获得感。指导企业深化工资分配制度改革，完善符合技能人才特点的工资分配制度，建立企业技能人才工资正常增长机制。完善优秀高技能人才表彰奖励制度，加大表彰奖励力度，激发技能人才干事创业的积极性、主动性、创造性。

（三）加大对职业教育发展的服务保障。各级人力资源社会保障部门要充分发挥职能作用，进一步健全完善落实就业创业、人事人才、工资待遇、劳动保障等政策，为职业教育改革发展提供政策支撑。要积极研判人力资源市场供求状况，建立就业需求信息共享机制，引导职业院校开发适应需求、特色鲜明的专业体系。要深化职业院校人事制度改革，优化岗位设置和管理，促进职业教育教师队伍建设。要深化职业院校内部收入分配改革，完善教师分配激励约束机制。

三、狠抓学习宣传贯彻落实，营造良好的社会氛围

深入学习贯彻习近平总书记对职业教育和技能人才工作的重要指示精神，是当前和今后一个时期全国人力资源社会保障系统的一项重要政治任务。各级人力资源社会保障部门要认真组织发动，周密安排部署，采取有效方式，将习近平总书记有关重要指示批示精神传达到各类技工院校、职业培训机构师生，传达到基层一线广大职工。要在当地党委、政府领导下，切实发挥部门职责，将技能人才工作置于经济社会发展大局思考谋划，与推动本地产业结构调整、民生保障服务、实施乡村振兴战略等重点工作紧密结合，研究提出贯彻落实的具体工作举措。要广泛开展技能人才主题宣传活动，在全社会大力弘扬劳模精神、劳动精神、工匠精神，营造人人皆可成才、人人尽展其才的良好环境。

各地人力资源社会保障部门学习贯彻落实习近平总书记重要指示精神、推动技能人才工作的情况，要及时向人力资源社会保障部报告。

人力资源社会保障部关于印发"技能中国行动"实施方案的通知

(2021年6月30日 人社部发〔2021〕48号)

各省、自治区、直辖市及新疆生产建设兵团人力资源社会保障厅(局):

为贯彻落实习近平总书记对技能人才工作的重要指示精神,我部决定在"十四五"期间组织实施"技能中国行动"。现将《"技能中国行动"实施方案》印发各地,请结合实际贯彻执行。

"技能中国行动"实施方案

技能是强国之基、立业之本。技能人才是支撑中国制造、中国创造的重要力量。为贯彻落实习近平总书记对技能人才工作的重要指示精神,在"十四五"期间,人力资源社会保障部将组织实施"技能中国行动",特制定本实施方案。

一、指导思想

以习近平新时代中国特色社会主义思想为指导,全面贯彻党的十九大和十九届二中、三中、四中、五中全会精神,认真落实习近平总书记对技能人才工作的重要指示精神,坚持党管人才、服务发展、改革创新、需求导向原则,健全技能人才培养、使用、评价、激励制度,着力强基础、优结构、扩规模、提质量、建机制、增活力,打造技能省市,为大力实施人才强国和创新驱动发展战略,建设制造强国、质量强国、技能中国,全面建设社会主义现代化国家,实现中华民族伟大复兴的中国梦,提供坚实的技能人才保障。

二、目标任务

"十四五"时期,大力实施"技能中国行动",以培养高技能人才、能工巧匠、大国工匠为先导，带动技能人才队伍梯次发展，形成一支规模宏大、结构合理、技能精湛、素质优良，基本满足我国经济社会高质量发展需要的技能人才队伍。"十四五"期间，新增技能人才4 000万人以上，技能人才占就业人员比例达到30%，东部省份高技能人才占技能人才比例达到35%，中西部省份高技能人才占技能人才比例在现有基础上提高2~3个百分点。

三、基本原则

（一）坚持党管人才。加强党对技能人才工作的领导，强化行业企业主体作用，吸引社会力量积极参与，构建在党委政府领导下，行业企业、院校、社会力量共同参与的技能人才工作新格局。

（二）坚持服务发展。立足新发展阶段，贯彻新发展理念，紧贴发展需求，以推进技能人才供给侧结构性改革为主线，改进和完善培养模式，加快培养知识型、技能型、创新型劳动者大军。

（三）坚持改革创新。发挥市场在人力资源配置中的决定性作用，聚焦制约技能人才工作的短板弱项，完善政策措施体系，加大体制机制改革创新力度，从根本上推动技能人才队伍高质量发展。

（四）坚持需求导向。瞄准缓解结构性就业矛盾，以提升全民技能、构建技能社会为引领，突出需求导向目标，培养更多高素质劳动者，围绕急需紧缺领域培养更多技能人才和大国工匠。

四、主要任务

（一）健全完善"技能中国"政策制度体系

1. 健全技能人才发展政策体系。加强技能人才统计分析，全面系统谋划技能人才发展目标、工作任务、政策制度、保障措施，研究制定进一步加强新时代高技能人才队伍建设的指导意见，完善相关配套政策措施，形成更加完备的技能人才工作政策制度体系。鼓励各地结合实际，创新实践，抓好各项政策措施落实落地。

2. 健全终身职业技能培训制度。建立健全覆盖城乡全体劳动者、贯穿劳动者学习工作终身、适应就业创业和人才成长需要以及高质量发展需求的终身职业技能培训制度。构建以政府补贴培训、企业自主培训、市场化培训为主要供给，以高技能人才公共实训基地、技工院校、职业院校、职业培训机构和行业企业为主要载体，以就业技能培训、岗位技能提升培训和创业创新培训为主要形式的组织实施体系。加强数字技能培训，普及提升全民数字素养。完善国家基本职业培训包制度，加强职业培训规范化、科学化管理。持续实施国家级高技能人才培训基地、技能大师工作室建设项目。推动各地建设职业覆盖面广、地域特色鲜明的高技能人才培训基地、公共实训基地、技能大师工作室。

3. 完善技能人才评价体系。深化职业资格制度改革，完善职业技能等级制度，健全以职业资格评价、职业技能等级认定和专项职业能力考核等为主要内容的技能人才评价制度。健全完善科学化、社会化、多元化的技能人才评价体系。完善新职业信息发布制度，健全职业分类动态调整机制。完善职业标准开发机制，建立健全由国家职业技能标准、行业企业评价规范、专项职业能力考核规范等构成的多层次、相互衔接的职业标准体系。加强技能人才评价监督管理，营造公开、公平、公正的技能人才评价环境。

4. 构建职业技能竞赛体系。完善以世界技能大赛为引领、中华人民共和国职业技能大赛为龙头、全国行业职业技能竞赛和地方各级职业技能竞赛以及专项赛为主体、企业和院校职业技能比赛为基础的具有中国特色的职业技能竞赛体系，不断提高职业技能竞赛的科学化、规范化、专业化水平。围绕重大战略、重大工程、重大项目、重点产业，统筹管理、定期举办各级各类职业技能竞赛活动。推广集中开放、赛展结合的职业技能竞赛模式，鼓励和引导社会力量支持、参与办赛。推动省市县普遍举办综合性职业技能竞赛，加快培养专业化人才队伍，加强职业技能竞赛工作信息化建设。建设1个世界技能大赛综合训练中心、3个世界技能大赛中国研究中心、1个世界技能大赛中国研修中心和400个左右世界技能大赛中国集训基地，支持建设世界技能博物馆、世界技能能力建设中心、世界技能资源中心，加强世界技能大赛理论研究、工作研修和成果转化。

（二）实施"技能提升"行动

5. 持续实施职业技能提升行动。大规模开展高质量职业技能培训，创新培训方式，丰富培训内容，提升劳动者就业创业能力和水平。紧贴经济社会发展，编制发布技能人才需求指引，对接技能密集型产业，实施重点群体专项培训计划，大力推行"互联网+职业技能培训"，广泛开展新职业新业态新模式从业人员技能培训。健全以技能需求和技能评价结果为导向的培训补贴政策。全面推广职业培训券，建立实名制培训信息管理系统和劳动者职业培训电子档案，实现培训信息与就业、社会保障信息联通共享。

6. 大力发展技工教育。支持技工院校建设成为集技工教育、公共实训、技师研修、竞赛集训、技能评价、就业指导等功能一体的技能人才培养综合基地。遴选建设300所左右优质技工院校和500个左右优质专业，开展100个左右技工教育（联盟）集团建设试点工作。稳定和扩大技工院校招生规模，推动将技工院校纳入统一招生平台。建设全国技工院校招生宣传平台。

7. 支持技能人才创业创新。开展技能人才创业创新培训，对符合条件的高技能人才，按规定落实创业担保贷款及贴息政策，支持技能人才入驻创业孵化基地创办企业。支持各地建立创新型高技能人才信息库，支持高技能人才参与国家基础研究、重点科研、企业工艺改造、产品研发中心等项目。鼓励技能人才专利创新。定期举办全国技工院校学生创业创新大赛，培育技工院校学生创业创新能力。

8. 推动国家乡村振兴重点帮扶地区技工教育和职业培训均衡发展。实施国家乡村振兴重点帮扶地区职业技能提升工程，促进区域协调发展。支持建设（新建、改扩建）100所左右技工院校和职业培训机构、100个左右高技能人才培训基地和100个左右技能大师工作室，开发100个左右专项职业能力考核规范，培育100个左右劳务品牌，培养一批高技能人才和乡村工匠。定期举办全国乡村振兴职业技能大赛，引导支持重点帮扶地区举办具有地方特色的职业技能竞赛。加大东西部职业技能开发对口协作力度，确保有提升技能意愿的劳动力都有机会参加职业学校教育和技能培训。支持重点帮扶地区开展优秀技能人才评选表彰。

（三）实施"技能强企"行动

9. 推行中国特色企业新型学徒制。全面推行"招工即招生、入企即入校、企校双师联合培养"为主要内容的中国特色企业新型学徒制。发挥企业主体作用，推行培养和评价"双结合"、企业实训基地和院校培训基地"双基地"、企业导师和院校导师"双导师"的联合培养模式。通过校企合作、工学交替等方式，组织企业技能岗位新招用和转岗人员参加学徒制培训，助推企业技能人才培养，发展壮大产业工人队伍。

10. 建立健全产教融合、校企合作机制。推动企校在产业链、创新链、人才链上深度融合，共同推动区域经济社会高质量发展。契合企校需求，整合企校资源，建立企校资源集群，构建企校发展联通、需求互通、资源融通的双赢合作格局。支持企校开展数字技能、绿色技能等领域技能人才联合培养。

11. 开展大规模岗位练兵技能比武活动。支持行业企业将技能人才队伍建设上升为企业发展战略。引导行业企业立足生产、经营、管理实际，以增强核心竞争力为导向，采取以工代训、技能竞赛等形式，大力开展岗位练兵技术比武活动，提升职工技能水平，发现优秀技能人才，传播优秀企业文化。

12. 支持企业自主开展技能等级认定。发挥职业技能等级认定在促进技能人才成长中的积极作用，推动企业自主开展职业技能等级认定。支持企业结合生产经营特点和实际需要，自主确定评价职业（工种）范围，自主设置职业技能岗位等级，自主开发制定评价标准规范，自主运用评价方法，自主开展技能人才评价。鼓励企业在职业技能等级认定工作初期，广泛开展定级评价。可根据岗位条件、职工日常表现、工作业绩等，参照有关规定直接认定职工职业技能等级。支持企业将职业技能等级认定与企业岗位练兵、技术比武、新型学徒制、职工技能培训等各类活动相结合，建立与薪酬、岗位晋升相互衔接的职业技能等级制度。打破学历、资历、年龄、身份、比例等限制，对掌握高超技能、业绩突出的企业一线职工，可按规定直接认定为高级工、技师、高级技师。

（四）实施"技能激励"行动

13. 加大高技能人才表彰奖励。建立健全以国家奖励为导向、用人单位奖励为主体、社会奖励为补充的技能人才奖励体系。定期开展中华技能大奖、全国技术能手评选表彰，选拔优秀高技能人才享受政府特殊津贴。提高高技能人才在各级各类表彰和荣誉评选中的名额分配比例，提高表彰奖励标准，拓宽表彰奖励覆盖面。广泛开展高技能领军人才技能研修交流、休疗养和节日慰问活动。

14. 提升技能人才待遇水平。落实《技能人才薪酬分配指引》，引导企业建立健全体现技能价值激励导向的薪酬分配制度。指导企业对技能人才建立岗位价值、能力素质、业绩贡献的岗位绩效工资制，合理评价技能要素贡献。同时，鼓励企业对技能人才特别是高技能领军人才实行年薪制、协议薪酬、专项特殊奖励，按规定探索实行股权激励、项目分红或岗位分红等中长期激励方式，并结合技能人才劳动特点，统筹设置技能津贴、师带徒津贴等专项津贴，更好体现技能价值激励导向。畅通为高技能人才建立企业年金的机制，提高技能人才薪酬福利水平。进一步提高失业保险参保职工技能提升补贴政策受益率。

15. 落实技能人才社会地位。探索推动面向技术工人、技工院校学生招录（招聘）事业单位工作人员，拓宽技能人才职业发展空间。技工院校高级工、预备技师（技师）班毕业生在应征入伍、就业、确定工资起点标准、参加机关事业单位招聘、职称评审、职级晋升等方面，分别按照大学专科、本科学历毕业生享受同等待遇。推动将高技能人才纳入城市直接落户范围，其配偶、子女按有关规定享受公共就业、教育、住房等保障服务。

16. 健全技能人才职业发展贯通机制。拓展技能人才职业技能等级设置，支持和引导企业增加职业技能等级层次，探索设立首席技师、特级技师等岗位职务。建立技能人才与管理人才、专业技术人才职业转换通道。建立职业资格、职业技能等级与专业技术职务比照认定制度，加强高技能人才与专业技术人才职业发展贯通。各类用人单位对在聘的高级工以上高技能人才在学习进修、岗位聘任、职务职级晋升、评优评奖、科研项目申报等方面，按相应层级专业技术人员享受同等待遇。

17. 弘扬劳模精神、劳动精神、工匠精神。创新方式方法，结合世界技能大赛、国内职业技能竞赛、高技能人才评选表彰、世界青年技能日等重大赛事、重大活动和重要节点，采取群众喜闻乐见的形式，广泛深入开展技能中国行、"迎世赛，点亮技能之光"、中华绝技等宣传活动，讲好技能成才、技能报国故事，传播技能文化，大力弘扬劳模精神、劳动精神、工匠精神。各地可利用技工院校、职业院校、博物馆、文化宫、青少年宫等教育和培训场所，推动设立技能角、技能园地等技能展示、技能互动、职业体验区域，引导广大劳动者特别是青年一代关注技能、学习技能、投身技能。技工院校、职业院校要大力开展技能教育，在劳动教育和劳动实践活动中宣传劳模精神、劳动精神、工匠精神。

（五）实施"技能合作"行动

18. 做好世界技能大赛参赛和办赛工作。精心组织上海第 46 届世界技能大赛，充分展示中国技能发展成就，努力办成一届"富有新意、影响广泛"的世界技能大赛。积极做好世界技能大赛备赛参赛工作，规范遴选世界技能大赛中国集训基地和技术指导专家团队，科学组织集训备赛和参赛工作。举办"一带一路"国际技能大赛等。

19. 加强技能领域国际交流合作。统筹利用亚洲合作资金和"一带一路"合作项目资源，开展多边、双边技能合作和对外援助，带动"一带一路"沿线国家完善职业技能培训体系。推进与发达国家在职业技能开发领域的交流互鉴，继续选派青年赴法国、德国等国家开展实习交流，组织职业能力建设管理人员出国交流。支持技工院校与发达国家和"一带一路"沿线国家职业院校合作办学，选派优秀学生出国交换学习。

20. 加强职业资格证书国际互认。研究制定境外职业资格境内活动管理暂行办法，规范在我国境内开展的境外各类职业资格相关活动。根据技能人才队伍建设需要，结合实际制定职业资格证书国际互认管理办法。支持持境外职业资格证书人员按规定参加职业资格评价或职业技能等级认定，促进技能人才流动。

五、实施保障

（一）加强组织领导。各地要深入学习贯彻落实习近平总书记对技能人才工作重要指示精神，充分认识进一步加强技能人才工作的重大意义，将技能人才纳入本地人才队伍建设重要工作内容和"十四五"规划，建立党委（党组）统一领导、有关部门各司其职、行业企业为主体、社会力量广泛参与的工作机制，形成推动工作合力。我部根据各地实际，通过与省级人民政府签署部省（区、市）共建协议等方式，推动各地打造技能省市。

（二）加大经费支持。各地要加大技能人才工作投入力度，按政策统筹使用职业技能提升行动专账资金、就业补助资金、失业保险基金、教育经费、人才专项资金等各类资金，发挥好政府资金的撬动作用，推动建立政府、企业、社会多元化投入机制。

（三）加大宣传引导。各地要加大"技能中国行动"宣传力度，围绕五大行动计划精心策划宣传活动，广泛解读宣传技能人才政策，及时发布工作进展和成果成效。要大力宣传行动中涌现的先进典型和先进事迹，引导社会各界关注技能人才，支持技能人才工作，营造技能人才发展的良好社会氛围。

附件："技能中国行动"2021—2022 年重点工作安排

附件

"技能中国行动"2021—2022 年重点工作安排

一、完善技能人才队伍建设政策制度。研究进一步加强新时代高技能人才队伍建设的指导意见。制定职业技能提升行动、中国特色企业新型学徒制培训、全国职业技能竞赛管理暂行办法等政策措施，健全完善技能人才培养、使用、评价、激励制度。制定"十四五"职业技能培训、技工教育两个专项规划，并抓好贯彻落实。

二、开展高技能人才评选表彰活动。组织开展第十五届、十六届高技能人才评选表彰活动，表彰一批中华技能大奖获得者、全国技术能手，通报表扬国家技能人才培育突出贡献单位和国家技能人才培育突出贡献个人，并对获奖人员进行宣传。选拔优秀高技能人才享受国务院政府特殊津贴。

三、深入实施职业技能提升行动。充分发挥职业技能提升行动专账资金效能，扎实推进职业技能提升行动。组织开展职业技能提升行动质量年系列活动，全面推行中国特色企业新型学徒制，全面推广职业培训券工作，做好职业技能提升行动总结评估工作。广泛应用国家基本职业培训包，高质量开展职业技能培训。实施职业技能等级认定提质扩面行动。

四、大力发展技工教育。制定出台大力发展技工教育办好技工院校、加强技工院校教材管理等政策措施，组织第二届技工院校学生创业创新大赛、第三届技工院校教师职业能力大赛，评估、总结及推广通用职业素质课程，推进核增技工院校绩效工资总量、教师公开招聘等政策落实。

五、扎实做好第46届世界技能大赛备赛和办赛工作。制定第46届世赛参赛集训工作指导意见，遴选确定第46届世界技能大赛中国集训基地、技术指导专家团队，做好第46届世赛参赛集训工作。做好第46届世赛筹办、举办工作，全力打造一届"富有新意、影响广泛"的世界技能大赛。把"迎世赛，点亮技能之光"主题宣传活动贯穿全过程、全领域。办好世界技能大会特别会议。

六、广泛深入开展职业技能竞赛。举办全国乡村振兴职业技能大赛、全国新职业技术技能大赛等专项赛事。会同有关部委、行业协会和企业举办全国行业职业技能竞赛。筹备中华人民共和国第二届职业技能大赛。指导各地普遍举办综合性职业技能竞赛活动。

七、实施国家乡村振兴重点帮扶地区职业技能提升工程。加大东西部职业技能开发对口协作力度，增强国家乡村振兴重点帮扶地区职业技能教育培训资源供给，帮助建设一批技工院校和职业培训机构，建设一批高技能人才培训基地和技能大师工作室，开发一批专项职业能力考核规范，培育一批劳务品牌，培养一批高技能人才和乡村工匠。

八、修订《中华人民共和国职业分类大典》。修订并颁布新版《中华人民共和国职业分类大典》。持续发布新职业信息，每年制修订和颁布 50 个以上职业技能标准。指导行业企业开发行业企业评价规范。

九、加强新职业培训和全民数字技能教育培训。制定并落实《关于加强新职业培训工作的通知》和《提升全民数字技能工作方案》，大力开展新职业培训，加强全民数字技能教育和培训，普及提升公民数字素养和数字技能。

十、组织实施技能人才系列主题活动。组织开展 7·15 世界青年技能日、技能中国行、高技能领军人才休假、国家级技能大师工作室带头人研修交流等主题活动。

人力资源社会保障部关于健全完善新时代技能人才职业技能等级制度的意见（试行）

（2022年3月18日　人社部发〔2022〕14号）

各省、自治区、直辖市及新疆生产建设兵团人力资源社会保障厅（局），国务院各部委、各直属机构人事劳动保障工作机构，中央军委政治工作部兵员和文职人员局，有关行业组织、企业人事劳动保障工作机构：

为贯彻落实习近平总书记关于产业工人队伍建设和技能人才工作的一系列重要指示精神，根据中共中央、国务院关于新时期产业工人队伍建设改革、加强和改进新时代人才工作等有关文件要求，现就健全完善新时代技能人才职业技能等级制度提出如下意见。

一、总体要求

（一）指导思想

以习近平新时代中国特色社会主义思想为指导，全面贯彻党的十九大和十九届历次全会以及中央人才工作会议精神，健全技能人才培养、使用、评价、激励制度，畅通技能人才职业发展通道，提高待遇水平，增强荣誉感获得感幸福感，吸引更多劳动者走技能成才、技能报国之路，缓解技能人才短缺问题，充分发挥技能人才在经济社会高质量发展中的重要作用，为全面建设社会主义现代化国家提供有力的人才和技能支撑。

（二）基本原则

——坚持能力为本。围绕经济社会发展对技能人才的需求，充分发挥评价"指挥棒"作用，引导各级各类职业技能培训机构培训方向，激发技能人才参加职业技能培训的内生动力。

——坚持科学评价。遵循技能人才成长规律，以品德、能力、业绩、贡献为导向，完善职业标准，创新评价方式，规范评价流程，坚持考评结合、逐级认定，客观公正评价。优秀的可越级考评。

——坚持效果导向。聚焦技能人才职业发展中的"天花板"问题，完善职业技能等级（岗位）设置体系，畅通技能人才职业发展通道，延伸拓展其成长进步阶梯，推动形成人人学技能、有技能、长技能、比技能的技能型社会。

——坚持岗位使用。围绕用好用活人才，完善促进技能人才发展的政策措施，营造有利于技能人才成长和发挥作用的制度环境，让更多技能人才立足岗位，钻研技能，执着专注，实现岗位成才。

（三）目标任务

"十四五"期末，在以技能人员为主体的规模以上企业和其他用人单位（以下简称用人单位）中，全面推行职业技能等级认定，普遍建立与国家职业资格制度相衔接、与终身职业技能培训制度相适应，并与使用相结合、与待遇相匹配的新时代技能人才职业技能等级制度。涌现一大批高技能领军人才、大国工匠、能工巧匠，高端带动作用不断增强，引领集聚效应不断扩展，培养造就一支数量充足、结构合理、等级清晰、素质优良的产业工人队伍。

二、健全职业技能等级制度体系

（四）全面推行职业技能等级制度。实行技能人才职业技能等级制度，由用人单位和社会培训评价组织（以下简称社评组织）按照有关规定实施职业技能等级认定，使有技能等级晋升需求的人员均有机会得到技能评价。对关系公共利益或涉及国家安全、公共安全、人身健康、生命财产安全的职业（工种），纳入国家职业资格目录，依法实行职业资格准入，并做好与职业技能等级认定的衔接。

（五）健全技能岗位等级设置。企业根据技术技能发展水平等情况，结合实际，在现有职业技能等级设置的基础上适当增加或调整技能等级。对设有高级技师的职业（工种），可在其上增设特级技师和首席技师技术职务（岗位），在初级工之下补设学徒工，形成由学徒工、初级工、中级工、高级工、技师、高级技师、特级技师、首席技师构成的职业技能等级（岗位）序列。行业企业根据自身特点，考虑历史沿用、约定俗成等因素，对上述技能等级名称可使用不同称谓，并明确其与相应技能等级的对应关系。

（六）完善职业标准体系。建立健全由职业标准、评价规范、专项职业能力考核规范等构成的多层次、相互衔接、国际可比的职业标准体系。以满足人力资源管理需要和职业教育培训、技能评价需要为目标，按照职业标准编制技术规程确定的原则和要求开发职业标准或评价规范，并将职业道德、职业操守和劳模精神、劳动精神、工匠精神等要求纳入其中。对国家确定的职业（工种），各省（区、市）和部门（行业）可依托行业组织、龙头企业和院校等开发职业标准或评价规范。

（七）促进职业发展贯通。以职业分类为基础，统筹规划职业技能等级制度、职称制度、职业资格制度框架，并建立境外职业资格证书认可清单制度，避免交叉重复设置和评价，降低社会用人成本。鼓励专业技术人才参加职业技能评价。探索在数字经济领域促进技术技能人才融合发展。

三、完善职业技能等级认定机制

（八）实行分类考核评价。用人单位和社评组织要根据不同类型技能人才的工作特点，实行分类评价。在统一的职业标准体系框架基础上，对技术技能型人才的评价，要突出实际操作能力和解决关键生产技术难题等要求。对知识技能型人才的评价，要突出掌握运用理论知识指导生产实践、创造性开展工作等要求。对复合技能型人才的评价，要突出掌握多项技能、从事多工种多岗位复杂工作等要求。

（九）采取不同考核评价方式。学徒工的转正定级考核，由用人单位在其跟随师傅学习期满和试用期满后，依据本单位有关要求进行。参加中国特色企业新型学徒制的学员按照培养目标进行考核定级。初级工、中级工、高级工、技师、高级技师等级考核是技能考核评价的主体，由用人单位和社评组织按照职业标准和有关规定进行。鼓励支持采取以赛代评方式，依据职业标准举办的职业技能竞赛按照有关规定对获得优秀等次的选手晋升相应职业技能等级。

首席技师、特级技师是在高技能人才中设置的高级技术职务（岗位），一般应在有高级技师的职业（工种）领域中设立，通过评聘的方式进行，实行岗位聘任制。要稳妥有序开展特级技师、首席技师评聘工作，不搞高级技师普遍晋升。对本意见印发前已开展高级技师以上评审工作的，按照本意见有关要求进行复核确认。

特级技师评聘工作要在工程技术领域先行试点的基础上逐步扩大范围，由省级及以上人力资源社会保障部门指导用人单位制定实施方案，对评审标准、程序、办法和配套措施等作出具体规定。用人单位按照制定方案、组织评审、公示核准、任职聘用等程序组织实施。

首席技师原则上从特级技师中产生。首席技师是在技术技能领域作出重大贡献，或本地区、本行业企业公认具有高超技能、精湛技艺的高技能人才。首席技师评聘工作要在特级技师评聘的基础上先行试点、逐步推开，由省级及以上人力资源社会保障部门、国务院有关行业主管部门指导用人单位实施，采取基层推荐、地方或行业评审、公示核准、用人单位聘任等程序进行。

（十）支持用人单位自主开展职业技能等级认定。用人单位结合生产经营特点和实际需要，按照有关规定自主开展技能人才评价。鼓励用人单位在职业技能等级认定工作初期，广泛开展定级考评，根据岗位条件、职工日常表现、工作业绩等，按照有关规定认定职工相应职业技能等级。用人单位可将职业技能等级认定与岗位练兵、技术比武、技术攻关、揭榜领题等相结合。打破学历、资历、年龄、比例等限制，对技艺高超、业绩突出的一线职工，按照规定直接认定其相应技能等级。被派遣劳动者可在用工单位进行职业技能等级认定。

（十一）推行社会化职业技能等级认定。按照统筹规划、合理布局、严格条件、择优遴选、动态调整的原则，面向社会公开征集遴选社评组织。社评组织根据市场需求和劳动者就业创业需要，依据有关规定，按照客观、公正、科学、规范的原则，面向劳动者开展职业技能等级认定。

（十二）指导技工院校全面开展职业技能等级认定。促进技工院校教学与企业用人需求紧密结合，推行工学一体化技能人才培养模式，加强专业设置与产业需求对接、课程内容与职业标准对接、教学过程与工作过程对接，积极为学生提供职业技能等级认定服务。同时，支持技工院校依托合作企业为学生提供职业技能等级认定服务。加大将技工院校培育为社评组织力度,面向各类就业群体提供职业技能等级认定服务。

四、促进职业技能等级认定结果与培养使用待遇相结合

(十三)充分发挥技能评价对提高培养培训质量的导向作用。要将职业技能等级认定作为引导职业技能培训方向、检验培训质量的重要手段。依据职业标准组织开展各等级职业技能培训,突出能力导向,强化高技能人才培训,促进职业技能培训与职业技能等级认定有机衔接。推动建立并形成贯穿劳动者学习工作终身、覆盖劳动者职业生涯全程的职业技能培训制度。

(十四)促进职业技能等级认定结果与岗位使用有效衔接。建立评价与使用相结合的机制,评以适用、以用促评。用人单位结合用人需求,根据职业技能等级认定结果合理安排使用技能人才,实现职业技能等级认定结果与技能人才使用相衔接。实行聘期管理制度,健全日常和动态考核制度,在岗位聘用中实现人员能上能下。

(十五)建立与职业技能等级(岗位)序列相匹配的岗位绩效工资制。推动《技能人才薪酬分配指引》落实落地,强化工资收入分配的技能价值激励导向。引导用人单位建立基于岗位价值、能力素质、业绩贡献的工资分配制度,将职业技能等级作为技能人才工资分配的重要参考,突出技能人才实际贡献,通过在工资结构中设置体现技术技能价值的工资单元,或根据职业技能等级设置单独的技能津贴等方式,合理确定技能人才工资水平,实现多劳者多得、技高者多得。

(十六)健全高技能人才激励机制。引导用人单位工资分配向高技能人才倾斜,高技能人才人均工资增幅不低于本单位相应层级专业技术人员和管理人员人均工资增幅。对优秀的高技能人才,可探索实行协议工资、项目工资、年薪制、专项特殊奖励、股权期权激励、技术创新成果入股、岗位分红等激励办法。对在聘的高级工、技师、高级技师在学习进修、岗位聘任、职务职级晋升、评优评奖、科研项目申报等方面,比照相应层级专业技术人员享受同等待遇。聘用到特级技师岗位的人员,比照正高级职称人员享受同等待遇。首席技

师薪酬待遇可参照本单位高级管理人员标准确定或根据实际确定,不低于特级技师薪酬待遇。机关事业单位工勤(工勤技能)人员的职业技能等级(岗位)设置和薪酬待遇按照有关规定执行。

五、加强服务监管

(十七)加强组织领导。健全完善职业技能等级制度关系广大技能人才的切身利益,涉及面广,政治性、政策性和技术性都非常强。各级人力资源社会保障部门要充分认识实施职业技能等级制度的重要意义,要从提升技能人才社会地位、巩固党的执政基础、实现人民共同富裕的高度,切实加强组织领导,统筹规划,周密部署,精心组织。要做好推动落实、服务保障、监督检查以及宣传引导等工作。

(十八)健全公共服务体系。按照全覆盖、可及性、便利性的要求,建立健全技能人才评价服务体系。做好评价机构备案服务,公布机构目录并实行动态调整。严格、规范证书(或电子证书)管理。建立完善信息化服务管理系统,面向社会提供技能人才评价机构和证书查询验证服务。加强跨区域职业技能等级认定结果互认,探索职业技能等级认定结果国际互认。

(十九)加强质量督导和监管。建立健全质量监管体系,实现事前事中事后全链条全领域监管。各地要按照属地管理原则,做好技能人才评价工作的综合管理。加强质量督导,采取"双随机、一公开"和"互联网+监管"等方式,加强对用人单位和社评组织及其评价活动的监督管理和指导。健全评价质量评估机制,及时向社会公开评估结果。用人单位和社评组织要落实评价质量管理主体责任,接受同行监督和社会监督。

附件:职业技能等级(岗位)要求

附件

职业技能等级（岗位）要求

序号	级别名称	基本要求	实施机构
1	学徒工	能够基本完成本职业某一方面的主要工作	用人单位
2	初级工	能够运用基本技能独立完成本职业的常规工作	用人单位和社评组织
3	中级工	能够熟练运用基本技能独立完成本职业的常规工作；在特定情况下，能够运用专门技能完成技术较为复杂的工作；能够与他人合作	
4	高级工	能够熟练运用基本技能和专门技能完成本职业较为复杂的工作，包括完成部分非常规性的工作；能够独立处理工作中出现的问题；能够指导和培训初、中级工	
5	技师	能够熟练运用专门技能和特殊技能完成本职业复杂的、非常规性的工作；掌握本职业的关键技术技能，能够独立处理和解决技术或工艺难题；在技术技能方面有创新；能够指导和培训初、中、高级工；具有一定的技术管理能力	
6	高级技师	能够熟练运用专门技能和特殊技能在本职业的各个领域完成复杂的、非常规性工作；熟练掌握本职业的关键技术技能，能够独立处理和解决高难度的技术问题或工艺难题；在技术攻关和工艺革新方面有创新；能够组织开展技术改造、技术革新活动；能够组织开展系统的专业技术培训；具有技术管理能力	
7	特级技师	在生产科研一线从事技术技能工作、业绩贡献突出的"企业高技能领军人才"。能够熟练运用专门技能和特殊技能在本职业的各个领域完成复杂的、非常规性工作；精通本职业及相关职业的重要理论原理及关键技术技能，能够独立处理和解决高难度的技术问题或工艺难题；承担传授技艺的任务，在技能人才梯队培养上作出突出贡献	省级及以上人力资源社会保障部门指导用人单位实施

续表

序号	级别名称	基本要求	实施机构
8	首席技师	在技术技能领域作出重大贡献，或在本地区、本行业企业具有公认的高超技能、精湛技艺的"地方或行业企业高技能领军人才"。为地方、行业企业高技能人才队伍建设作出突出贡献；为国家重大技术攻关、成果转化、技术创新、发明等作出突出贡献，在地方、行业企业的技术进步与发展中发挥关键作用，专业水平在地方、行业企业具有很高认可度和影响力	省级及以上人力资源社会保障部门、国务院有关行业主管部门指导用人单位实施

注：1. 行业企业可结合实际对上述要求进行修订完善。

2. 上述职业技能等级证书样式和编码按照有关规定确定。证书编码第16位为大写英文字母或阿拉伯数字，其中"X"表示"学徒工"，"T"表示"特级技师"，"S"表示"首席技师"，"5、4、3、2、1"分别表示"初级工、中级工、高级工、技师、高级技师"。

中共湖北省委办公厅 湖北省人民政府办公厅印发《关于进一步加强高技能人才工作的实施意见》的通知

（2007年8月17日 鄂办发〔2007〕23号）

各市、州、县党委和人民政府，省军区党委，省委各部委，省级国家机关各委办厅局，各人民团体：

《关于进一步加强高技能人才工作的实施意见》已经省委、省政府同意，现印发给你们，请结合实际，认真贯彻执行。

关于进一步加强高技能人才工作的实施意见

根据《中共中央、国务院关于进一步加强人才工作的决定》（中发〔2003〕16号）、《中共中央办公厅、国务院办公厅印发〈关于进一步加强高技能人才工作的意见〉的通知》（中办发〔2006〕15号）和《省人民政府关于大力发展职业教育的决定》（鄂政发〔2006〕23号）精神，结合我省实际，现就进一步加强高技能人才工作提出如下实施意见。

一、统一认识，明确做好高技能人才工作的指导思想和目标任务

（一）做好高技能人才工作的重大意义。高技能人才是人才队伍的重要组成部分，是技术工人队伍的核心骨干，是产业大军的优秀代表，在经济社会发展中具有不可替代的重要作用。改革开放以来，我省高技能人才工作取得了显著成绩，人才队伍逐步发展壮大。但是随着我省经济结构调整不断加快，人力资源能力建设要求不断提高，高技能人才工作也面临严峻挑战。从总体上看，高技能人才工作基础薄弱，培养体系不完善，评价、激励、保障机制不健全，轻视技能劳动和技能劳动者的传统观念仍然存在。当前，高技能人才的总量、结构和素质还不能适应经济社会发展需要，特别是在制造、加工、建筑、能源、环保等传统产业和电子信息等高新技术产业以及现代服务业领域，高技能

人才严重短缺，已成为制约我省经济社会持续发展和阻碍产业升级的"瓶颈"。加快推进人才强省战略，大力加强高技能人才工作，培养造就一大批具有良好职业道德和精湛技能的高技能人才，是增强经济社会核心竞争力和自主创新能力、建设创新型国家的重要举措，是在新的历史条件下巩固和发展工人阶级先进性，增强党的阶级基础的必然要求。对于促进人的全面发展，营造人才辈出、人尽其才的社会氛围，对于全面贯彻落实科学发展观、构建社会主义和谐社会，具有重大而深远的意义。各级党委、政府必须充分认识加强高技能人才工作的重要性和紧迫性，大力发展职业教育，加强职业技能培训，努力开创高技能人才队伍建设的新局面。

（二）高技能人才工作的指导思想。高技能人才工作要以邓小平理论和"三个代表"重要思想为指导，全面贯彻落实科学发展观，坚持党管人才原则，围绕全省经济社会发展的总体目标，以市场需求为导向，以职业能力建设为核心，紧紧抓住技能培养、考核评价、岗位使用、竞赛选拔、技术交流、表彰奖励、合理流动、社会保障等环节，进一步解放思想，更新观念，完善政策，创新机制，形成有利于高技能人才成长和发挥作用的制度环境和社会氛围，带动技能劳动者整体素质的提高和发展壮大。

（三）高技能人才工作的目标任务。根据我省经济社会发展的需要，加快培养一支数量充足、结构合理、素质优良的技术技能型、复合技能型和知识技能型的高技能人才队伍，建立培养体系完善、评价和使用机制科学、激励和保障措施健全的高技能人才工作新机制，力争到"十一五"期末，全省城镇技能劳动者比重达到50%以上，高级技工以上的高技能人才占技能劳动者的比例达到30%以上，其中，技师、高级技师占6%以上，基本形成与社会经济发展相适应的高、中、初级技能劳动者比例结构基本合理的格局。

二、适应市场需要，创造现代化的培养方式

（四）实行校企合作，扩大培养规模。各地要建立高技能人才校企合作培养制度，由政府及有关部门负责人、企业行业和职业院校代表，以及有关方面专家组成高技能人才校企合作培养协调指导委员会，研究制定校企合作培养高

技能人才的发展规划，确定培养方向和目标，指导和协调学校与企业开展合作。按照《省人民政府关于大力发展职业教育的决定》（鄂政发〔2006〕23号）的整体部署，"十一五"期间，每个市州要重点办好1~2所高级技工学校。支持各大中城市建立以培养高技能人才为主要目标的技师学院，力争"十一五"期末，全省技师学院达到15所，国家高级技工学校达到30所。要以重点职业院校和大中型企业为基础，整合资源、优势互补，组建一批职业教育和培训集团。大力发展民办职业教育和培训，充分发挥民办职业培训机构在高技能人才培养中的重要作用。鼓励职业院校与大中型企业发挥各自的优势，实行订单培训、定向培养、合作办学，进一步加快高技能人才的培养，更好地满足经济社会发展对高技能人才的需要。

建立企业接收职业院校学生实习制度。企业应接受职业院校教师实践和学生实习，为合作院校提供实习场所，选派实习指导教师，并做好学生劳保和安全工作，为顶岗实习的学生支付合理报酬。实行校企合作的定向培养费用，可从企业职工教育培训经费中列支。对积极开展校企合作、承担实习见习任务、培训成效显著的企业，当地政府应给予适当奖励。

（五）立足岗位实践，提高培养质量。鼓励企业推行名师带徒制度、技师研修制度、企业培训师制度。要引导职工立足岗位、钻研技能、积极参与攻关项目和技术革新，不断提高运用新知识解决新问题、运用新技术创造新财富的能力。鼓励并支持企业通过出国培训（研修）和引进国外先进培训资源等方式培养高技能人才。对参加当地紧缺职业（工种）高级技能以上培训，获得相应职业资格且被企业聘用的人员，企业可给予一定的培训和鉴定补贴。

各级劳动保障部门要广泛组织开展各类职业技能竞赛，指导企业开展群众性的岗位练兵、技术比武活动，为高技能人才脱颖而出创造条件。对在国家和省级一类职业技能竞赛中取得优异成绩的选手，应给予表彰奖励，可破格晋升技术等级或优先参加技师、高级技师考评。

（六）搭建服务平台，提高培养层次。建立公共实训平台。各地要适应市场发展需要，发挥本地优势，实行资源共享，将高技能人才实训基地建设纳入国家级和省级实训基地建设规划，依托大中型骨干企业和重点职业院校，建立一批规模大、实力强、特色鲜明的高技能人才实训基地,为各类培训对象实习见习、操作训练、技术攻关、工艺创新、技能交流提供服务。

建立技能交流提升平台。积极组织高技能人才技术交流活动,支持有条件的大中型企业(集团)、行业组织、职业院校成立科技协会、技师协会、职工技术协会、职业教育培训协会以及高技能人才工作室,并以此为依托组织开展高技能人才交流活动,为高技能人才参与高新技术开发、同业技术交流以及与科技人才交流、绝招绝技和技能成果展示等创造条件。挖掘和保护具有民族特色的民间传统技艺,实现代际传承,使之发扬光大。鼓励和支持高技能人才参与省际、国际间职业技能和学术交流活动。

三、突出技能水平,建立科学化的评价体系

(七)完善高技能人才评价标准。进一步突破年龄、资历、身份和比例限制,坚持以创新精神为导向,以专业技能为重点,以贡献和实绩为基础,注重职业道德和职业知识水平的高技能人才评价标准体系。坚持职业能力与工作业绩相结合,坚持国家标准与岗位要求相结合,坚持专业评价与企业认可相结合,把实际操作能力、攻关能力和创新能力作为考评、鉴定的重要标准,促进高技能人才更好更快地成长。

(八)优化高技能人才评价方式。各地要积极推进评价方式智能化、科学化、社会化、网络化,按照技能种类和等级,建立健全高技能人才考试、评价题库;运用计算机现场随机抽题,模拟操作,微机评分,确保考评的公平性、规范性和科学性。实行考评队伍职业化、社会化,由本行业高级专业技术人员、社会知名人士、高级专家学者、管理人员和名师组成职业技能鉴定专家委员会和专家小组,确保考评的独立性、严肃性和权威性。积极探索高技能人才多元评价机制,逐步完善社会化职业技能鉴定、企业技能人才评价、院校职业资格认证和专项职业能力考核的实施办法。依托具备条件的大中型企业,逐步开展高技能人才评价改革试点。试点企业可按规定,结合企业生产和科研活动实际,开展技师、高级技师考核鉴定工作。要在职业院校开展职业技能鉴定工作,努力使学生在获得学历证书的同时,取得相应的职业资格证书。

（九）规范高技能人才评价程序。严格高技能人才评价程序，把好标准认定、考题审核和考试验收各个环节，突出实际专业技能水平，着力于提高创新能力和解决实际生产问题的能力，改变考评内容与考评专业技能脱节的现象，不断提高高技能人才的专业技能水平和综合实力。强化专家现场考评和面试答辩，让那些具有丰富实践经验的行家里手、具有绝活绝技的技术带头人、关键岗位的业务骨干、技术能手取得相应的职业资格。

（十）加强高技能人才评价监管。坚持公开、公平、公正的原则，加强考评质量监控，建立由社会知名人士、大中专院校和行业专家组成的专家委员会，参与制订职业资格标准、职业技能鉴定考评，维护国家职业资格证书的权威性。加强国家职业资格证书管理，凡通用工种职业资格证书由劳动保障部门统一核发，行业特有工种职业资格证书颁发按照《省人民政府关于大力发展职业教育的决定》（鄂政发〔2006〕23号）有关规定执行，接受劳动保障部门的指导和监督。严格实行就业准入制度和持证上岗制度，国家和省规定实行就业准入控制的职业（工种）应从经过职业培训并获得相应的职业资格证书的人员中录用。进一步加强职业技能鉴定工作基础建设，县以上劳动保障部门所属的职业技能鉴定工作机构人员、业务经费纳入财政预算。职业技能鉴定（考核）收费按规定纳入预算管理，全额上缴非税收汇缴结算户；支出按规定编制单位预算，纳入劳动保障部门预算，统筹安排。

四、优化社会环境，实施系列化的激励政策

（十一）坚持技能水平与待遇标准挂钩，完善高技能人才薪酬制度。要进一步完善企业收入分配制度，企业在确定高技能人才收入水平时，要根据工作岗位对技能水平要求的高低、责任大小等因素，拉开工资档次，向技术岗位（工种）和高技能人才倾斜。凡通过劳动保障部门统一考核，取得相应国家职业资格证书并被聘用的高级工、技师、高级技师分别享受助理工程师、工程师、高级工程师的有关待遇。

建立相应的激励办法，鼓励企业实行高技能人才津贴和特殊岗位津贴，对高技能人才在聘用、工资、带薪学习、培训、休假、出国进修、城镇户口、子

女入学等方面与高级专业技术人员同等对待，有关部门应积极支持。提倡在股份制企业实行技术入股。对参加科技攻关和技术革新，并作出突出贡献的高技能人才，可按规定从成果转化所得收益中，依据贡献大小，通过奖金、期权、股权分配等多种形式给予相应奖励。

进一步落实好高技能人才社会保障权益。各级劳动保障部门要做好高技能人才流动中的社会保险关系接续工作。有条件的企业，应为包括高技能人才在内的各类人才建立企业年金制度和补充医疗保险。在研究统一调整企业退休人员待遇政策时，适当向企业高技能人才倾斜。

（十二）坚持培训与使用统一，完善高技能人才使用制度。进一步完善高技能人才的聘任制度，企业要积极支持高技能人才参与科技攻关和技术革新，并为其创造条件，发挥他们在技术攻关、实施精品工程、带徒传技等方面的主力军作用，并给予经费等方面的支持。要健全高技能人才带头人制度，发挥其在参与重大生产决策、组织技术革新、技术攻关项目上的领头人作用。高技能人才配置状况应作为生产经营性企业参加重大工程项目招投标、评优和资质评估的必要条件。要完善企业职工代表大会制度，高技能人才在职工代表中要占有一定的比例，充分发挥高技能人才在企业经营管理等方面的作用，真正使高技能人才干事有舞台、创业有平台、发展有空间、贡献有奖励。

（十三）坚持物质奖励与精神鼓励相结合，完善高技能人才奖励制度。建立首席技师制度。从2008年起每年选拔100名具有高超技能水平、良好职业道德、丰富实践经验、贡献突出，在全省各行业、企业和各级各类经济组织中带动作用大、得到业内广泛认可的高技能人才，由省政府授予"首席技师"称号，颁发证书，给予一次性奖励。

建立湖北省技能大师和湖北省技术能手评选表彰制度，每两年评选表彰一次，由省政府授予称号，颁发证书、奖章，并给予一次性奖励。对获得"湖北省技能大师"称号的，优先参与"湖北省五一劳动奖章"评选，符合条件的授予"湖北省五一劳动奖章"，并享受政府专项津贴。

健全高技能人才发明创造成果命名制度，对具有创造先进工艺、先进设备、先进操作法等成果的高技能人才，可以本人名字命名。

（十四）坚持政府调控与市场配置相协调，完善高技能人才合理流动制度。要进一步完善高技能人才统计报告制度，定期发布高技能人才供求信息和工资指导价位信息，引导高技能人才合理流动。各级劳动保障部门要建立高技能人才信息数据库，掌握当地高技能人才状况。公共职业介绍机构要开设专门窗口，为高技能人才提供职业介绍、职业指导、职业培训、劳动合同鉴证、劳动保障事务代理等"一站式"服务。要突破部门、行业、地域和所有制限制，积极做好高技能人才在不同所有制单位、不同行业和跨地区流动工作。

五、整合社会资源，健全多渠道的投入机制

（十五）加大政府投入。各级政府要建立政府、企业、社会多渠道筹措的高技能人才开发投入机制。各级财政要逐步加大对高技能人才教育培训投入，设立高技能人才培养专项资金。要根据高技能人才工作需要，对高技能人才培养引进、师资培训、教材编写、教育研究、标准修订、题库开发、评选表彰等工作经费给予必要支持。各级财政在安排职业教育专项经费和国家职业教育基础设施建设专项经费时，应向高技能人才培养基地倾斜。各级政府要确保城市教育费附加用于职业教育的部分，应按不低于20%的比例用于技工教育和高技能人才培养。政府投资兴办的公办技工院校的办学经费要足额纳入财政预算，予以保障。在重大工程项目、技术引进项目等项目投资中，高技能人才培养经费要占一定比例。

（十六）落实企业投入。企业应按职工工资总额的1.5%~2.5%提取职工教育培训经费，确保30%以上用于高技能人才培养。劳动保障等部门要定期对企业职工培训费的提取和使用情况进行监督检查。对自身没有能力开展职工培训的企业，以及未开展高技能人才培训的企业，县级以上地方人民政府可依法对其职工教育经费的1/3实行统筹，由劳动保障等部门统一组织培训服务，其中一半用于高技能人才培养。

（十七）鼓励社会投入。支持企事业单位、社会团体、公民个人等参与兴办各类职业院校和社会职业培训机构。鼓励民间资本、国外资本，投入职业教育培训产业。鼓励金融机构，为公共实训基地建设和参与校企合作培养高技能

人才的职业学校、培训机构提供融资服务。鼓励社会各界、海外人士、社会团体和公民个人,为高技能人才培养提供捐赠和培训等综合系列服务。企业和个人对高技能人才培养进行捐赠,按有关规定享受优惠政策。要制定职业院校培养高技能人才收费标准,经物价部门核定后向学员收取。

六、发挥各方优势,建立全方位的工作格局

(十八)切实加强领导。各地各部门要根据经济社会发展的需要制定高技能人才队伍建设规划,并纳入经济社会发展和整个人才队伍建设总体规划。要在党委和政府统一领导下,建立高技能人才工作联席会议制度,统筹协调和指导高技能人才工作。联席会议由组织、劳动保障、发展改革、教育、科技、国防科工、财政、人事、国资、经委等部门以及工会、共青团、妇联等有关群众团体组成,办公室设在省劳动保障厅。各级人民政府要将高技能人才队伍建设列入重要议事日程,建立相应的协调机制,要在组织领导、计划引导、政策导向、分类指导、及时督导上发挥主导作用。要把高技能人才工作纳入目标管理,作为对主要领导干部进行政绩考核的重要指标,并接受人大、政协监督。

(十九)实行社会各方联动。要充分调动社会各个方面的积极性,实行政府调控与市场配置相统一、政府投入与民间投资相配套、企业培养与社会培训相结合,走合资、合作、联合培训、培养的模式。充分利用、整合大专院校、职业学校、技工学校师资、教材、教学经验的优势和就业训练中心、社会培训实体、企事业单位等方面的实践经验、设施设备的优势,加快培养进程,扩大培训规模,提升培训层次,提高培训质量。动员社会各方面的力量,广泛开展高技能人才培养工作。

(二十)落实企业主体责任。各级政府及社会各方面,要大力支持企业在高技能人才培养上的主体作用,在政策上予以扶持,在资金上予以支持,在工作上予以指导,在法规上予以保障。行业主管部门和行业组织要结合本行业生产、技术发展趋势以及高技能人才队伍现状,做好需求预测和培养规划,提出本行业高技能人才合理配置标准,抓好本行业和所属企业高技能人才培养工作。各类企业特别是大中型企业(集团),要结合企业实际制定高技能人才培

养规划，建立和完善职工定期培训和技能考核制度，创立学习型组织，构建职工终身培训体系，每年参加技能培训的人数不得低于企业职工总数的20%。鼓励企业结合技术创新、技术改造和技术项目引进，开展新技术、新工艺、新材料等相关知识和技能培训，并通过研发攻关等活动，促进高技能人才培养。国有及国有控股企业要将高技能人才培养规划的制定和实施情况作为企业经营者业绩考核的内容之一，定期向职工代表大会报告。要建立行业和重点企业职工技能状况报告制度，定期向社会公布。对国有和国有控股企业没有建立职工培训制度、职工队伍技能状况低于当地和行业平均水平的，要扣减企业经营者的年薪。国有资产监督管理部门要加强监督考核。

机关事业单位也要结合各自实际，做好本部门本单位的高技能人才培养工作。

（二十一）加强舆论宣传。全省各级宣传部门和各有关部门要充分利用新闻媒体，广泛宣传"科教兴国、人才强国"战略、国家培养使用高技能人才的政策措施、高技能人才的重要作用和突出贡献、企业使用高技能人才的典型经验，努力营造尊重劳动、尊重知识、尊重人才、尊重创造的社会氛围。

湖南省人力资源和社会保障厅关于实施技术工人工资待遇激励计划的指导意见

（2018年10月30日　湘人社发〔2018〕72号）

各市州人力资源和社会保障局：

为认真贯彻落实《中共中央办公厅、国务院办公厅关于提高技术工人待遇的意见》（中办发〔2018〕16号）和《湖南省政府办公厅关于加强技能人才培养建设技工大省的意见》（湘政办发〔2018〕66号）精神，创新技能导向的激励机制，进一步鼓励辛勤劳动、诚实劳动、创造性劳动，增强生产服务一线对劳动者吸引力，现就我省鼓励提高技术工人工资待遇提出如下指导意见。

一、鼓励提高高技能领军人才工资待遇

1. 对为国家及湖南经济发展和重大战略实施作出突出贡献，具有高超技艺技能和一流业绩水平，并长期坚守在湖南生产服务一线岗位工作的高技能领军人才，全面采取措施，切实加强服务保障和提高工资待遇水平。高技能领军人才包括获得全国劳动模范、全国五一劳动奖章、中华技能大奖、全国技术能手、湖南省技能大师等荣誉和享受省级以上政府特殊津贴的技能人才。各地要安排设立专门服务窗口，负责协调落实高技能领军人才相关待遇政策。

2. 鼓励各类企业为高技能领军人才制定职业发展规划和年资（年功）工资制度，在科学评价技能水平和业绩贡献的基础上，合理确定年资起加点和工资级差，使其对工资增长形成稳定的心理预期。

3. 鼓励试行高技能领军人才年薪制和股权期权激励，鼓励各类企业设立特聘岗位津贴、带徒津贴等，对做出突出贡献的高技能领军人才参照高级管理人员标准落实经济待遇。

4. 对由省政府命名的"湖南省技能大师"，各地可根据实际情况给予相应配套待遇。对业绩突出的高技能领军人才，达到法定退休年龄后，如用人单位

需要、本人愿意、身体健康,可继续聘任和享受相应待遇。企业可优先为本企业培养产生的高技能领军人才建立企业年金和商业补充医疗保险。

5. 对参与国家科技计划项目的高技能领军人才,鼓励所在单位根据其在项目中的实际贡献给予绩效奖励。落实财政科研项目资金管理等政策,制定间接费用统筹使用内部管理办法,对高技能领军人才进行绩效奖励,提高高技能领军人才创新创造的积极性。

二、完善符合技术工人特点的企业工资分配激励增长机制

1. 优化企业技术工人工资分配机制。进一步深化工资分配制度改革,指导企业建立适合技术工人特点的工资分配制度,提倡对技术工人实行以岗位工资和技能工资为主的基本工资制度,形成基于岗位价值、技能水平、能力素质、业绩贡献的分配机制,强化工资收入分配技能价值激励导向。鼓励企业在工资结构中设置体现技术技能价值的工资单元,或对关键技术岗位、关键工序和紧缺急需的技术工人实行协议工资、项目工资、年薪制等分配形式,提高技术工人工资待遇。鼓励企业建立针对技术工人技能水平的补助性津贴制度,提高技术工人津贴水平。合理拉开高技能技术工人与普通技能技术工人的工资差距、技术工人与其他工人的工资差距。

2. 完善企业技术工人工资正常增长机制。实现企业技术工人工资有序增长。鼓励企业建立健全反映劳动力市场供求关系和企业经济效益的工资决定及正常增长机制,积极推进工资集体协商,引导企业科学确定技术工人工资水平并实现合理增长。国有企业工资分配要向高技能人才倾斜,高技能人才人均工资增幅应不低于本单位管理人员人均工资增幅。

3. 探索技术工人待遇长效激励机制。探索企业对技术工人以技术创新成果作价入股,推动知识、技术、技能等生产要素按贡献参与分配。对参加技术攻关、技术革新并作出突出贡献的技术工人,从成果转化中以奖金、股份或期权等多种方式给予相应奖励,促进长期稳定提高技术工人收入水平。探索国有控股企业实行关键岗位技术技能持股、技术工人协议工资制、项目工资制等多种分配形式。

三、全面推动落实技术工人激励计划

各地要抓紧制定本地区技术工人工资待遇激励的工作方案,提出年度目标,细化分解落实。国有企业要带头落实本意见明确的政策措施,切实提高高技能领军人才和技术工人工资待遇水平,激发技术工人的自豪感和荣誉感,营造"劳动光荣、技能宝贵、创造伟大"的社会风尚。非国有企业要结合本企业实际,进一步完善落实提高技术工人工资待遇水平的措施。

四、积极推广提高技术工人工资待遇的有效做法

提高技术工资待遇工作是一项长期性的任务,各有关部门要密切配合,持续推动技术工人工资待遇水平的提高,对成熟有效的做法要及时总结推广。

五、本意见自 2018 年 11 月 20 日起实施,有效期五年

内蒙古自治区党委办公厅 自治区人民政府办公厅 印发《关于提高技术工人待遇的实施意见》的通知

（2019年2月20日 内党办发〔2019〕6号）

各盟市委，盟行政公署、市人民政府，自治区各部、委、办、厅、局和各人民团体：

《关于提高技术工人待遇的实施意见》已经自治区党委、政府同意，现印发给你们，请结合实际认真贯彻落实。

关于提高技术工人待遇的实施意见

为贯彻落实中共中央办公厅、国务院办公厅印发的《关于提高技术工人待遇的意见》精神，推进新时期全区产业工人队伍建设改革，创新技能导向的激励机制，增强生产服务一线岗位对劳动者的吸引力，建设知识型、技能型、创新型劳动者大军，结合自治区实际，提出如下实施意见。

一、总体要求

以习近平新时代中国特色社会主义思想为指导，全面贯彻党的十九大和十九届二中、三中全会精神，深入贯彻习近平总书记考察内蒙古重要讲话和参加十三届全国人大一次会议内蒙古代表团审议时的重要讲话精神，紧紧围绕统筹推进"五位一体"总体布局和协调推进"四个全面"战略布局，坚持以人民为中心的发展思想，坚持全心全意依靠工人阶级的方针，坚持党管人才原则，充分发挥政府、企业、社会的协同作用，不断提高技术工人待遇，完善技术工人培养、评价、使用、激励、保障等措施，着力改变技术工人社会地位偏低状况，增强技术工人获得感、自豪感、荣誉感，激发技术工人积极性、主动性、创造性，为建设现代化内蒙古、打造祖国北疆亮丽风景线提供坚实的人才保障。

二、提高高技能领军人才待遇水平

（一）全面加强对高技能领军人才的服务保障。对为国家和自治区经济发展和重大战略实施作出突出贡献，具有高超技艺技能和一流业绩水平，并长期坚守在生产服务一线岗位工作的高技能人才，全面落实各方面服务保障措施，切实提高待遇水平。自治区建立高技能领军人才名录制度，每年遴选并向社会公布高技能领军人才；对获得全国劳动模范、五一劳动奖章、中华技能大奖、全国技术能手、"大国工匠年度人物"等荣誉的人员，获得自治区劳动模范、技师高级技师突出贡献奖和"北疆工匠""草原英才"等荣誉的人员，享受自治区级以上政府特殊津贴的人员，自治区认定的"高精尖缺"高技能人才，要及时纳入高技能领军人才名录。各盟市、旗县（市、区）要开设高技能领军人才服务窗口和信息服务平台，为高技能领军人才提供政策咨询、业务代办等服务，协调落实工资福利、补贴、公共服务等相关待遇。（自治区党委组织部、人力资源社会保障厅、总工会等部门按职责分工负责，列第一位者为牵头单位，下同）

（二）提高高技能领军人才政治待遇。注重从生产服务一线、重要技术创新领域、非公有制企业、社会组织的高技能领军人才中发展党员，适当增加高技能领军人才在党代表、人大代表、政协委员中的比例。选拔具有较强参政议政能力的高技能领军人才到群团组织中挂职和兼职。对符合条件的高技能领军人才，经遴选后纳入党委和政府联系专家范围，按规定享受专家体检、休假等待遇。定期组织高技能领军人才参加区情研修考察、面向社会进行咨询服务等活动。增加高技能领军人才在劳动模范、五一劳动奖章、享受政府特殊津贴和"草原英才"等人才奖项评选中的名额比例，给予其相应的政治待遇和荣誉。发挥高技能领军人才在企业经营管理中的作用，鼓励企业吸纳高技能领军人才作为职工代表进入董事会、监事会，参与企业经营管理决策，适当提高其在职工代表大会中的比例。自治区工会代表大会代表中高技能领军人才的比例要达到3%以上。（自治区党委组织部、人力资源社会保障厅、总工会、人大常委会办公厅、政协办公厅、国资委，工业和信息化厅、团委、妇联、工商联等部门

按职责分工负责)

(三)提高高技能领军人才经济待遇。鼓励企业为高技能领军人才制定职业发展规划和年资(年功)工资制度,科学评价技能水平和业绩贡献,合理确定年资起加点和工资级差。鼓励企业对关键技术岗位、关键工序和紧缺急需高技能领军人才,实行协议工资、项目工资、年薪制等分配形式,设立特聘岗位津贴、带徒津贴等,提高高技能领军人才收入水平。支持有条件的企业在建立补充养老保险和补充医疗保险时对高技能领军人才给予倾斜。对于参与国家、自治区科技计划项目的高技能领军人才,鼓励所在单位根据其在项目中的实际贡献给予绩效奖励。落实中央、自治区财政科研项目资金管理等政策,制定间接费用统筹使用内部管理办法,对高技能领军人才进行绩效奖励,调动高技能领军人才创新创造的积极性。对于解决重大工艺技术难题和重大质量问题、技术创新成果获得自治区级以上奖项、"师带徒"业绩突出的高技能领军人才,取消学历、年限等限制,破格晋升技术等级。(自治区人力资源社会保障厅、国资委、科技厅、财政厅、总工会等部门按职责分工负责)

(四)提高高技能领军人才社会待遇。对于自治区引进的高技能领军人才,在科研支持、岗位激励、生活保障等方面,按规定与引进高层次专业技术人才享受同等待遇。鼓励各地根据实际情况,通过提供人才公寓、发放购(租)房补贴等方式,解决引进高技能领军人才的住房问题。高技能领军人才及其配偶、未成年子女、父母可按规定在工作地落户,随迁子女需在义务教育阶段学校入学的,按照"划片免试就近入学"的原则,由盟市、旗县(市、区)政府及教育行政部门负责,以公办中小学为主统筹安排,享受同城待遇。对经济结构调整中出现困难的企业,要加大援企稳岗帮扶力度,保障高技能领军人才稳定就业;对他们的配偶、子女有就业意愿但未就业的,由当地人力资源社会保障部门提供一对一职业指导和就业培训,年度内提供2个以上就业机会;符合就业困难人员条件的,落实公益性岗位等政策。积极为高技能领军人才创新创业提供服务,鼓励高技能领军人才参与市场经营活动,为他们提供便利的企业登记等服务。(自治区党委组织部、人力资源社会保障厅、住房城乡建设厅、教育厅、公安厅、科技厅、财政厅、国资委、工业和信息化厅、市场监督管理

局、总工会等部门按职责分工负责）

（五）支持高技能领军人才技术创新。鼓励企业创建技能大师工作室、劳模和工匠人才创新工作室、职工创新工作室、青创先锋工作室等创新交流展示平台，组织高技能领军人才开展带徒传技、技术创新、技能交流等活动。增加高技能领军人才参与全国创新争先奖的推荐名额和自治区科技类奖项的表彰名额。对高技能领军人才取得的技术创新成果，可以其姓名形式命名推广，保护高技能领军人才的知识产权和技术创新成果转化权益。支持高技能领军人才参与所在企业（地区、集团、行业组织）的职工教育培训，在制定人才发展规划、高技能人才选拔、职称（技能等级）评审或认定、教学实践等工作中发挥骨干作用。支持高技能领军人才参加创新成果评选、展示和创业创新等活动，高技能领军人才参与国际大型工业展、发明展、职业技能竞赛等海外交流活动，可按程序报批列入政府出国培训团组计划。（自治区科技厅、人力资源社会保障厅、国资委、总工会、科协等部门按职责分工负责）

三、提高技术工人收入水平

（六）完善符合技术工人特点的企业工资分配制度。指导企业深化工资分配制度改革，建立基于岗位价值、能力素质、业绩贡献的工资分配机制，强化工资收入分配的技能价值激励导向。鼓励企业在工资结构中设置体现技术技能价值的工资单元，建立针对技术工人的补助性津贴制度，提高技术工人工资待遇和津贴水平。落实《内蒙古自治区企业工资集体协商条例》，推动企业普遍建立工资集体协商制度，把技能水平、业绩贡献等要素纳入协商内容，在技术工人密集的行业、园区大力推行行业性、区域性工资集体协商制度。（自治区人力资源社会保障厅、发展改革委、工业和信息化厅、国资委、总工会等部门按职责分工负责）

（七）建立企业技术工人工资正常增长和长效激励机制。探索建立覆盖自治区、盟市两级的企业薪酬调查和信息发布机制，适时发布技术工人薪酬指导信息，引导企业科学确定技术工人工资水平，促进技术工人工资合理增长。国有企业工资总额分配要向高技能人才倾斜，高技能人才人均工资增幅应不低于本单位管理人员人均工资增幅。制定企业技术工人技能要素和创新成果按贡献参与分配的办法，推动技术工人享受促进科技成果转化的有关政策措施。支持企业建立有利于技术工人创新创效的考核评价制度，鼓励企业对高技能领军人才实行技术创新成果入股、岗位分红等激励方式，促进长期稳定提高收入水平。（自治区人力资源社会保障厅、发展改革委、工业和信息化厅、国资委、总工会等部门按职责分工负责）

四、支持技术工人提高职业技能水平

（八）建立终身职业技能培训制度。深化人力资源供给侧结构性改革，围绕推动能源、化工、冶金、农畜产品加工等传统产业转型升级和发展新能源、新材料、节能环保、高端装备、大数据云计算等战略性新兴产业，开展覆盖广泛、形式多样的职业技能培训。完善职业技能培训补贴政策，政府补贴的职业技能培训项目全部向具备资质的职业院校和培训机构开放，将具有国家职业标准、行业企业岗位标准和与自治区经济发展密切相关的技能类职业（工种）纳入政府补贴培训项目目录。探索"互联网+"远程职业培训新模式，建设网络公共学习平台，满足劳动者个性化学习需求。（自治区人力资源社会保障厅、教育厅、国资委、总工会、团委、工商联等部门按职责分工负责）

（九）加强企业职工岗位技能提升培训。充分发挥企业在技术工人培训中的主体作用，引导企业结合生产经营和技术创新需要，制定职工培养规划和培训制度。对开展新录用人员岗前技能培训、在岗职工技能提升培训的企业，按规定给予职业技能培训补贴。发挥失业保险基金支持企业职工岗位技能提升培训和失业人员再就业培训的作用，符合条件的参保职工参加职业技能提升培训，按规定从失业保险金中给予其培训补贴。鼓励和支持规模以上企业建立职业培训机构，面向中小企业和社会提供培训服务。全面推行企业新型学徒制，采取"校企双制、工学一体"方式培养中、高级技能人员，按规定给予企业职业培训补贴，补贴资金从就业补助资金中列支。改革人才培养模式，积极推进产教融合试点和现代学徒制，推动职业院校、本科高校与企业充分合作，推广"产业园区+职业技能培训""引厂入校""引校进厂"等校企合作模式。（自治

区人力资源社会保障厅、教育厅、财政厅、国资委、总工会、工商联等部门按职责分工负责）

（十）实施高技能人才振兴计划。组织开展"百千万"高技能人才专项培养活动，围绕自治区经济社会发展急需紧缺职业（工种），重点培养一批具有绝技绝活、能够引领产业技术发展的技能大师带头人、优秀中青年技能人才和民族产业技能带头人，力争到2020年全区高技能人才总量达到65万人。加大高技能人才培训基地、技能大师工作室、劳模和工匠人才创新工作室、职工创新工作室等建设力度，对国家级和自治区级高技能人才培训基地分别给予500万元和100万元建设项目资金支持，对国家级和自治区级技能大师工作室分别给予10万元建设项目资金支持，力争到2020年国家级、自治区级高技能人才培训基地分别达到20个、50个，国家级、自治区级技能大师工作室分别达到30个、50个。对晋升技师、高级技师以及参加高级技师岗位技能提升培训的职工，按规定给予培训补贴，所需资金从就业补助资金中列支。（自治区人力资源社会保障厅、国资委、总工会、财政厅、工商联等部门按职责分工负责）

五、健全技术工人评价使用激励机制

（十一）完善技术工人评价工作。改革技术工人评价选拔机制，取消技师和高级技师评审中论文、奖励证书等要求，打破年龄、学历、资历、身份、比例等限制，重点考核技术工人实际操作技能水平和解决生产技术难题等方面的能力。对在技能岗位工作并掌握高超技能、作出突出贡献的骨干技能人才，允许破格或越级参加技师、高级技师考评。完善职业资格评价、职业技能等级认定、专项职业能力考核办法，支持和引导企业自主开展技能评价，结合实际建立从高级工、技师、高级技师到首席技师、特级技师等梯次培养体系，并将评价结果与工资待遇挂钩。贯通技术工人与专业技术人员职业发展通道，建立职业资格、职业技能等级与相应职称比照认定制度，推动评价结果互认，减少重复评价。打通高技能人才与专业技术人才转换通道，符合条件的高技能人才可参加工程系列专业技术职称评审，鼓励符合条件的工程技术人才直接参加高级以上职业资格评价或技能等级认定。鼓励企业对在聘的高级工、技师、高级技师在学习进修、住房补贴、取暖费补贴、医疗体检、岗位聘任、职务职级晋升等方面，分别比照助理工程师、工程师、高级工程师享受同等待遇。对技工院校中级工班、高级工班、预备技师班毕业生，分别按照相当于中专、大专、本科学历落实相关待遇。（自治区人力资源社会保障厅、国资委、总工会、工商联等部门按职责分工负责）

（十二）加大劳动和技能竞赛选拔技术工人工作力度。加大对技能竞赛优秀选手的奖励和荣誉激励力度，对我区获得世界技能大赛优异成绩的选手以及为选手获奖提供指导和帮助的技术指导专家、教练、技术翻译，按照国家奖励标准分别给予同等奖励。对我区获得国家级一类技能大赛前3名的选手，参照《内蒙古自治区突出贡献专家选拔管理办法》给予奖励。加强职业技能竞赛集训基地建设，对国家级、自治区级职业技能竞赛集训基地分别给予300万元、100万元资金支持。建立以企业岗位练兵和技术比武为基础、地方和行业竞赛为主体、区内竞赛和全国竞赛赛项有机衔接的职业技能竞赛体系。支持工会、共青团、妇联等群团组织、行业协会在职业技能竞赛工作中发挥积极作用。围绕自治区重大工程、重点项目、重点产业开展劳动和技能竞赛，完善劳动和技能竞赛组织、效能评估机制，促使更多优秀技术工人脱颖而出。（自治区人力资源社会保障厅、财政厅、教育厅、国资委、总工会、团委、妇联、工商联等部门按职责分工负责）

（十三）落实技术工人休息休假权利。落实《职工带薪年休假条例》和《企业职工带薪年休假实施办法》，加强劳动执法监察，确保技术工人休息休假权利。建立优秀技术工人休疗养制度，定期组织、分级实施休疗养活动。（自治区人力资源社会保障厅、总工会等部门按职责分工负责）

六、组织保障

（十四）加强组织领导。各级党委和政府要充分认识提高技术工人待遇的重大意义，将提高技术工人待遇、推进技能人才队伍建设作为推动经济高质量发展的重要举措，纳入重要议事日程，不断完善支持高技能领军人才优先发展的各项制度。建立多方协调机制，人力资源社会保障部门要加强统筹协调，国资、工业和信息化部门和工商联要指导国有企业、民营企业和中小企业落实相关政策，发展改革、教育、财政、科技、公安、住房城乡建设等有关部门和工会、共青团、妇联、科协等群团组织要各尽其职、紧密配合。

（十五）强化政策落实。各有关部门要定期调查研究技术工人待遇落实情况，广泛听取各类企业、行业协会、技术工人、社会公众的意见，引导和督促企业逐步提高技术工人待遇，对出现的问题要认真研究解决，对成熟有效的做法要及时上升为相关政策制度。国有企业要带头落实各项政策措施。推动非公有制企业结合实际，进一步完善提高技术工人待遇水平的措施。

（十六）营造良好氛围。组织形式多样的宣传活动，大力宣传技术工人先进事迹，弘扬工匠精神、劳模精神，展示新时代优秀技术工人风采。鼓励各地区各部门开展先进操作法总结、命名活动，推广绝招、绝技、绝活。引导社会各界创作更多反映技术工人时代风貌的优秀文艺作品，营造劳动光荣、技能宝贵、创造伟大的社会氛围，使技术工人获得更多职业荣誉感，不断提高技术工人社会地位。

中共山东省委办公厅 山东省人民政府办公厅关于进一步提高全省技术工人待遇的通知

(2019年6月14日 鲁办发〔2019〕9号)

为贯彻落实《中共中央办公厅、国务院办公厅印发〈关于提高技术工人待遇的意见〉的通知》精神,经省委、省政府领导同志同意,现就进一步提高我省技术工人待遇有关事项通知如下。

一、全面提高高技能领军人才待遇水平

将高技能领军人才纳入我省高层次人才范围。高技能领军人才主要包括:我省培养或引进的"中华技能大奖"、国务院政府特殊津贴、全国技术能手、省级及以上劳动模范和五一劳动奖章获得者;泰山产业领军人才(产业技能类)、齐鲁首席技师(山东省首席技师)、齐鲁工匠等项目入选者。

(一)提高高技能领军人才的政治待遇。坚持政治标准,积极推荐符合条件的高技能领军人才作为各级党代会代表、人大代表、政协委员、团代会代表人选,纳入各级党委联系专家范围。加大高技能领军人才在工会、共青团、妇联等群团组织挂职和兼职力度,县级以上工会组织领导班子中要有一名高技能领军人才挂职或兼职。鼓励企业吸纳高技能领军人才担任技能总监等职务,参与经营管理决策,适当提高在职工代表大会中的比例。对我省中华技能大奖、国务院政府特殊津贴、全国技术能手获得者和泰山产业领军人才(产业技能类)入选者,优先推荐申报省级劳动模范。

(二)提高高技能领军人才的经济待遇。统筹高技能人才奖励政策,加大奖励力度,在高技能领军人才中每两年选拔10人,给予每人一次性奖励30万元,并推荐评选"中华技能大奖"。支持企业培养引进高技能领军人才,有条件的地方可适当予以补助,补助办法由各市确定。鼓励企业为高技能领军人才制定职业发展规划,科学评价技能水平和业绩贡献,合理确定薪酬待遇。鼓励

国有及国有控股企业率先探索推行关键技术技能岗位持股制度，允许对高技能领军人才采取协议工资制、项目工资制等多种分配形式，鼓励实行年薪制和股权制、期权制等激励办法。

（三）提高高技能领军人才的社会待遇。为符合条件的高技能领军人才颁发"山东惠才卡"，在购房、社保、医疗、公共服务等方面提供我省高层次人才绿色通道服务。将符合住房保障条件的高技能人才纳入当地住房保障范围，允许重点中小企业在自有产权的待建土地上按一定比例配建产业配套公寓（单位租赁住房），解决员工安居问题；企业利用自有产权待建土地建设研发中心、人才和职工公寓等，建筑面积占总建筑面积的比例可提高到15%。每年组织高技能领军人才代表参加省情考察、咨询、培训等活动。及时总结、命名先进操作法，推广绝招、绝技、绝活，大力宣传高技能领军人才的职业风范、先进事迹、社会贡献。

二、完善制度机制提高技术工人收入水平

（一）完善符合技术工人特点的企业工资分配制度。依法推进工资集体协商，指导企业深化工资分配制度改革，建立基于岗位价值、能力素质、业绩贡献的工资分配制度，鼓励企业在工资结构中设置体现技术技能价值的工资单元和技能津贴，对关键技术岗位、关键工序和急需紧缺的技术工人实行灵活高效的薪酬分配制度。实行技能岗位工资价位发布制度，引导企业依据工资价位合理确定技术工人工资水平。

（二）建立企业技术工人工资正常增长机制。推动企业建立健全反映劳动力市场供求关系和企业经济效益的工资决定及正常增长机制。国有及国有控股企业工资总额分配要向高技能人才倾斜，高技能人才人均工资增幅应不低于本单位管理人员人均工资增幅。逐步提高关键岗位、关键人才的薪酬市场竞争力，确保有效吸引、激励和留住人才。

（三）探索技术工人长效激励机制。制定企业技术工人技能要素和创新成果按贡献参与分配办法，推动优质项目享受促进科技成果转化的支持政策。鼓励具备条件的企业为包括技术工人在内的职工建立企业年金和企业补充医疗保

险。企业在聘的高级技师,经协商一致和参保地人力资源社会保障部门批准,可延迟退休。支持企业为各类优秀技能人才设定特聘岗位津贴、带徒津贴等,鼓励企业参照内部中高级管理人员标准为优秀高技能人才落实相关待遇。

三、支持技术工人凭技能提高待遇

(一)推行终身职业技能培训。面向城乡全体劳动者,构建从劳动预备开始,到实现就业创业并贯穿学习和职业生涯全过程的终身职业技能培训体系。服务产业发展,对接企业需求,全面推行企业新型学徒制和现代学徒制培训,提升"金蓝领"培训质量。加强高技能人才培养载体建设,每年建设5个国家级高技能人才培训基地、5个国家级技能大师工作室、20个山东省技师工作站、25个齐鲁技能大师特色工作站、30个山东省示范性劳模(工匠)创新工作室、20个青创先锋工作室,落实奖补资金政策,增强培养实力。

(二)完善技能人才评价制度。建立技能人才职业资格、技能等级、专项能力评价体系。制定工程技术领域高技能人才与工程技术人才职业发展贯通的实施意见。打破年龄、学历、资历、身份、资格等限制,对解决重大工艺技术难题和重大质量问题、技术创新成果获得省部级以上奖项、"师带徒"业绩突出的技能人才,可直接破格认定相应职业资格或技能等级。获得"中华技能大奖"和入选泰山产业领军人才(产业技能类)的,可按规定直接申报工程技术系列副高级职称。发挥企业用人主体评价作用,支持有条件的企业开展技能人才自主评价。支持企业设立技能专家、首席技师、特级技师等岗位,并兑现相应待遇。

(三)搭建未来工匠成长"立交桥"。取得高级工、预备技师职业资格(职业技能等级)的高级技校或技师学院全日制毕业生,在应征入伍、参加公务员招考、专业技术职称评审、执业资格考试、企事业单位招聘、"三支一扶"招募、确定工资起点标准、就业创业扶持等方面,按照人力资源社会保障部《关于印发技工教育"十三五"规划的通知》、《关于在工程技术领域实现高技能人才与工程技术人才职业发展贯通的意见(试行)》相关规定执行。全面落实技工学校毕业生享受中等学历教育待遇的政策规定。

（四）发挥职业技能竞赛激励引领作用。制定出台山东省技能竞赛管理办法，建立完善以世界技能大赛为引领、省市职业技能大赛为主体，省内技能竞赛与中国技能大赛、世界技能大赛相衔接的竞赛体系。支持群团组织、行业协会在职业技能竞赛工作中发挥积极作用，推动行业企业广泛开展岗位练兵、技术比武。对我省参加世界技能大赛、中国技能大赛、全国职业院校技能大赛等国家级大赛和"技能兴鲁"职业技能竞赛等省级技能竞赛取得前 3 名的人员，授予"山东省技术能手"称号，并兑现相应奖励政策；符合晋升职业资格等级、职业技能等级的，直接颁发相应等级证书。

四、加强组织领导，强化责任落实

各级党委、政府要把进一步提高技术工人待遇作为新时期产业工人队伍建设、人才强省战略的工作重点纳入重要议事日程，及时研究解决重点难点问题。要建立工作协调机制，人力资源社会保障部门加强统筹协调，组织、发展改革、教育、科技、工业和信息化、公安、财政、自然资源、住房城乡建设、文化和旅游、国资、税务等部门以及工会、共青团、妇联、科协等群团组织按照责任分工，细化工作措施，认真抓好贯彻落实。要广泛宣传进一步提高技术工人待遇的重要意义，弘扬劳模精神和工匠精神，营造劳动光荣的社会风尚和精益求精的敬业风气，为实现山东高质量发展提供技能人才支撑。

内蒙古自治区人力资源和社会保障厅关于印发《内蒙古自治区贯彻落实技能人才薪酬分配指引工作方案》的通知

(2021年4月30日　内人社办发〔2021〕79号)

各盟市人力资源和社会保障局，满洲里市、二连浩特市人力资源和社会保障局，自治区各有关单位：

2021年1月26日，人力资源社会保障部办公厅印发了《技能人才薪酬分配指引》（人社厅发〔2021〕7号，以下简称《指引》），为更好引导企业学习运用《指引》，推动企业建立健全技能人才薪酬分配体系，自治区人力资源和社会保障厅制定了《内蒙古自治区贯彻落实技能人才薪酬分配指引工作方案》，现印发给你们，请各地、各有关单位结合地区和企业实际，认真组织实施。

内蒙古自治区贯彻落实技能人才薪酬分配指引工作方案

为引导企业建立健全适应技能人才特点的薪酬分配体系，提高技能人才工资待遇，根据中共中央办公厅、国务院办公厅《关于提高技术工人待遇的意见》（中办发〔2018〕16号），自治区党委办公厅、人民政府办公厅《关于提高技术工人待遇的意见》（党办发〔2019〕6号）和人力资源社会保障部办公厅《关于印发〈技能人才薪酬分配指引〉的通知》（人社厅发〔2021〕7号）要求，结合自治区党委、人民政府关于新时代加快完善社会主义市场经济体制和构建更加完善的要素市场化配置体制机制的精神，制定本工作方案。

一、总体要求

以习近平新时代中国特色社会主义思想为指导，深入贯彻习近平总书记关于技能人才激励工作重要指示批示精神，健全技能人才培养、使用、评价、激励制度，将贯彻落实《指引》作为扩大中等收入群体、优化收入分配结构、有效促进居民增收的重要举措，积极引导企业建立健全适应发展需要的技能人才薪酬分配体系，提高技能人才工资收入水平，激励广大青年走技能成才、技能报国之路，为自治区走以生态优先、绿色发展为导向高质量发展新路子提供有力的人才支撑。

二、任务措施

（一）提高思想认识。技能人才是人才队伍的重要组成部分，习近平总书记高度重视技能人才激励工作，先后多次作出重要指示批示。《指引》是贯彻落实习近平总书记指示批示精神的重要举措，是贯彻落实党的十九届五中全会和中共中央办公厅、国务院办公厅《关于提高技术工人待遇的意见》精神的具体部署。各地、各有关部门要提高思想认识，从战略和全局的高度，充分认清做好技能人才薪酬分配工作的重要意义，引导企业建立健全符合技能人才特点的工资分配制度，形成技高者多得、多劳者多得的激励导向，提高技能人才的获得感、自豪感、荣誉感。

（二）明确工作定位。《指引》是市场经济下政府为企业提供技能人才分配方式方法的宏观指导服务，是指导性、参考性的，而非强制性的，不是对企业内部分配自主权的行政干预，而是为企业提供参考和解决方案。《指引》突出了技能人才薪酬待遇与企业利益相一致的政策导向，在坚持按劳分配和按要素贡献参与分配原则的基础上，强化了工资收入分配的技能价值激励导向。通过引导企业建立多层级的技能人才职业发展通道，完善基于岗位价值、能力素质、业绩贡献的工资分配制度，科学界定、合理提高技能人才薪酬待遇，形成企业发展需求和技能人才诉求之间的有效平衡。

（三）分类分步实施。各地要从企业情况、技能人才状况等实际情况出发，分类分步做好《指引》实施工作。要以本地制造业企业为切入口，以本地区经济发展主导行业、技能人才集中的行业企业为重点，以企业数量较多、经济较为发达的地区和企业集聚的工业园区和产业园区为着力点，以积极性高、人力资源管理基础较好的国有企业和大型民营企业为突破口先行推动。对中小企业可以从引入分配理念入手，避免制度设计过于烦琐；对大型企业可以在高技能领军人才中长期激励机制方面有所突破。

（四）强化示范引领。各地要精选活动载体，丰富内容形式，强化以点带面，发挥示范作用。通过培育示范企业、举办技能人才薪酬分配示范班、组织宣讲会、刊发案例精选等方式，推广技能人才薪酬分配典型地区和示范企业先进经验，不断提高对本地区企业技能人才薪酬分配的指导实效，促进技能型人才薪酬分配工作走深、走实。今年每个盟市至少选取1~2家国有或民营企业开展技能人才薪酬分配指导服务并作为示范企业，鼓励有条件的地区多选取示范企业；自治区本级选取2家国有和1家民营企业作为示范引领企业。

（五）统筹协调推进。各地要充分发挥好协调劳动关系三方成员单位的作用，抓好贯彻落实工作。要加强与工业信息化、交通、住建等行业管理部门与行业协会的沟通协调，借助研究机构等专业的力量共同开展培训、宣传，为企业提供咨询服务等合作。要会同国有企业主管部门、工商联等部门，推动《指引》实施和示范企业选取。要整合人力资源和社会保障部门内部劳动关系和职业能力建设等相关职能的资源，与技能人才建设职业能力提升行动、国有企业工资管理、企业薪酬调查数据信息服务、技能人才工资专项集体协商、和谐劳动关系创建、劳动关系"和谐同行"能力提升三年行动计划等有关工作统筹推进。

三、组织实施

（一）加强组织领导。各地要将贯彻落实《指引》工作列入重要议事日程，采取有力措施，切实推动《指引》落实落地和取得成效。盟市、旗县人力资源和社会保障部门要成立贯彻落实《指引》工作领导小组，具体负责组织、推进、协调、指导、研究、管理、督导等工作，分管领导对其职责范围内的贯彻落实工作负主要责任，劳动关系和职业能力建设科室负责人对职责范围内的贯彻落实工作负全面责任。

（二）加强宣传培训。各地要充分利用各种宣传资源，丰富宣传形式，加大宣传力度，激发企业参照《指引》完善工资制度的积极性，推动企业建立健全技能人才薪酬分配体系。结合构建和谐劳动关系宣传月和职业技能大赛等专题活动，广泛宣传《指引》的理念、定位、内容和作用，为贯彻落实《指引》营造良好的舆论氛围。要会同工会、工商业联合会、企业家联合会等部门联合开展宣传活动，引导企业学习运用《指引》。要加强人力资源社会保障部门相关业务科室工作人员的培训，全面准确掌握《指引》，提高指导和服务企业的能力水平。加强对企业经营者和人力资源管理人员的培训，让企业弄懂吃透用好《指引》，将《指引》的分配理念、分配方法切实落实到企业。各级工会组织要将《指引》列入年度工资集体协商业务培训内容中，引导企业工会围绕建立健全技能人才薪酬分配体系与企业进行协商。

（三）加强跟踪指导。各地要密切跟踪《指引》实施的效果，结合地区实际，分行业、分职业类别进一步细化《指引》的相关内容，更新本地区的鲜活案例。密切跟踪《指引》实施后的舆情动态，对社会关注的热点问题加强分析研究，做好解释和回应。围绕落实劳动关系"和谐同行"能力提升三年行动计划实施方案有关内容和要求，为技能人才提供薪酬分配事前指引，优化企业工资收入分配指导服务。

（四）加强督导落实。各级人力资源社会保障部门要会同有关部门对落实《指引》工作进行全程督导，通过督导及时发现和解决问题，对职责落实不到位的地区和部门单位给予通报批评。自治区将贯彻落实《指引》任务完成情况列入 2021 年度盟市党政领导构建和谐劳动关系目标考核内容，并适时对各地工作开展情况进行调度。

各级人力资源社会保障部门要在今年 8 月底前组织开展各类宣传、培训活动，10 月底前完成示范企业的选取和指导服务工作，12 月底前将贯彻落实《指引》情况、示范企业情况、典型案例情况和推进过程中遇到的问题报自治区人力资源和社会保障厅。

北京市人力资源和社会保障局 北京市总工会 北京企业联合会/北京市企业家协会 北京市工商业联合会关于做好技能人才薪酬激励相关工作的意见（试行）

（2021年12月23日 京人社劳发〔2021〕46号）

各区人力资源和社会保障局、北京经济技术开发区社会事业局，各区总工会、企业联合会/企业家协会、工商业联合会，各企业：

为深入贯彻习近平总书记关于技能人才工作重要指示精神以及在中央人才工作会议上的讲话精神，推动本市企业畅通技能人才职业发展通道，支持技能人才技能与待遇"双提升"，指导和支持企业完善内部薪酬分配机制和激励机制，合理提高技能人才薪酬待遇，增强技能人才获得感与职业荣誉感，根据《中共中央办公厅 国务院办公厅印发〈关于提高技术工人待遇的意见〉的通知》、《人力资源社会保障部办公厅关于印发〈技能人才薪酬分配指引〉的通知》（人社厅发〔2021〕7号）等文件要求，结合本市技能人才成长、使用、评价、激励等方面的实践，经研究，拟定了《关于做好技能人才薪酬激励相关工作的意见（试行）》，现印发你们。

本意见所称技能人才，是指在生产和服务等领域岗位一线，掌握专门知识和技术，具备一定的技术技能，并在工作实践中能够运用自己的技术和能力进行实际操作的人员。技能人才包括劳动者中取得初级工、中级工、高级工、技师、高级技师等技能人员职业资格证书或职业技能等级证书的人员；也包括企业根据需要，自行认定、评聘具备一定技术技能水平的生产和服务等领域岗位一线人员。

（一）企业自主决定技能人才薪酬分配。企业可根据其生产经营状况和薪酬结构特点，自主决定技能人才薪酬分配模式。企业应建立基于岗位价值、能力素质、业绩贡献的工资分配机制，强化工资收入分配的技能价值激励导向，可参考本市工资指导线和人力资源市场薪酬大数据，结合企业效益状况和薪酬策略，合理确定和调整技能人才薪酬水平。

（二）施行"新八级"岗位绩效工资制。企业可探索建立学徒工、出徒工、初级工、中级工、高级工、技师、高级技师、特级技师等"新八级"岗位绩效工资制，或设计其他体现技能分配"多劳者多得、技高者多得"导向的薪酬激励方式。关键技术岗位、关键工序和紧缺急需的技能人才可实行协议工资、项目工资制、年薪制等分配形式。

（三）可通过集体协商和民主程序建立薪酬增长机制。有条件的企业可通过集体协商，签订工资专项集体合同或工资集体协议来确定技能人才的待遇标准、调整制度，调动技能人才的工作积极性和创造性，促进企业转型升级、持续健康发展。

（四）建立津补贴直补制度机制。企业可根据生产经营特点，对技能人才，特别是从事一线苦、脏、累、险岗位的，建立配套的津贴制度，适时调整艰苦环境作业津贴、技能津贴、班组长津贴、师带徒津贴等津贴标准，直接惠及生产和服务等一线技能人才。

（五）提高高技能人才薪酬待遇。对为国家和本市经济社会发展作出突出贡献，具有高超技艺技能和一流业绩水平，获得国家规定的相应荣誉奖项，并长期坚守在生产服务一线岗位的高技能人才，企业可参照高级管理人员标准，决定高技能人才薪酬标准，探索实行年薪制，或协议薪酬制、专项特殊奖励、股权激励、岗位分红、超额利润分享、项目工资制等激励办法。

（六）完善国有企业技能人才薪酬分配机制。本市国有企业应建立健全以岗位工资为主的基本工资制度，以岗位价值为依据，以业绩为导向，合理确定不同职级、岗位的工资水平，向科技创新人才、高技能人才倾斜，优先保障技能人才工资水平合理增长，高技能人才人均工资增长比例不低于企业负责人薪酬增长比例。对包括技能人才在内的关键技术岗位优秀人才实行年薪制并设立企业年金。

（七）支持职业贯通与薪酬待遇同步调整。鼓励企业贯通技能人才职业发展通道，实现高技能人才与专业技术人才职业发展贯通，符合条件的高技能人才可申报工程、农业、工艺美术、文物博物、实验技术、艺术、体育、技工院校教师等系列职称评价。企业可结合实际，建立技能人才培养体系和技能水平评价考核机制，将人才培养、使用、评价和薪酬激励有效结合。鼓励有意愿的企业向人力资源和社会保障部门申请开展面向本企业在职职工的职业技能等级认定工作。

贯通技能人才与经营管理人才职业发展通道。技能操作类的技能人才成长通道最高可与部门正职/分厂厂长/分支机构正职等薪酬待遇相当，有突出贡献的高技能人才可与企业高层管理岗薪酬待遇相当。符合选拔聘用条件、经过正常选聘程序，可以转换至经营管理岗位。

（八）用好培训补贴政策与企业奖补联动。企业在享受政府对技能人才支持政策的基础上，依法足额提取并使用职工教育经费，用于职工提升技能。对享受政府个人技能提升补贴政策或参加政府补助的高技能人才研修项目的本企业职工，以及参加企业新型学徒培训的学徒，企业应按规定足额发放相应补贴。

（九）多措并举助推技能人才发展。加大对职工（劳模）创新工作室、技能大师工作室、研发创新项目经费支持，攻关行业内"卡脖子"技术。开展各级各类职业技能竞赛，打造以世界技能大赛为引领，聚焦本市产业发展特点，围绕世赛、国赛和市赛三级技能竞赛选拔人才的模式，助力高技能人才成长。发布技能人才工资价位、紧缺岗位目录，各区应严格落实技能提升和培训补贴政策，保证资金到位。对有突出贡献的高技能人才、"北京大工匠"以及参加职业技能大赛获奖者等优秀技能人才，按照国家和市委、市政府有关规定，进行表彰奖励，发放政府技师特殊津贴。鼓励有条件的企业设立在职职工职业发展助推的奖励机制，对获得高级工以上职业资格证书以及技能竞赛获奖选手给予现金奖励。

（十）营造爱才惜才用才的良好社会氛围。增强技能人才获得感与职业荣誉感，对获得本市有突出贡献的高技能人才荣誉称号、享受特殊津贴人员、"北京大工匠"及"北京大工匠"提名人物，优先推荐参加国家"中华技能大奖"、"全国技术能手"、"首都杰出人才奖"的评选，形成"劳动光荣、技能宝贵、创造伟大"的社会氛围。对技能人才激励、薪酬改革工作突出的企业，在全市范围内推广经验做法，并作为北京市和谐劳动关系先进单位评选的重要参考，优先推荐其参加全国模范劳动关系和谐企业的评选。

《技能人才薪酬分配指引》
解读与实务操作

浙江省人力资源和社会保障厅关于印发《浙江省技能人才薪酬分配指引》的通知

(2022年8月29日 浙人社发〔2022〕67号)

各市、县(市、区)人力资源和社会保障局:

为深入贯彻人才强省、创新强省首位战略,推动完善符合技能人才特点的工资分配制度,引导企业建立健全技能人才薪酬分配体系,形成"技高者多得、多劳者多得"的激励导向,助力推进"两个先行",省厅组织编写了《浙江省技能人才薪酬分配指引》,现印发给你们,供指导企业时参考。

各地要高度重视提高技能人才工资待遇,加强对企业工资分配的指导和服务,抓好宣传培训,推广典型经验,并结合本地实际,加强示范引领,推动培养造就一支高素质技能人才队伍。

浙江省技能人才薪酬分配指引

第一章 总 则

第一条 为健全技能人才培养、使用、评价、激励制度,推动企业建立健全以体现技能价值为导向的技能人才薪酬分配体系,促进技能人才队伍建设,不断扩大中等收入群体,为实现中国特色社会主义共同富裕先行和省域现代化先行提供有力人才支撑,结合企业薪酬分配工作实际和技能人才特点,特制定本指引。

第二条 本指引旨在为企业提供技能人才薪酬分配设计参考及指导。企业可借鉴本指引,结合自身实际,不断建立健全适应本企业发展需要的技能人才薪酬分配体系。

第三条 本指引所称技能人才,是指在生产或服务一线从事技能操作的人员,包括取得"新八级"(学徒工、初级工、中级工、高级工、技师、高级技师、特级技师、首席技师）职业资格证书或职业技能等级证书的工作人员，以及企业根据需要，自行认定、评聘具备一定技术技能水平的工作人员。

第四条 技能人才薪酬分配应遵循以下原则：

（一）坚持按劳分配和按要素分配相结合。健全技术创新和工作能级等参与分配的机制，体现多劳者多得、技高者多得的价值分配导向，合理评价技能要素贡献。

（二）坚持薪酬分配与职业发展设计相配套。充分考虑企业的组织架构、职位体系、薪酬分配、绩效管理等相互联系、相互制约的实际，使技能人才薪酬分配与职业发展通道相衔接。

（三）坚持技能人才与其他人员薪酬分配相协调。综合考虑企业内部操作技能、专业技术和经营管理等不同岗位类别实际，统筹确定技能操作岗位和企业内部其他类别岗位之间薪酬分配关系。

第二章 健全技能人才薪酬管理制度

第五条 企业根据当地经济社会发展、自身生产经营状况和薪酬结构特点等因素，依法自主决定技能人才薪酬分配。

第六条 企业应建立基于岗位价值、能力素质、业绩贡献的工资分配机制，推行能级工资制度，强化技能价值导向，可以在工资结构中设置体现技术技能价值的工资单元，结合实际效益状况合理确定技能人才薪酬水平。

第七条 企业可在工资总额预算管理中规定工资增长机制，也可采用单独核定技能人才年度工资增长额度的方式，加大向技能人才倾斜的力度，推动技能人才工资水平合理增长，确保技能人才工资增幅不低于本企业平均工资的增幅。

第八条 企业可建立学徒工、初级工、中级工、高级工、技师、高级技师、特级技师、首席技师等"新八级"岗位工资制度，或设计其他体现技能"技高者多得、多劳者多得"的薪酬分配方式，体现职级薪酬差距，增强职级晋升的激励性，鼓励职工学技术、长本领。

第九条 企业技能人才薪酬水平应与本企业专业技术、经营管理等其他岗位职工薪酬水平保持合理关系。对掌握关键操作技能、代表专业技能较高水平的技能人才，其薪酬水平可达到中级专业技术人员的较高薪酬水平，或者相当于中层管理岗位薪酬水平；对在企业技术技能领域作出突出贡献、具有技术管理能力的技能人才，其薪酬待遇可与高级专业技术人员或企业高层管理岗的薪酬水平相当。

第十条 企业制定的薪酬分配方案要充分发扬民主，坚持公开、公平、公正原则，广泛听取包括技能人才在内的职工意见，经职工代表大会或全体职工讨论，与工会或职工代表平等协商确定，并在本企业公示，或者告知劳动者。

第十一条 企业可参考国际国内市场标杆岗位薪酬水平和不同岗位之间的薪酬分配关系，确定各类技能人才薪酬水平和对应关系，逐步提高关键岗位的薪酬市场竞争力，调整不合理工资收入分配差距。

第十二条 企业应完善技能人才劳动保障和困难帮扶机制，依法规范劳动用工，依法落实加班工资发放、维护休息休假权益、参加社会保险等举措，构建劳有优得和谐稳定的劳动关系，切实保障技能人才合法权益。

第三章　构建技能人才薪酬结构体系

第十三条 企业可按照为保障付酬、为岗位付酬、为绩效付酬、为能力付酬、为奉献付酬的付酬因素，在技能人才工资单元中设置体现不同技能价值的工资单元，包括体现保障基本生活的基础工资单元、体现岗位价值的岗位工资单元、体现绩效贡献的绩效工资单元、体现能力差别的能力工资单元、体现在特定环境或承担特定任务额外付出的专项津贴单元等工资单元。

第十四条 企业可在各工资单元功能不重复体现的原则下，根据需要合并、减少或增加相关工资单元。如能力工资可以采用设置技能人才特殊岗位津贴的形式体现，也可以通过在岗位工资单元中设置一岗多薪、一岗多档进行体现。

第十五条 基础工资是技能人才薪酬体系的基础，主要依据员工级别、工龄、学历等进行定额，根据员工所在职位、能力、价值进行核定。基础工资是员工拥有工作稳定性和安全感的保证，企业应根据自身经营发展需要定期调整。

第十六条　岗位工资是以岗位权利、责任、劳动强度、劳动条件等评价要素确定的工资报酬，可采取一岗一薪、岗变薪变，也可采取一岗多薪、宽带薪酬形式。岗位工资等级一般以岗位评价结果为基础。企业在开展岗位评价工作时应贯彻公平、公正、公开原则，得到员工认可。

第十七条　绩效工资是体现员工实际业绩差别的工资报酬，根据绩效考核结果浮动发放，包括月度、季度、半年、全年考核发放的奖金、效益工资等，一般按月为主计发。企业可依据自身效益情况、部门绩效考核结果、员工绩效考核结果等建立绩效工资联动分配机制。

绩效考核可根据技能人才的工作性质和岗位特征分类实行，如计件计酬的岗位可以按月设立基础任务量，超过基础任务量部分可分档设立不同计件单价，根据任务完成情况核定绩效工资。

第十八条　能力工资是以技能人才所掌握的知识、技术和所具备的能力为基础进行报酬支付的工资报酬，主要与技能人才劳动技能要素相对应，体现技能掌握程度和水平。

第十九条　专项津贴是为补偿技能人才在特定环境或承担特定任务额外付出设置的工资报酬，包括夜班津贴、作业环境津贴、班组长津贴、师带徒津贴等。

第二十条　加班加点工资是按照国家和省有关法规政策，企业支付给职工超时劳动的工资报酬。

第二十一条　福利补贴是企业为了稳定技能人才队伍、吸引高素质人才、激发员工工作热情而支付给员工的报酬，包括交通、伙食、租房等各类补贴。

第四章　完善高技能领军人才薪酬待遇

第二十二条　高技能领军人才包括获得政府重大荣誉以及享受省级以上政府特殊津贴的人员，或被省政府认定的"高精尖缺"的各类高技能人才。高技能领军人才是技能人才队伍中的关键少数，应提高其薪酬待遇，鼓励参照高级管理人员标准落实经济待遇。

第二十三条　年薪制是以年度为单位，依据生产经营规模和经营业绩，确定并支付薪酬的分配方式。企业可探索实行高技能领军人才年薪制，一般实行基本年薪和绩效年薪为主的薪酬构成，建立有效的激励和约束机制。

第二十四条　协议薪酬制是企业和职工双方协商确定并支付薪酬的分配方式，主要适用于人力资源市场稀缺的核心关键岗位人才或企业重点吸引和留用的紧缺急需人才。对高技能领军人才可实行协议薪酬制，但同时要明确考评周期内的绩效目标和激励约束规则。

第二十五条　专项特殊奖励是对作出重大贡献的部门和个人的专项奖励。企业可制定适合本企业的专项奖励办法，对在正常绩效激励中未体现的特殊贡献，包括为企业生产效率提高、工作任务完成、新品试制、技改攻关、专利取得等作出巨大贡献，或为社会作出突出贡献，或为企业取得重大社会荣誉等，给予专项奖励。

第二十六条　中长期薪酬激励包括股权激励（如业绩股票、股票期权、虚拟股票、股票增值权、限制性股票、员工持股等）、超额利润分享、项目跟投、项目分红或岗位分红等激励方式。企业可结合实际对技能人才特别是高技能领军人才实施中长期激励。中长期激励应符合国家相关规定。

第五章　探索建立技能人才最低工资制度

第二十七条　企业可通过工资集体协商建立多层次的技能人才最低工资标准，对提供正常劳动的技能人才，企业支付的工资报酬不低于技能人才最低工资标准。

建立健全技能人才最低工资正常增长机制，推动提高低收入技能人才工资水平。

第二十八条　人力资源社会保障部门应完善企业薪酬调查和信息发布制度，定期发布技能人才分职业分等级工资价位，供企业和职工方在协商确定技能人才最低工资标准中参考使用。

第二十九条　企业可与职工方结合本企业生产经营特点，依法开展技能人才工资集体协商，参考技能人才工资价位，合理确定本企业技能人才最低工资标准。

对工资水平明显低于全省技能人才工资价位低分位值的职业（工种），要作为集体协商的重点，推动签订专项集体合同，保障低收入技能人才工资报酬，逐步提升技术岗位吸引力。

第三十条 行业工会和企业代表组织可围绕当地重点产业和特色产业领域急需紧缺的技术岗位（工种），综合行业技能人才培养周期、岗位风险、技能要素等特点，平等协商确定本行业技能人才最低工资标准，促进长期稳定提高行业技能人才收入水平。

第三十一条 在中小型企业集中的乡镇、街道、园区以及产业集聚、块状经济比较明显的区域，区域工会组织可与同级企业代表组织参考技能人才工资价位，综合不同区域企业之间、企业与其他单位之间工资分配关系，开展区域性技能人才最低工资集体协商，确定本区域技能人才最低工资标准。

第六章　附　　则

第三十二条 各地人力资源社会保障部门应结合本地实际，加强宣传培训，可分行业分职业类型进一步细化相关内容，发布典型案例，强化示范引领，不断提高对本地区企业技能人才薪酬分配的指导实效。